Walter Eschrich

Pulver-Atlas der Drogen

Pulver-Atlas der Drogen

der deutschsprachigen Arzneibücher

von Walter Eschrich

7. Auflage
890 Abbildungen auf 174 Bildtafeln

Wissen & Praxis

Deutscher Apotheker Verlag Stuttgart 1999

Prof. Dr. Walter Eschrich
Forstbotanisches Institut
Universität Göttingen
Büsgenweg 2
37077 Göttingen

Erratum

Auf den Seiten
124/125
132/133
136/137
144 und
160/161
muß es jeweils **diacytische** Stomata heißen.
In den Tafeln sind die Stomata richtig gezeichnet.

1. bis 6. Auflage erschienen 1966 bis 1997 beim Gustav Fischer Verlag, Stuttgart

Die Deutsche Bibliothek – CIP-Einheitsaufnahme

Eschrich, Walter:
Pulver-Atlas der Drogen der deutschsprachigen Arzneibücher / von Walter Eschrich. – 7. Aufl. – Stuttgart : Dt. Apotheker Verl., 1999
(Wissen & Praxis)
ISBN 3-7692-2505-8

Druck: Karl Grammlich, Pliezhausen
Einbandgestaltung: Atelier Schäfer, Esslingen
Umschlagbild: Fragmente eines Eucalyptusblatts, siehe S. 186

Vorwort zur 7. Auflage

Zwei Tatsachen standen Pate für diese Neuauflage. Zum einen war die 6. Auflage des Pulver-Atlas der Drogen in kürzester Zeit vergriffen. Zum anderen hat sich der Gustav Fischer Verlag mit Wirkung zum 1. 1. 1998 von seinem pharmazeutischen Buchprogramm getrennt. Vor diesem Hintergrund entschied sich der aufnehmende Deutsche Apotheker Verlag dazu, den inhaltlich unveränderten Pulver-Atlas mit neuer Auflagenbezeichnung und mit neuem Umschlag herauszubringen. Mit einer unveränderten Neuauflage soll insbesondere möglichen Verwirrungen im Buchhandel und bei den Kunden vorgebeugt werden. Eine Aktualisierung sowie die Umsetzung der Korrekturwünsche zahlreicher Leser, denen der Autor an dieser Stelle herzlich dankt, ist der nächsten Auflage vorbehalten.

Göttingen, Herbst 1998 Walter Eschrich

Vorwort zur 1. Auflage

Noch immer, und mit Recht, spielen mikroskopische Methoden eine wichtige Rolle bei den Vorschriften der Pharmakopöen für die Prüfung von Drogen. Dementsprechend ist die mikroskopische Bestimmung von Drogen im gepulverten Zustand Teil des praktischen Staatsexamens für Pharmazeuten. Dabei gilt es festzustellen, ob die Drogen mit den im Deutschen Arzneibuch aufgeführten identisch sind und die geforderte Reinheit besitzen. Fremde Beimengungen werden in der Regel nicht identifiziert.

Das Erkennen der Drogenpulver setzt eine gewisse praktische Erfahrung voraus, die sich der Student im pharmakognostischen Praktikum aneignet. Obwohl der wissenschaftliche Wert dieser Erfahrung insofern eingeschränkt erscheint, als das Wissen ja nur die Merkmale der Arzneipflanzen umfaßt und alle anderen Pflanzen unberücksichtigt bleiben, kann man die pharmakognostische Pulveranalyse als "Hohe Schule" der Mikroskopie bezeichnen. Man sollte sich jedoch darüber im klaren sein, daß die Beschreibung unbekannter Pflanzen und deren Bestimmung nur mit den klassischen Schnittmethoden der Pflanzenanatomie befriedigend durchgeführt werden kann.

Um die Ausbildung im Bestimmen der Drogenpulver abzukürzen, sollte jedes Hilfsmittel recht sein, damit die Studienzeit sinnvoll genutzt werden kann.

Als solches Hilfsmittel ist der vorliegende Pulver-Atlas gedacht. Bei der Darstellung der Drogenpulver wurde versucht, die Bestandteile so zu erfassen, wie man sie im Mikroskop sieht, ohne Rücksicht auf herkömmliche anatomische Abbildungsweisen. Dabei wurden nur diejenigen Drogenfragmente aufgenommen, die häufig vorkommen und als charakteristisch zu werten sind. Fragmente, die im Chloralhydrat-Präparat farbig erscheinen, sind zur Erleichterung des Erkennens koloriert wiedergegeben. Die Bildtexte wurden ausgeschrieben, um das Suchen in einer Legende zu vermeiden. Desgleichen soll die Beschränkung der Begleittexte auf das Notwendigste der Zeitersparnis beim Bestimmen dienen.

Bonn, Mai 1966

Walter Eschrich

Inhalt

Einleitung

In diesen Atlas sind die mikroskopisch erfaßbaren Drogen des Deutschen Arzneibuchs 1997, des Österreichischen Arzneibuchs 1990, der Pharmacopoea Helvetica VII, des Europäischen Arzneibuchs 3. Ausgabe und des Deutschen Arzneimittel-Codex 1986 aufgenommen worden. Die **anatomischen Begriffe** entsprechen der Terminologie in *K. Esau, Pflanzenanatomie. Gustav Fischer Verlag, Stuttgart 1969, G. Jurzitza, Anatomie der Samenpflanzen. Georg Thieme Stuttgart 1987* und *W. Eschrich, Funktionelle Pflanzenanatomie, Springer-Verlag, Heidelberg 1995.*

Die für die Herstellung der Tafeln benutzten **Drogen** wurden als Ganz- oder Schnittmaterial vom Drogenhandel bezogen und mittelfein (Sieb V) gepulvert. Die Zeichnungen wurden mit einem Kursmikroskop (mit hellem Blaufilter) unter Verwendung eines Zeichenapparates angefertigt. Es wurde ein 10fach und ein 40fach vergrösserndes Objektiv in Verbindung mit einem 8x Okular verwendet. Die eingezeichneten Maßstäbe umfassen jeweils 100 µm, sie sind überall gleich groß.

Stärken wurden nach dem Wasser-Präparat, alle anderen Pulverbestandteile nach Aufkochen in Chloralhydratlösung gezeichnet. Einige Mikroreaktionen sind im Text angegeben. Die Reagenzlösungen sind auf den folgenden Seiten beschrieben.
Für die **Geruchsprobe** auf flüchtige Inhaltstoffe wurde eine angefeuchtete Pulverprobe in der Mitte eines Objektträgers ohne Deckglas auf einem Keramikdrahtnetz mit der Spiritusflamme erhitzt. Der dabei wahrnehmbare Geruch ist oft für die Droge charakteristisch, deshalb empfielt es sich, unvergällten Ethanol zum Füllen des Spiritusbrenners zu verwenden.

Einige Pflanzeninhaltsstoffe lassen sich durch **Mikrosublimation** gewinnen. Dazu wird die Probe des trockenen Pulvers auf einem Objektträger über dem Keramiknetz erwärmt. Als Vorlage dient ein zweiter Objektträger über dem ersten, der an einer Schmalkante mit einem (abgebrannten) Streichholz einseitig unterlegt wird. Das Drogenpulver darf den oberen Objektträger nicht berühren. Nach längerer Zeit erscheint ein weißer oder gefärbter kristalliner Niederschlag an der Unterseite des oberen Objektträgers. Das Ganze wird mit einer großen Pappröhre gegen Zugluft abgeschirmt. Das Sublimat kann nach Umsublimieren für eine Schmelzpunktbestimmung verwendet werden.

In manchen Fällen können im **Wasser-Präparat** mikrochemische Reaktionen durchgeführt werden, wofür die im folgenden beschriebenen Reagenzien verwendet werden.

Reagenzien

1. Carminessigsäure
5 g Carmin (Carminum rubrum); 500 ml 45% Essigsäure, 30 min unter Rückfluß schwach sieden lassen (Abzug. Siedesteinchen zufügen. Schliffapparatur verwenden). Abkühlen lassen, dekantieren. Dazu 10 Tropfen 1% Eisen-III-chlorid. Abfiltrieren. Präparat ohne Deckglas erhitzen.
Zur Chromosomenfärbung.

2. Chloralhydrat
100 g Chloralhydrat in 60 ml destilliertem Wasser durch längeres Umschütteln lösen.
Bringt beim Erhitzen Stärke in Lösung, dient zur Aufhellung des Präparates.
Durch nachträglichen Glycerinzusatz am Deckglasrand wird das Auskristallisieren des Chloralhydrats reduziert.

3. Eisen-III-chlorid

16.7 g $FeCl_3$ 6 H_2O mit destilliertem Wasser lösen und auf 100 ml auffüllen.
Beschränkt haltbar.
Dient zum Nachweis von Gerbstoffen und Phenolen, die blauschwarz, violett oder grün gefärbt erscheinen. Durch Glycerinzusatz wird aufgehellt.

4. Glycerin

Doppelt destilliertes Glycerin (Glycerol 85%). Wird unverdünnt benutzt, um Schleimkörper, die im Wasser schnell verquellen, in ihrer Form zu erhalten. Verhindert das Eintrocknen von Wasser-Präparaten und vermindert, als Zusatz zum Chloralhydratpräparat, das Auskristallisieren des Chloralhydrats.

5. Iod-Glycerin

3 g kristallines Iod und 10 g Kaliumiodid mit wenigen Tropfen destilliertem Wasser vollständig lösen, 52 g Glycerin zusetzen und mit destilliertem Wasser auf 100 ml auffüllen.
Dient - als Zusatz zum Ethanol- oder Glycerinpräparat - zum Nachweis von Aleuron und anderen Proteinkörpern, die sich dunkelgelb färben.

6. Iod-Kaliumiodid

1 g kristallines Iod und 2 g Kaliumiodid mit wenigen Tropfen dest. Wasser vollständig lösen, dann mit destilliertem Wasser auf 100 ml auffüllen.
Dem Wasser-Präparat seitlich einen Tropfen Reagenz zufügen; im Bereich gefärbt/ungefärbt erscheint Stärke zuerst blauviolett, dann schwarz. Die blauviolette Färbung läßt eventuell vorhandene Schichtung erkennen.

7. Kalilauge

5%ige wäßrige Lösung
Als Zusatz zum Chloralhydrat-Präparat.
Färbt Anthrachinon-Derivate rot.

8. Methylenblau
0,3 g Methylenblau in 20 ml 95% Ethanol lösen. Danach mit destilliertem Wasser auf 100 ml auffüllen.
In der unverdünnten Lösung erscheint Schleim in Form von violettblauen Quellzonen.

9. Phloroglucin-HCl
0,75 g Phloroglucin in 50 ml 95% Ethanol lösen. Danach 25 ml konzentrierte Salzsäure zusetzen.
In brauner Flasche aufbewahren; beschränkt haltbar.
Als Zusatz zum Wasser- oder Chloralhydratpräparat.
Färbt verholzte Zellwände kirschrot.

10. Salpetersäure
20%ige wässrige Lösung.
Als Zusatz zum Wasser-Präparat.
Liefert mit Berberin grünliche Kristallnadeln von Berberinnitrat.

11. Sudan III
0,5 g Sudan III mit 50 ml 95% Ethanol am Rückfluß 30 min lang kochen. Nach dem Erkalten filtrieren. Filtrat mit 85% Glycerin auf 100 ml auffüllen.
Dient zum Nachweis von Lipiden. Öle, Fette, Harze, Cutin und Suberin färben sich in der unverdünnten Reagenzlösung durch Anreicherung des Farbstoffes orange bis rotorange.

12. Tuschelösung
Tuschelösung nach BURRI mit 1% Phenol;
oder: Schwarze Ausziehtusche mit der 9-fachen Menge destilliertem Wasser verdünnen, ein Kriställchen Thymol zusetzen.
Als Zusatz zum Wasser-Präparat.
Gequollener Schleim erscheint weiß auf braunscharzem Grund.

13. Vanillin-HCl
A. 1 g Vanillin mit 90% Ethanol lösen und auf 100 ml mit Ethanol auffüllen.

B. Konzentrierte Salzsäure.
Für den Nachweis von Catechin-Gerbstoffen wird das Wasser-Präparat zuerst mit einem Tropfen Lösung A, anschließend mit einem Tropfen Lösung B versetzt.
Catechin-Gerbstoffe und Phloroglucide färben sich rot.

Alle mikrochemischen Reaktionen, bei denen Säure oder Lauge verwendet wird, sollen nicht auf dem Mikroskoptisch, sondern auf einer geeigneteren Unterlage durchgeführt werden.

Abkürzungen:

DAB 1997	Deutsches Arzneibuch 1997
DAB 6	Deutsches Arzneibuch 6. Ausgabe, 1926
DAC 86	Deutscher Arzneimittel Codex 1986 und Ergänzungslieferungen bis 1996
EB 6	Ergänzungsbuch zum Deutschen Arzneibuch, 6. Ausgabe, 1941
ÖAB 90	Österreichisches Arzneibuch 1990 und Nachträge bis 1994
Ph Eur	Europäisches Arzneibuch 3. Ausgabe 1997
Ph Helv VII	Pharmacopoea Helvetica VII. Ausgabe 1987 und Supplemente bis 1996
Ph Helv V, VI	Pharmacopoea Helvetica V. Ausgabe 1933, VI. Ausgabe 1971

Agropyri repentis rhizoma - Queckenwurzelstock

Arzneibücher: DAB 1997
Stammpflanze: *Agropyron repens* (L.) P. BEAUV.
Familie: Poaceae

Wasser-Präparat: Stärke fehlt.

Chloralhydrat-Präp.: Ungefärbte Fragmente aus längsgestreckten Zellen.

Cortex-Parenchym aus Zellen verschiedener Breite.

Langgestreckte, schmale Parenchymzellen häufig mit Gefäßelementen mit ringförmigen oder schraubenförmigen Wandleisten vermischt.

Einzellige, dickwandige Spießhaare.

Epidermis der Rhizom-Schuppen mit ovalen Poren und unregelmäßig quer verlaufenden Wandleisten, schwach gelb gefärbt.

Geschmack: Etwas süßlich.
Geruch: Fehlt.

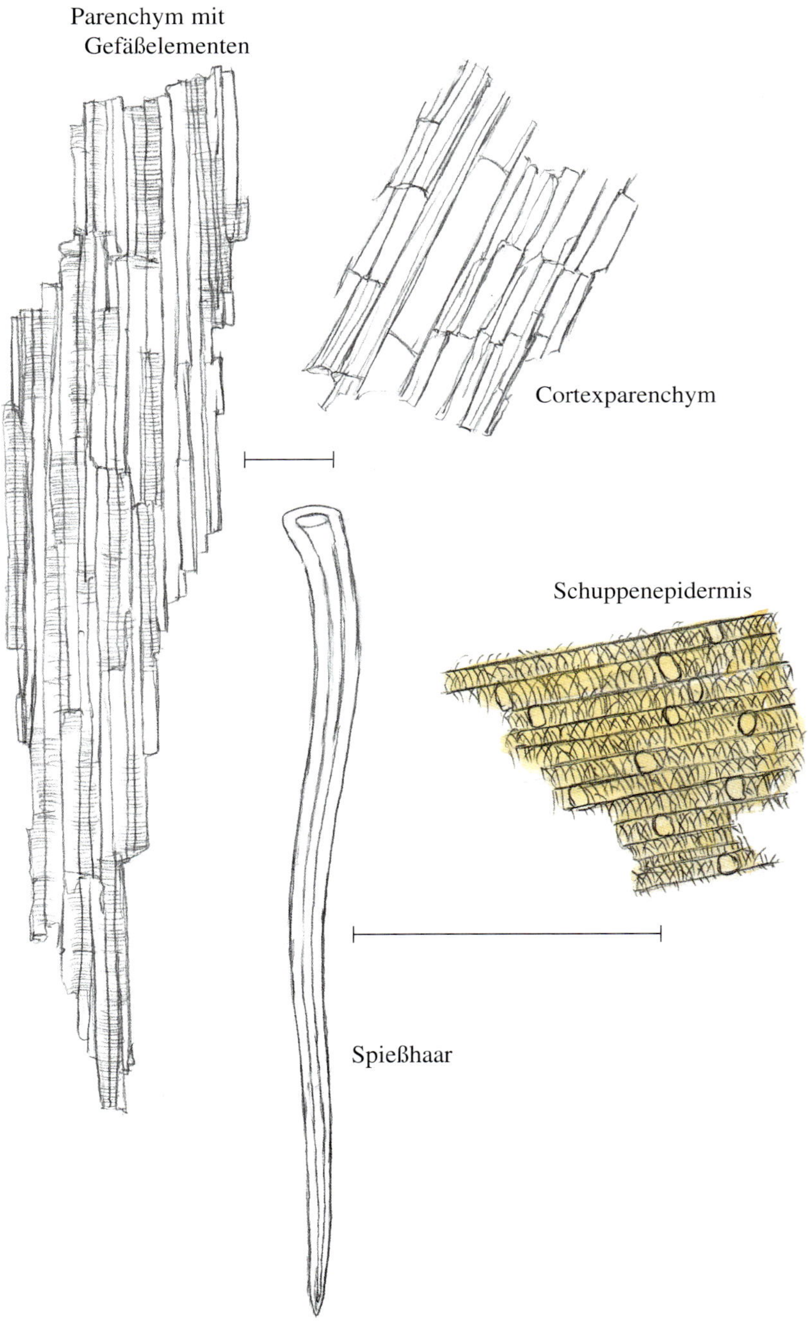
Parenchym mit
Gefäßelementen
Cortexparenchym
Schuppenepidermis
Spießhaar

Calami rhizoma - Kalmuswurzelstock

Arzneibücher:	ÖAB 90, Ph Helv VII
Stammpflanze:	*Acorus calamus* L.
Familie:	Araceae
Wasser-Präparat:	Kleinkörnige, einzelne Stärkekörner.
Chloralhydrat-Präp.:	Epidermisfragmente fehlen bei der geschälten Droge. Grundgewebe als Aerenchym ausgebildet. Interzellularen kanalförmig. Parenchymzellwände mit großen Feldern primärer Tüpfel.
	Kollaterale Leitbündel mit angrenzenden Fasern. Treppengefäße und Ringgefäße. Kristallzellen in Begleitung der Fasern
	Sekretzellen meist mit gelbem Inhalt.
Geruch:	Typisch.

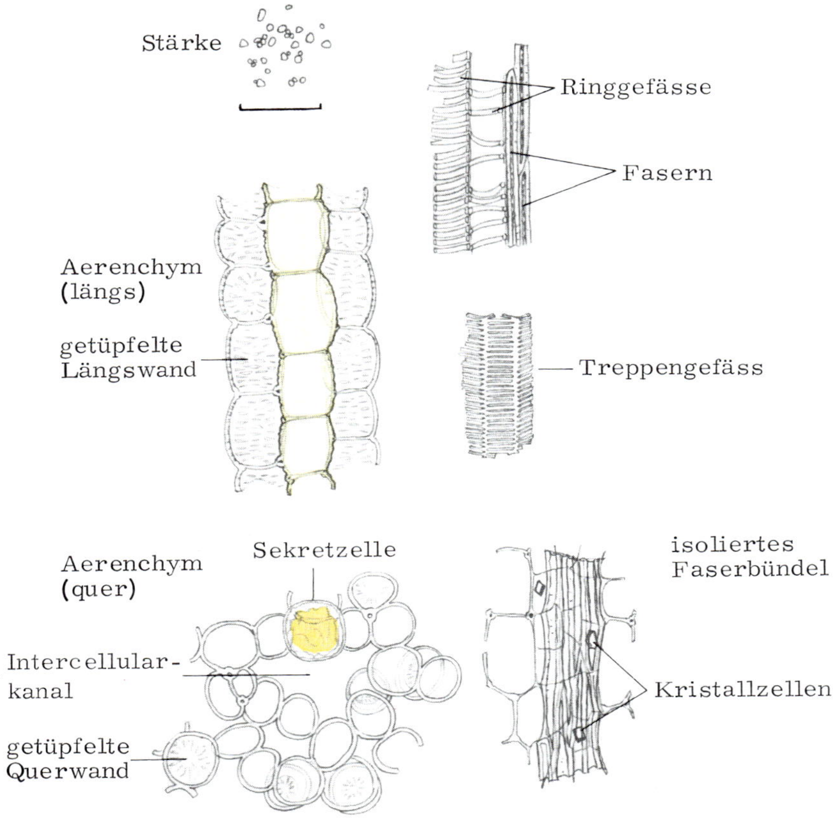
Stärke
Ringgefässe
Fasern
Aerenchym
(längs)
getüpfelte
Längswand
Treppengefäss
Aerenchym
(quer)
Sekretzelle
isoliertes
Faserbündel
Intercellular-
kanal
Kristallzellen
getüpfelte
Querwand

Curcumae longae rhizoma - Curcumawurzelstock

Arzneibücher:	DAC 86
Stammpflanze:	*Curcuma domestica* VALETON
Familie:	Zingiberaceae
Wasser-Präparat:	Einzelne, längliche Stärkekörner mit deutlich voneinander getrennten Schichtlinien.
Chloralhydrat-Präp.:	Dickwandige einzellige Spießhaare.
	Braunwandige Korkfragmente.
	Gelbliches Speicherparenchym mit orangeroten Sekrettropfen in runden Sekretzellen. Speicherparenchym oft mit unvollständig verkochter Stärke.
	Leitbündelfragmente aus Gefäßelementen mit schraubenförmigen Wandleisten.
Geruch:	Rauchig.

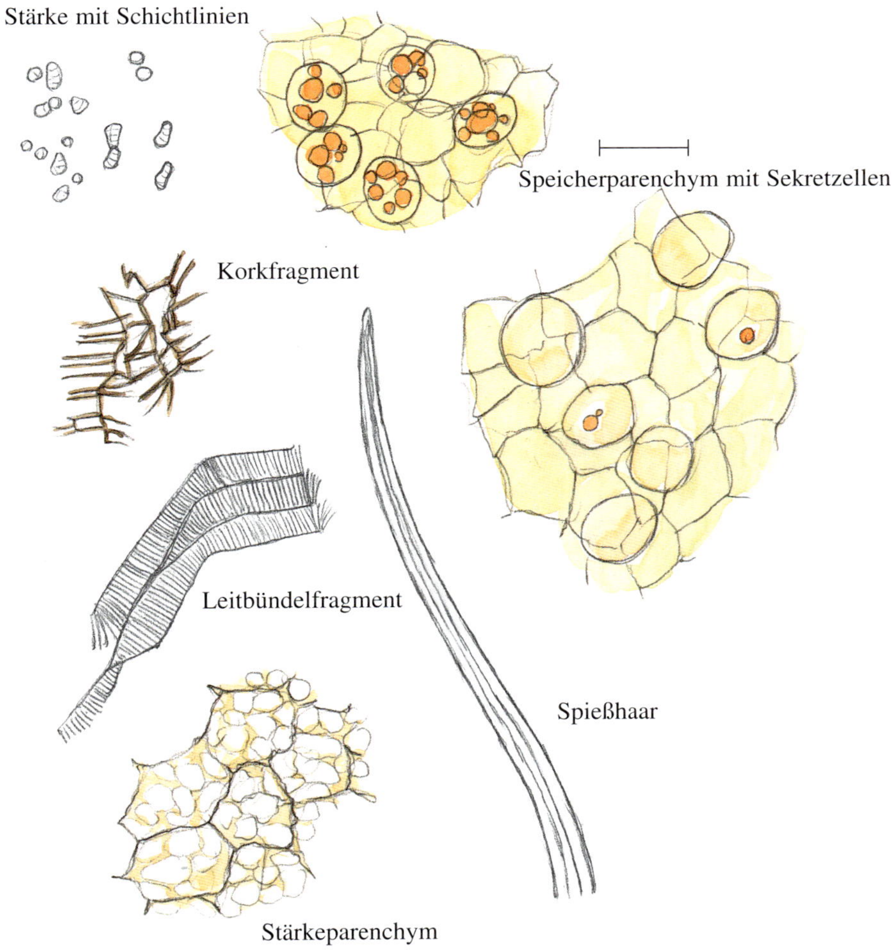
Stärke mit Schichtlinien
Speicherparenchym mit Sekretzellen
Korkfragment
Leitbündelfragment
Spießhaar
Stärkeparenchym

Curcumae xanthorrhizae rhizoma - Javanische Gelbwurz

Arzneibücher:	DAB 1997
Stammpflanze:	*Curcuma xanthorrhiza* ROXB.(Syn. *C. xanthorrhiza* D. DIETRICH)
Familie:	Zingiberaceae
Wasser-Präparat:	Sehr reich an Stärke. Körner oft zitronenförmig, aber flach. Schichtlinien weit voneinander getrennt. Selten Doppelkörner.
Chloralhydrat-Präp.:	Speicherparenchym mit unvollständig verkochter Stärke. Tröpfchenspuren an den Zellwänden (Cytoplasma oder Plastidenreste). Braune Sekretzellen, dunkeln nach. Unzerstörte Sekretzellen heller. Kork in Quer- und Schrägansicht, Wände braun. Haare der Blattbasis einzellig, selten zweizellig. Gefäßfragmente mit eng stehenden Ringverdickungen.
Besonderheit:	Pulver läuft in Chloralhydrat leuchtend gelb aus.

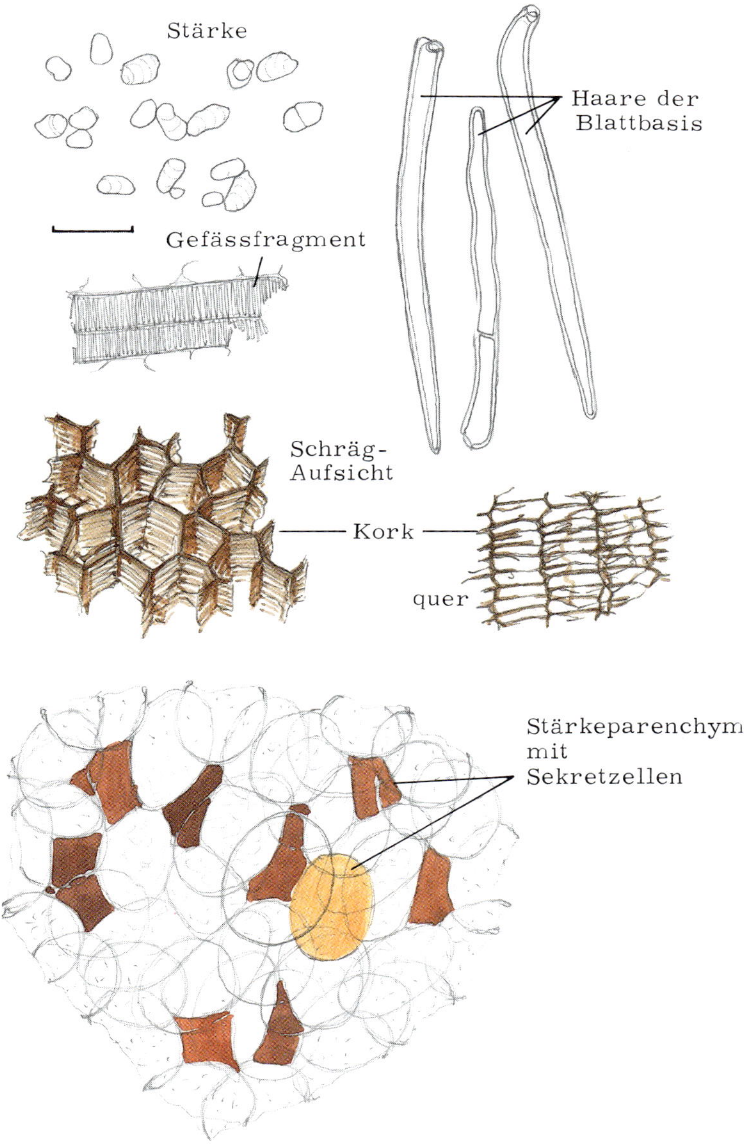
Stärke
Haare der
Blattbasis
Gefässfragment
Schräg-
Aufsicht
Kork
quer
Stärkeparenchym
mit
Sekretzellen

Galangae rhizoma - Galgant

Arzneibücher:	Ph Helv VII, DAC 86
Stammpflanze:	*Alpinia officinarum* HANCE
Familie:	Zingiberaceae
Wasser-Präparat:	Große, keulenförmige Stärkekörner mit weit auseinander liegenden Schichtlinien. Nicht flach.
Chloralhydrat-Präp.:	Stärkeparenchym aus getüpfeltem Gewebe mit deutlichen, leicht gelblichen Zellwänden. Eingesprengte dunkel rotbraune Sekretzellen. Zellwände deutlich getüpfelt. Brocken von verharztem rotbraunem Sekret. Ringgefäße mit begleitenden septierten Fasern oder gestreckten, getüpfelten Parenchymzellen.
Nachweis:	Schwarzfärbung der Sekretzellen mit Eisen-III-chlorid.

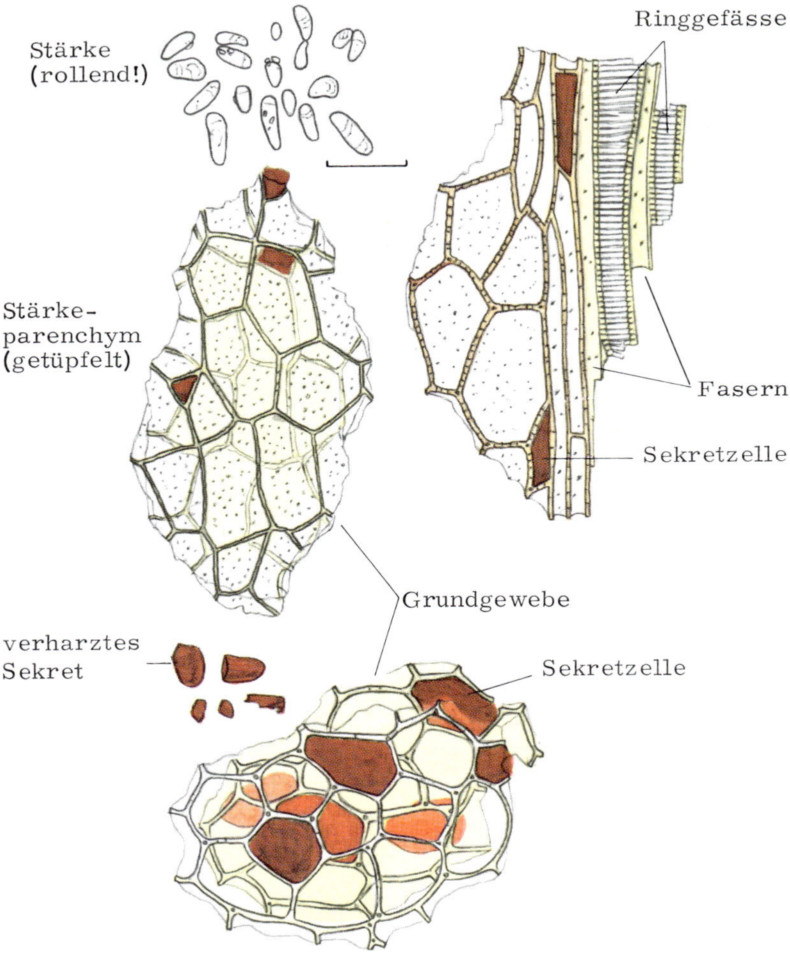
Stärke
(rollend!)
Ringgefässe
Stärke-
parenchym
(getüpfelt)
Fasern
Sekretzelle
Grundgewebe
verharztes
Sekret
Sekretzelle

Iridis rhizoma - Veilchenwurzel

Arzneibücher:	DAB 6, Ph Helv V
Stammpflanze:	*Iris germanica* L., *Iris pallida* LAM.,*Iris florentina* L.
Familie:	Iridaceae
Wasser-Präparat:	Große Stärkekörner, in Wasser meist mit hufeisenförmiger Brechungslinie. 5-35 (50) µm.
Chloralhydrat-Präp.:	Kork fehlt, wird abgeschält.
	Stärkeparenchym mit einzelnen, farblosen, lichtbrechenden Sekretzellen. Wände mit deutlichen Tüpfelfeldern, glänzend weiß. Dreieckige Interzellularen.
	Styloide von Ca-oxalat (ca 300 µm lang) in langen Schleimzellen.
	Leitbündel ohne Fasern, Schrauben- und Treppengefäße.
Geruch:	Nach Veilchen.

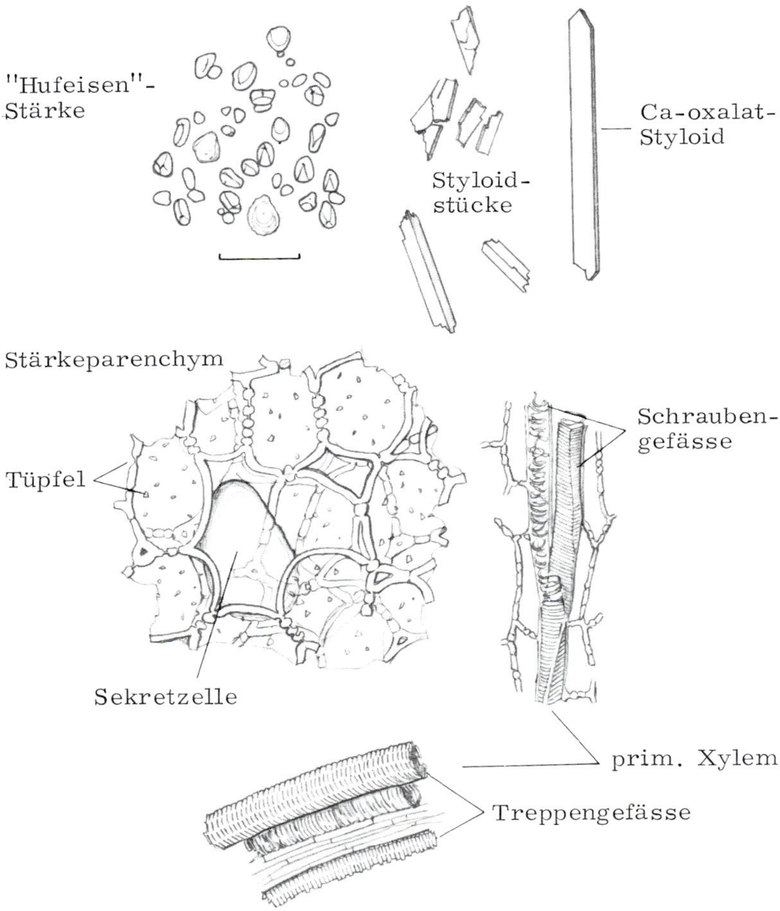
"Hufeisen"-
Stärke
Styloid-
stücke
Ca-oxalat-
Styloid
Stärkeparenchym
Tüpfel
Sekretzelle
Schrauben-
gefässe
prim. Xylem
Treppengefässe

Kava-kava rhizoma - Kavakavawurzelstock

Arzneibücher:	DAC 86
Stammpflanze:	*Piper methysticum* G.FORSTER
Familie:	Piperaceae
Wasser-Präparat:	Kugelförmige Stärkekörner verschiedener Größe.
Chloralhydrat-Präp.:	Parenchymfragmente, mit schwach graubraunem Zellinhalt, vermischt mit einzelnen runden, weißen Sekretzellen.
	Bruchstücke dickwandiger Fasern.
	Peridermfragmente, braun, mit anhaftendem Cortexparenchym.
	Kurze Xylem-Leitelemente mit treppenförmiger Tüpfelung, die nicht zu Gefäßen zusammengefügt sind.
Geruch:	Schwach aromatisch.
Geschmack:	Fehlt.

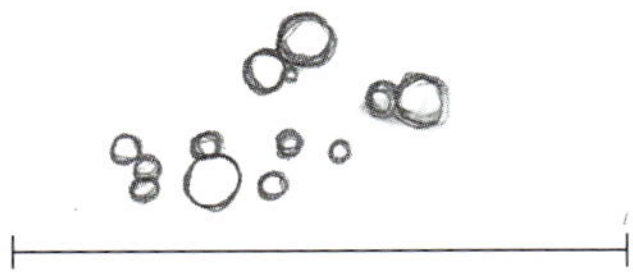

Stärke; Einzelkörner

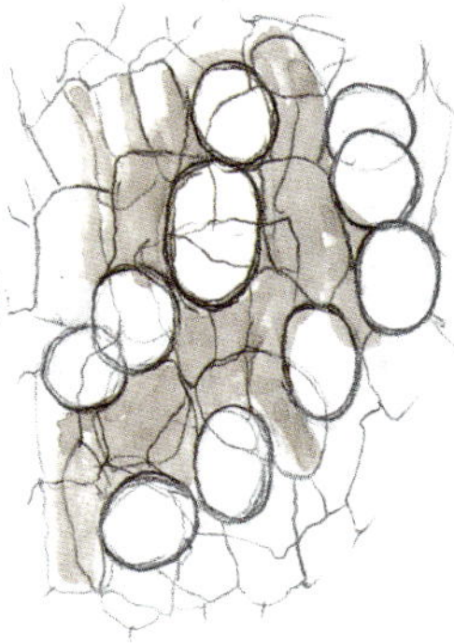

Cortexparenchym

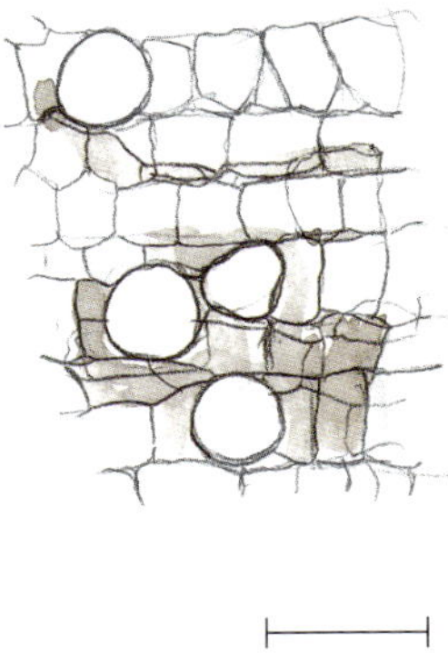

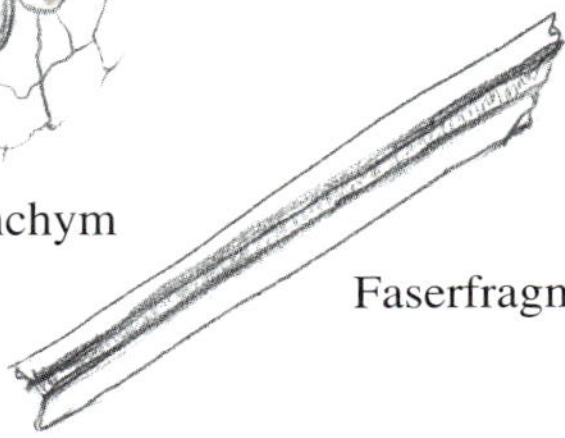

Faserfragment

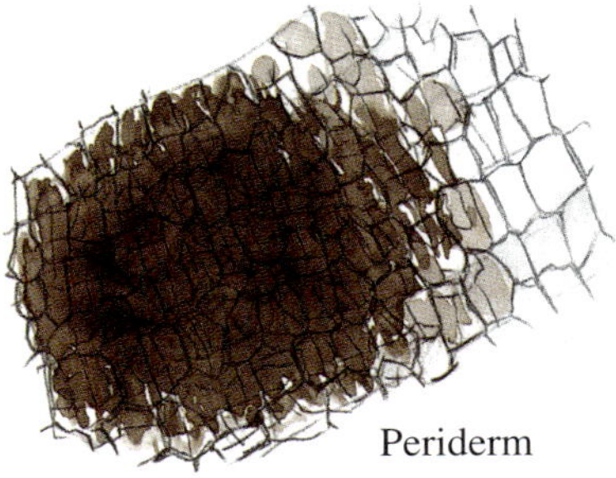

Periderm

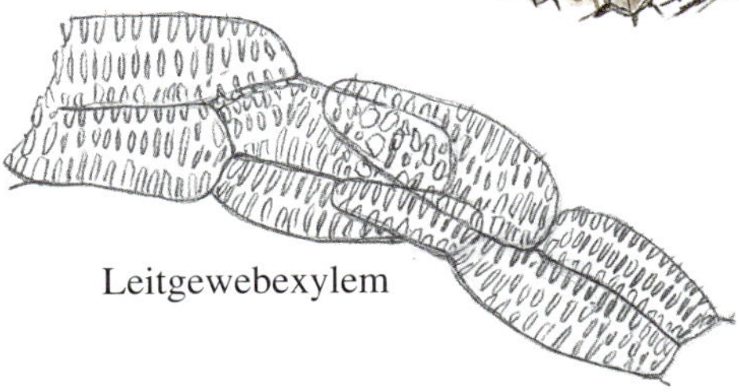

Leitgewebexylem

Podophylli rhizoma - Podophyllwurzelstock

Arzneibücher:	DAC 86
Stammpflanze:	*Podophyllum peltatum* L.
Familie:	Berberidaceae
Wasser-Präparat:	Auffällig rotbraune Peridermfragmente. Stärke klein, rund und einzeln.
Chloralhydratpräp.:	Cortexparenchym mit schwach ockerfarbenen, rundlichen Sekretzellen, die vereinzelt liegen oder paketartig verwachsen sind.
	Dünne, gelbliche Gefäße mit schmaler Treppentüpfelung, dazwischen ein- bis wenigzellige Parenchymzellreihen.
	Leitbündelparenchym aus unregelmässig gestreckten schwach getüpfelten Zellen.
	Einzelne Oxalatdrusenzellen.
	Rotbraune Peridermzellen, schwach getüpfelt.
Geruch:	Nach getrocknetem Gras.
Geschmack:	Anhaltend bitter.

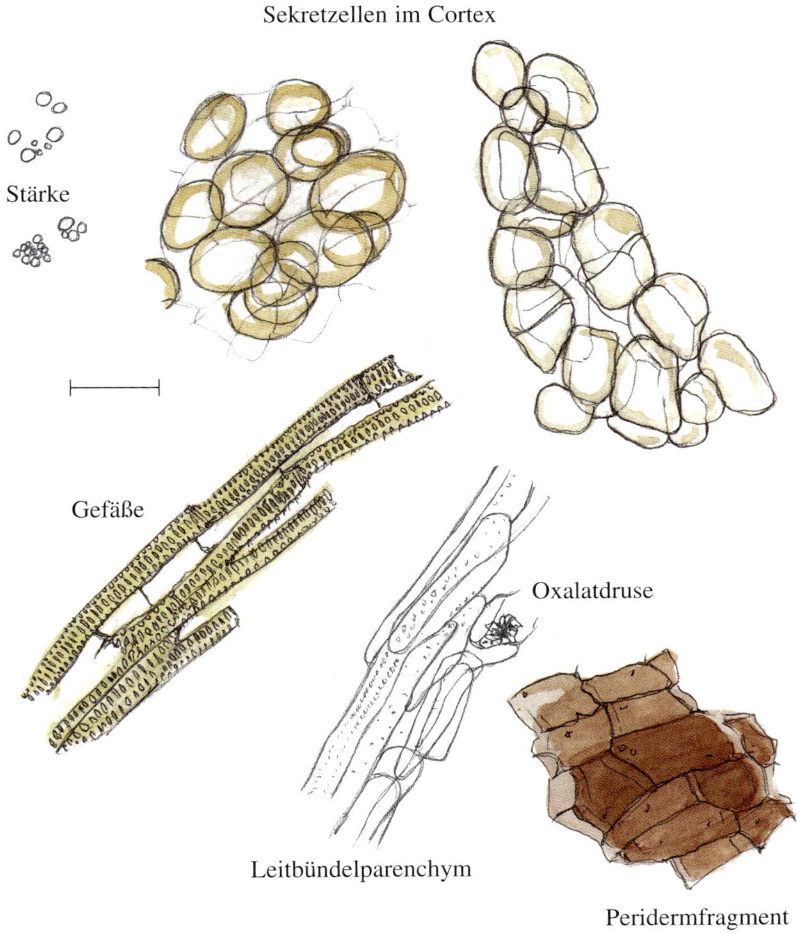
Sekretzellen im Cortex
Stärke
Gefäße
Oxalatdruse
Leitbündelparenchym
Peridermfragment

Tormentillae rhizoma - Tormentillwurzelstock

Arzneibücher:	DAB 1997, ÖAB 90
Stammpflanze:	*Potentilla erecta* (L.) RAEUSCH. (Syn. *P. tormentilla* STOKES)
Familie:	Rosaceae
Wasser-Präparat:	Stärke klein, einzeln, mit Trockenriß.
Chloralhydrat-Präp.:	Periderm mit rotbraunem Kork.
	Cortexfragmente mit vielen gelb bis rotbraun gefärbten rundlichen Parenchymzellen und Interzellularen.
	Holzparenchym zum Teil schwach gelb mit Oxalatdrusen. Rundliche, gelbliche, lichtbrechende Sekretzellen.
	Dickwandiges Holzparenchym, getüpfelt, bräunlich.
	Gefäße aus kurzen Gliedern mit seitlichen Perforationsplatten, von gelben Fasern (fusiformes Parenchym) begleitet.

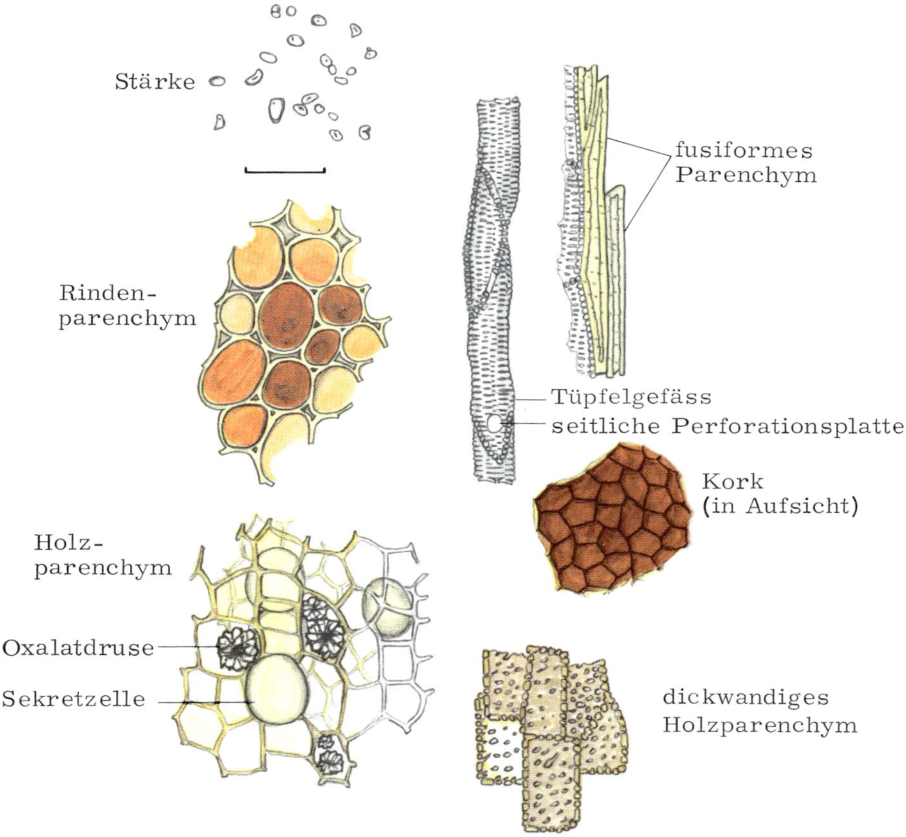
Stärke
fusiformes
Parenchym
Rinden-
parenchym
Tüpfelgefäss
seitliche Perforationsplatte
Kork
(in Aufsicht)
Holz-
parenchym
Oxalatdruse
Sekretzelle
dickwandiges
Holzparenchym

Zingiberis rhizoma - Ingwer

Arzneibücher:	DAB 1997, ÖAB 90 (Radix Zingiberis), Ph Helv VII, DAC 86
Stammpflanze:	*Zingiber officinale* ROSCOE
Familie:	Zingiberaceae
Wasser-Präparat:	flache große Stärkekörner mit schwach erkennbarer Schichtung, einzeln.
Chloralhydrat-Präp.:	Parenchymfragmente (Grundgewebe) mit Interzellularen und Sekretzellen mit gelblichen Sekrettropfen. Sekretzellen entweder turgeszent und hellgelb oder geschrumpft und rotbraun. Treppengefäße. Sklerenchymfasern oft septiert, getüpfelt, mit gelben Zellwänden. Helle Korkfragmente (Etagenkork).

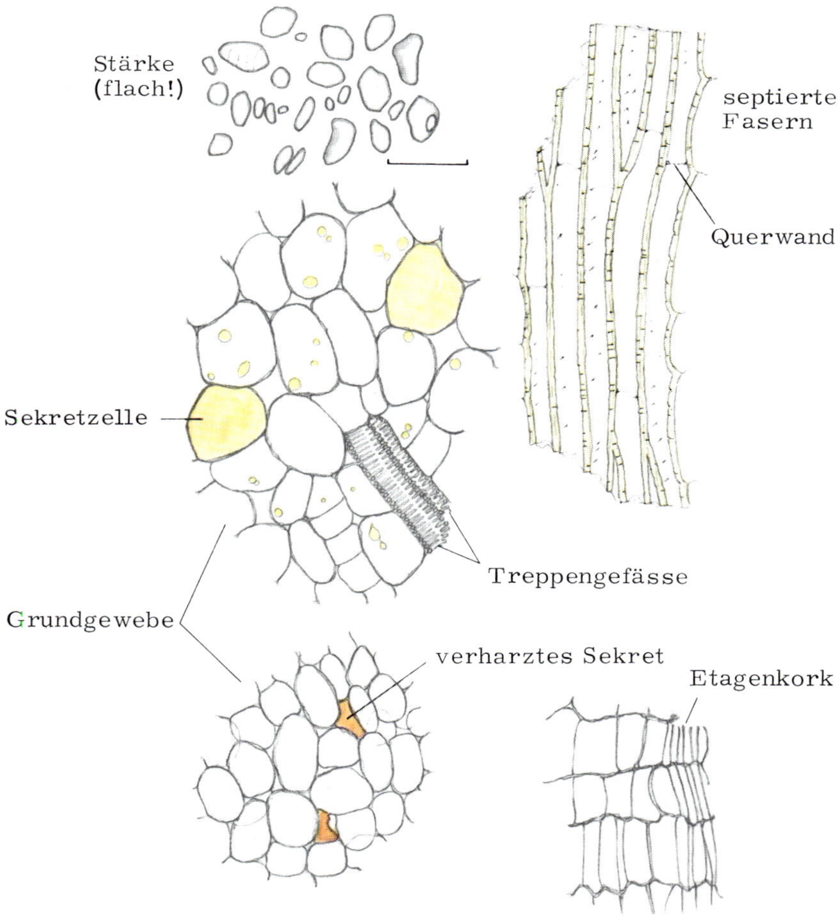
Stärke
(flach!)
septierte
Fasern
Querwand
Sekretzelle
Treppengefässe
Grundgewebe
verharztes Sekret
Etagenkork

Althaeae radix - Eibischwurzel

Arzneibücher:	DAB 1997, ÖAB 90, Ph Helv VII, Ph Eur
Stammpflanze:	*Althea officinalis* L.
Familie:	Malvaceae
Wasser-Präparat:	Kleinkörnige Stärke, weißes Pulver.
Chloralhydrat-Präp.:	Bastfasern, lang zugespitzt, getüpfelt.
	Holzfasern (fusiformes Holzparenchym) mit quer getroffenen Strahlen (Tangentialschnitt-Ansicht). Strahlen aus Zellen unterschiedlicher Größe.
	Gefäßfragmente, treppen- bis netzartig getüpfelt mit ringförmiger, einfacher Perforationsplatte.
	Oxalatdrusen.
Glycerin-Präparat:	Schleimkörper mit zentraler Kavität.

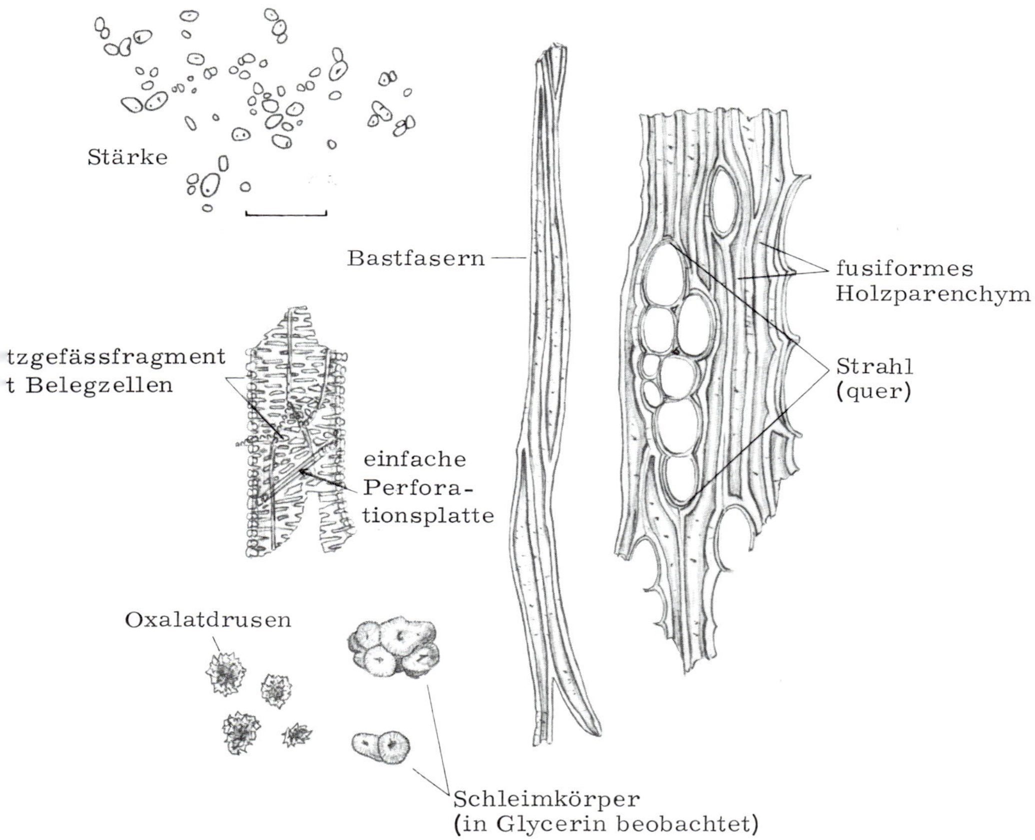

Stärke
Bastfasern
fusiformes
Holzparenchym
tzgefässfragment
t Belegzellen
Strahl
(quer)
einfache
Perfora-
tionsplatte
Oxalatdrusen
Schleimkörper
(in Glycerin beobachtet)

Angelicae radix - Angelikawurzel

Arzneibücher:	DAB 1997, ÖAB 90
Stammpflanze:	*Angelica archangelica* L.
Familie:	Apiaceae
Wasser-Präparat:	Sehr kleinkörnige Stärke, einzeln und in Ballen.
Chloralhydrat-Präp.:	Keratenchym, gestreckt kurzzellig mit gekreuzter Wand-Innentextur. Breite Sekretgänge (150 µm) mit gelblichem, kleinzelligem Epithel, in Cortexparenchym oder in der sekundären Rinde eingebettet. Gefäßfragmente mit Treppentüpfelung, von fusiformen Parenchymzellen begleitet. Lockeres Korkgewebe mit einzelnen (gelben) Zellen, die kleine Inhaltskörper haben.
Geruch:	Nach Chartreuse.

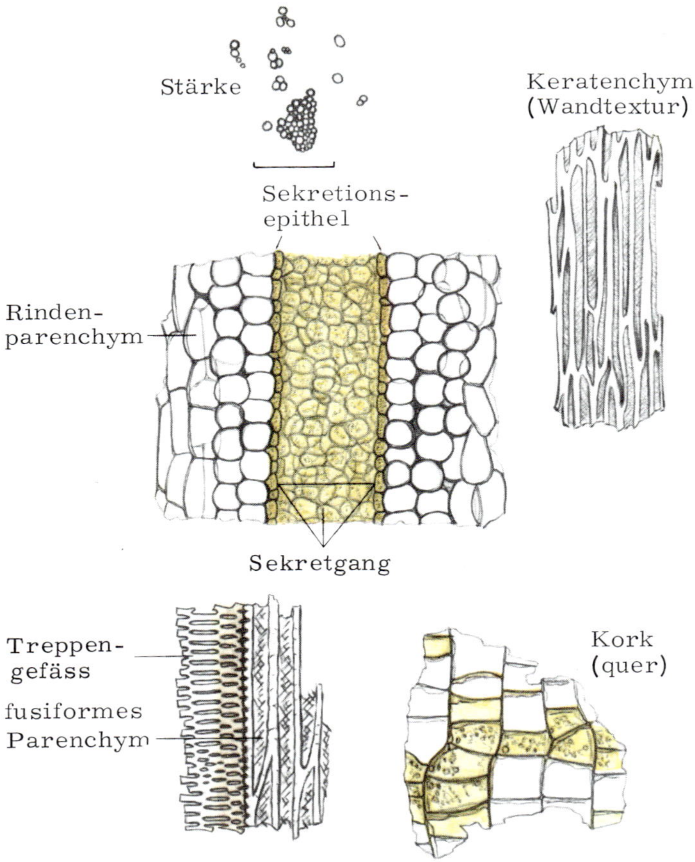

Stärke
Keratenchym
(Wandtextur)
Sekretions-
epithel
Rinden-
parenchym
Sekretgang
Treppen-
gefäss
fusiformes
Parenchym
Kork
(quer)

Arnicae radix - Arnikawurzel

Arzneibücher:	ÖAB 90
Stammpflanze:	*Arnica montana* L.
Familie:	Asteraceae
Wasser-Präparat:	Keine Stärke.
Chloralhydratpräp.:	Weißes Cortexparenchym aus unterschiedlich großen Zellen. Viele Interzellularen. Schwarzbraune Korkfragmente mit anhaftendem Cortexparenchym. Rotbraune, verzweigte Harzkanäle. Haarbruchstücke aus gestreckten, an den Enden abgerundeten Zellen. Wurzelparenchym reihenförmig getüpfelt, mit Treppengefäßgruppen vermischt. Gruppen von gelb gefärbten, dickwandigen Sklerenchymfasern.
Geruch:	Aromatisch-stickig.
Geschmack:	Schwach aromatisch.
Verunreinigung:	Häufig Stücke von Laubmoosblättern und große Fremd-Pollen mit genarbter Oberfläche.

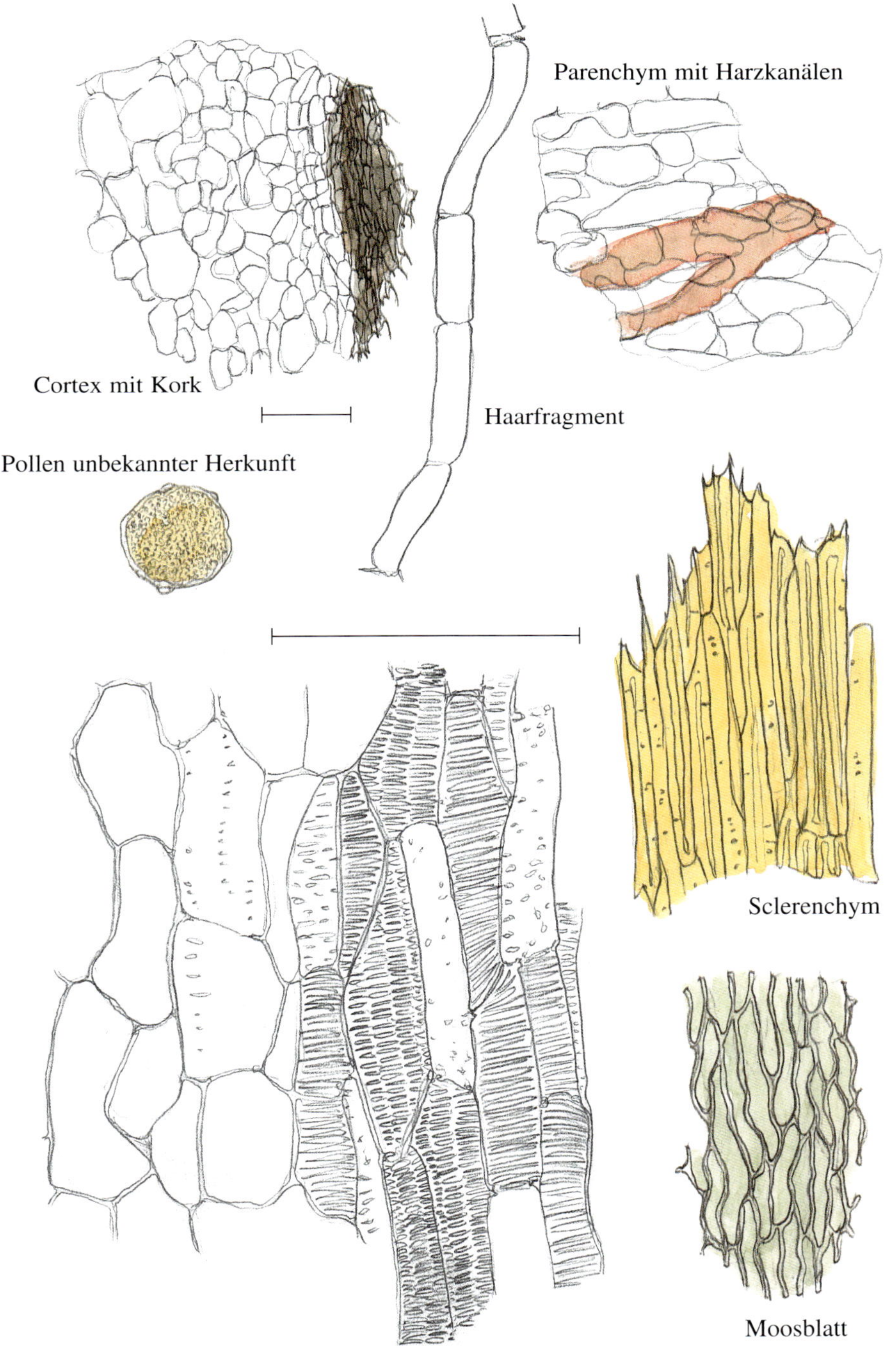
Parenchym mit Harzkanälen
Cortex mit Kork
Haarfragment
Pollen unbekannter Herkunft
Sclerenchym
Moosblatt
Wurzelparenchym mit Leitbündel

Bardanae radix - Klettenwurzel

Arzneibücher:	DAC 86
Stammpflanze:	*Arctium lappa* L., *A. minus* BERNH., *A. tomentosum* MILL.
Familie:	Asteraceae
Wasser-Präparat:	Vereinzelte große, keulige Stärkekörner. Kantige, farblose Inulin-Schollen.
Chloralhydrat-Präp.:	Korkfragmente außen braunwandig, innen zart und weißwandig.
	Speicherparenchym mit Einschlüssen unverkochten Inulins und stark lichtbrechend.
	Xylem aus Treppengefäßen, breitzellig mit einfacher Perforationsplatte. Gelegentlich Belegzellen, ebenfalls treppenförmig getüpfelt.
	Angrenzendes sekundäres Parenchym zartwandig, durch Strahlen quaderförmig strukturierte Zellen.

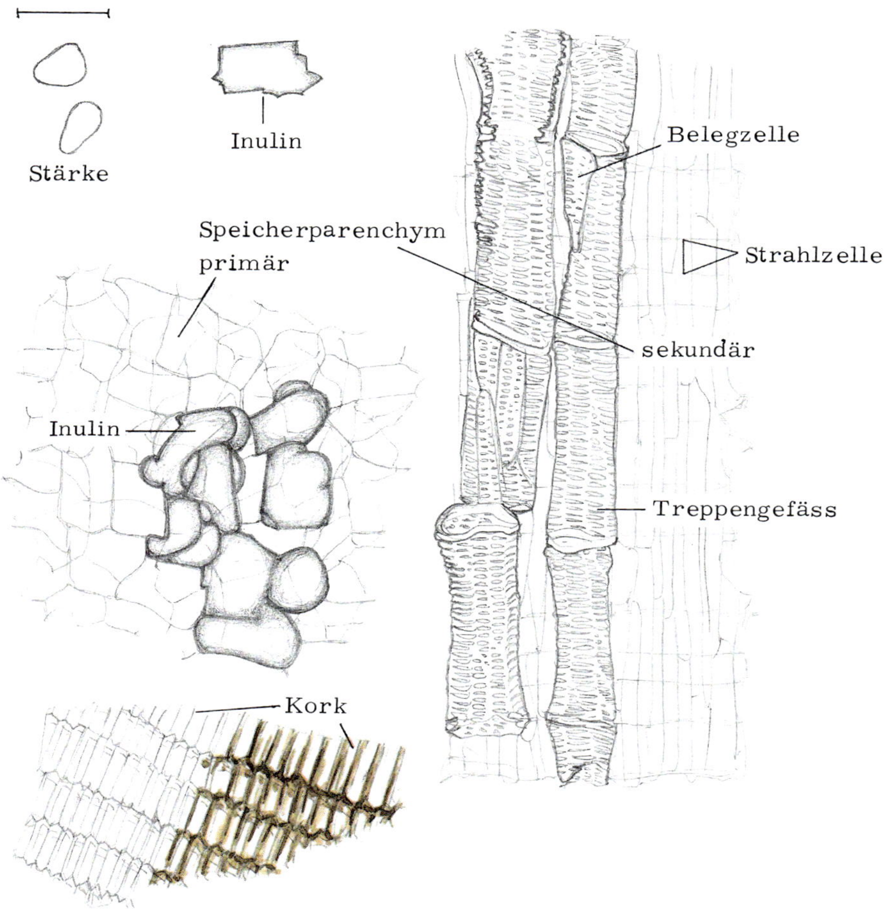
Stärke
Inulin
Speicherparenchym
primär
sekundär
Inulin
Kork
Belegzelle
Strahlzelle
Treppengefäss

Belladonnae radix - Belladonnawurzel

Arzneibücher:	ÖAB 90, DAC 86
Stammpflanze:	*Atropa belladonna* L.
Familie:	Solanaceae
Wasser-Präparat:	Stärke einzeln bis 4-körnig, meist zerbrochen.
Chloralhydrat-Präp.:	Farbloses Parenchym von primärer und sekundärer Rinde, sowie aus dem Holz.
	Rindenparenchym-Zellwände leicht gelbwandig und unregelmäßig verdickt.
	In Längsansicht Zellen oft rautenförmig und mit Resten der Stärkekörner.
	Oxalatsandzellen.
	Breite Treppengefäße, kurzzellig mit Belegzellen.

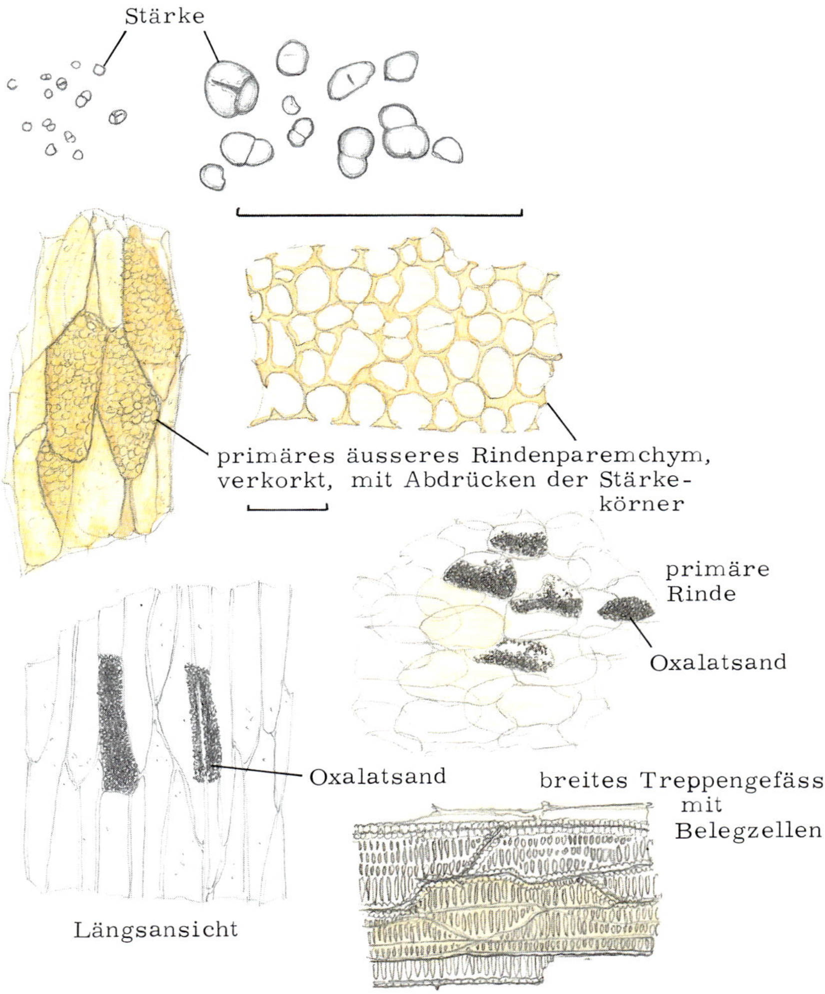
Stärke
primäres äusseres Rindenparemchym,
verkorkt, mit Abdrücken der Stärke-
körner
primäre
Rinde
Oxalatsand
Oxalatsand
Längsansicht
breites Treppengefäss
mit
Belegzellen

Eleutherococci radix - Eleutherococcuswurzel

Arzneibücher:	DAB 1997
Stammpflanze:	*Eleutherococcus senticosus* RUPR. et MAXIM.
Familie:	Araliaceae
Wasser-Präparat:	Stärke als unregelmäßig geformte Körner, einzeln oder zu mehreren verwachsen.
Chloralhydrat-Präp.:	Oxalatdrusen verschiedener Grösse.
	Sclerenchymfragmente.
	Meist Sekundärgewebe, aber auch primäre Fasern.
	Strahlen in Tangentialansicht etagiert.
	Stücke von Gefäßen, z.T. opponiert getüpfelt.
	Kork in Aufsicht mit braunen Zellwänden.

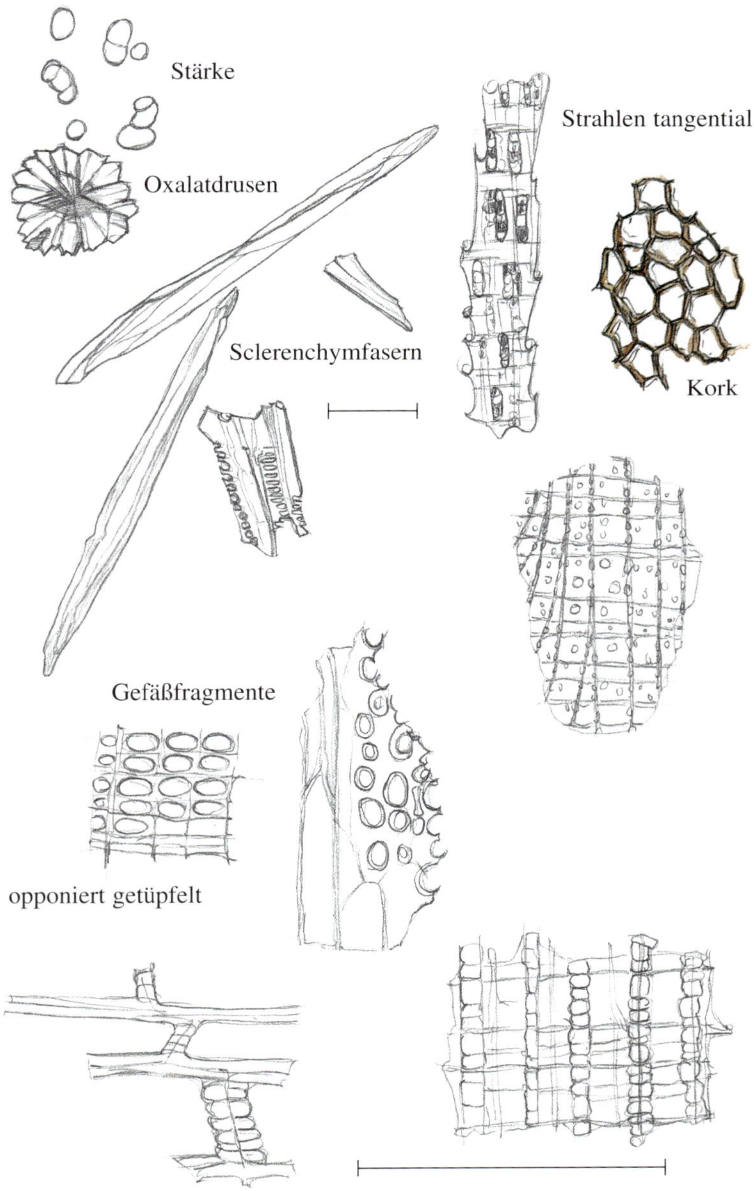
Stärke
Oxalatdrusen
Strahlen tangential
Kork
Sclerenchymfasern
Gefäßfragmente
opponiert getüpfelt

Gentianae radix - Enzianwurzel

Arzneibücher:	DAB 1997, ÖAB 90, Ph Helv VII, Ph Eur
Stammpflanze:	*Gentiana lutea* L.
Familie:	Gentianaceae
Wasser-Präparat:	Stärke fehlt.
Chloralhydrat-Präp.:	Parenchym des Grundgewebes mit kleinen Oxalatnadeln in exzentrischer Lage.
	Parenchym der sekundären Rinde teils gelbwandig, teils mit gelben Lipidtropfen.
	In Querschnitt-Ansichten Leitbündelfragmente mit wenigen Gefäßen und gelegentlich kleine Bündel von eingeschlossenem Phloem.
	Netzgefäße mit einfacher Perforationsplatte.
	Treppengefäße in etagiertem Holzparenchym.
Geschmack:	Bitter.

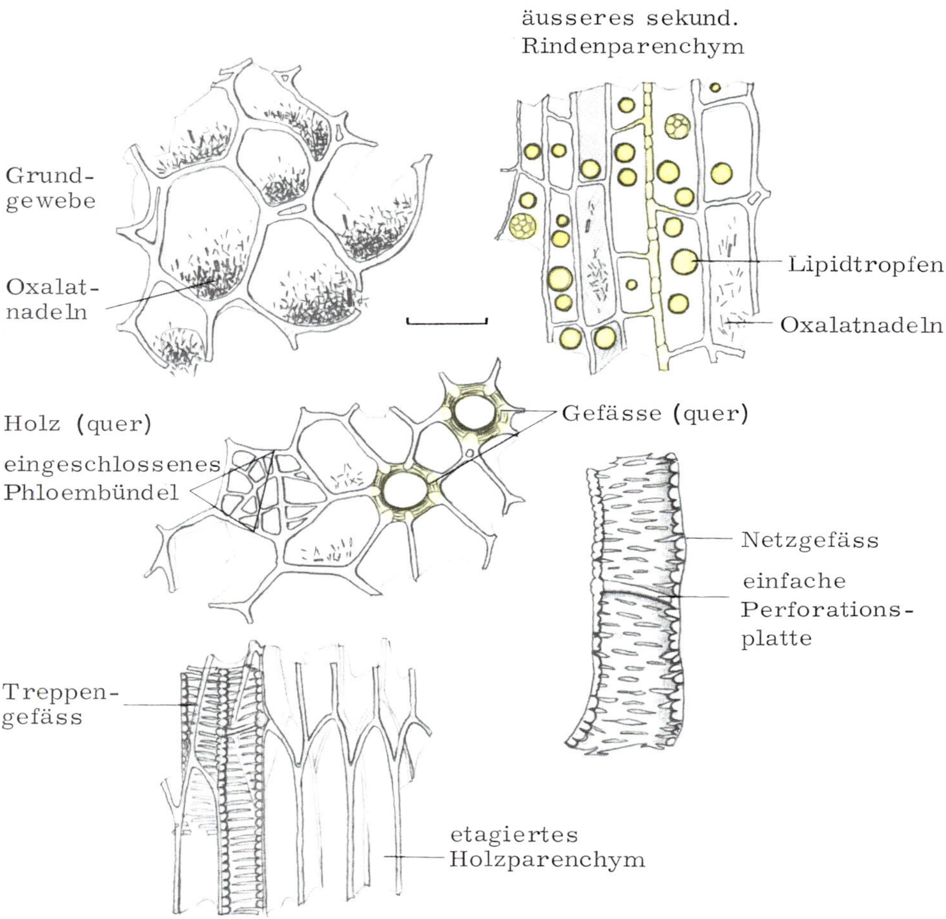
äusseres sekund.
Rindenparenchym
Grund-
gewebe
Oxalat-
nadeln
Lipidtropfen
Oxalatnadeln
Holz (quer)
eingeschlossenes
Phloembündel
Gefässe (quer)
Netzgefäss
einfache
Perforations-
platte
Treppen-
gefäss
etagiertes
Holzparenchym

Ginseng radix - Ginsengwurzel

Arzneibücher:	DAB 1997, ÖAB 90, Ph Helv VII
Stammpflanze:	*Panax ginseng* C.A.MEYER
Familie:	Araliaceae
Wasser-Präparat:	Sehr viel Stärke, zum Teil aus zwei ungleich großen Körnern. Stärkeballen.
Chloralhydrat-Präp.:	Speicherparenchym mit kugeligen Zellen und unvollständig verkochter (lichtbrechender) Stärke.
	Oxalatdrusen.
	Etagiertes Parenchym zwischen Treppengefäßen.
	Netzgefäßelemente, oft einzeln.
	Kork gelb-ocker.
	Emulsionskugeln gelb.
	Sekretgänge im Speicherparenchym verzweigt, gelb.
Geruch:	Nach Ampfer.
Geschmack:	Sauer.

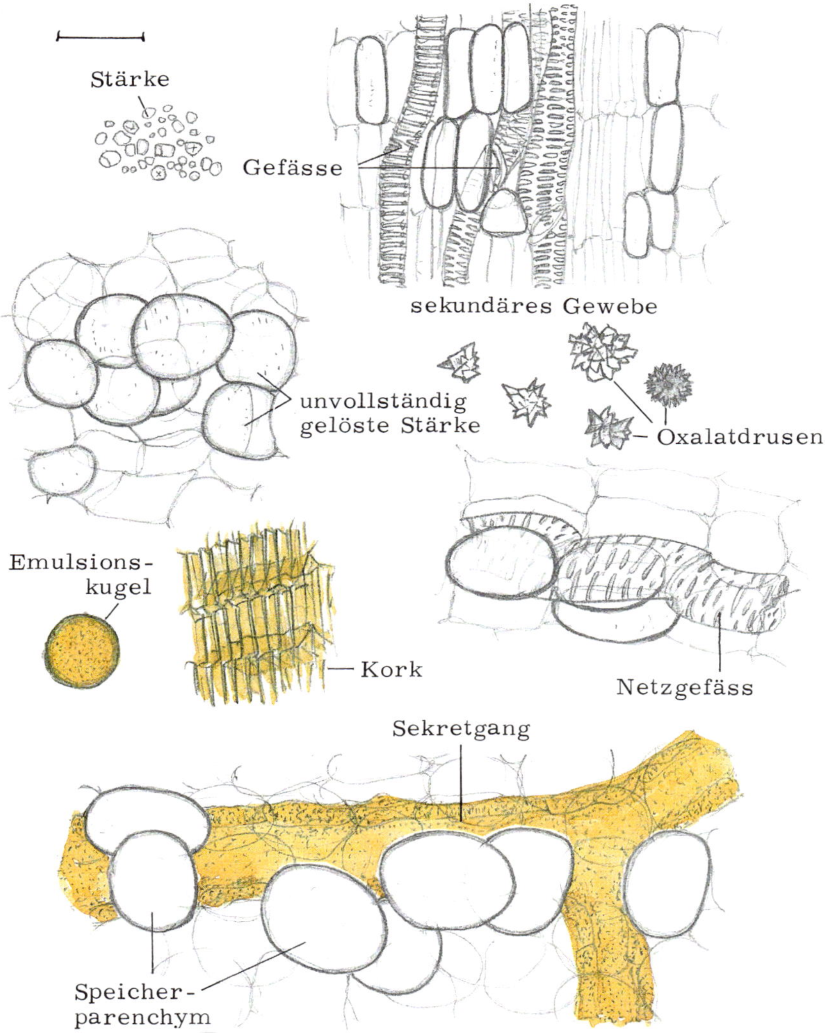
Stärke
Gefässe
sekundäres Gewebe
unvollständig
gelöste Stärke
Oxalatdrusen
Emulsions-
kugel
Kork
Netzgefäss
Sekretgang
Speicher-
parenchym

Harpagophyti radix - Teufelskrallenwurzel

Arzneibücher:	DAB 1997, Ph Helv VII, Ph Eur
Stammpflanze:	*Harpagophytum procumbens* DC
Familie:	Pedaliaceae
Wasser-Präparat:	Stärke fehlt. Pulver quillt in Wasser sehr stark.
Chloralhydrat-Präp.:	Unterschiedlich große ockerfarbene Korkzellen.
	Gefäßelemente netz- bis schlitzförmig getüpfelt, oft einzeln oder in kurzen Gefäßstücken im primären und sekundären Parenchym
	Sekretballen dunkelgelb, körnig.

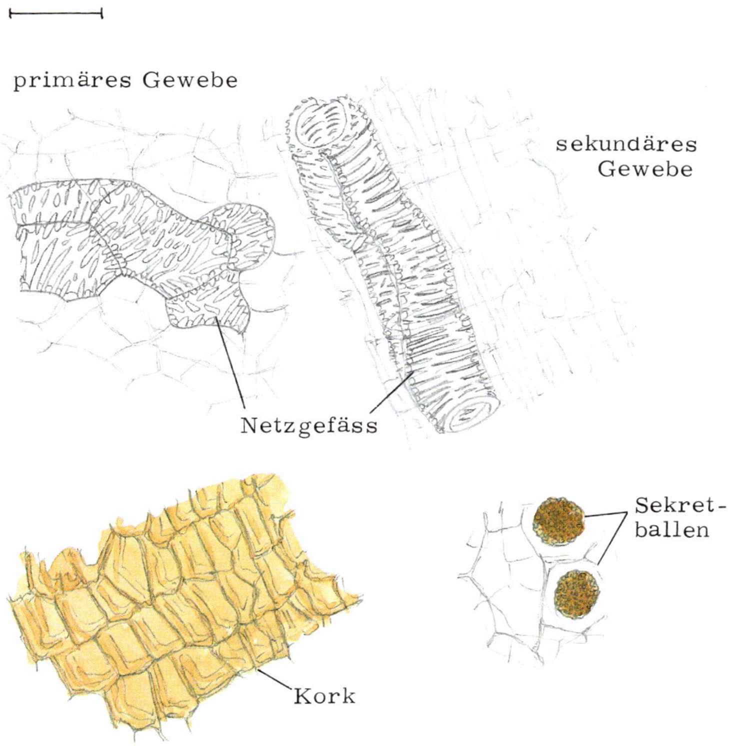
primäres Gewebe
sekundäres
Gewebe
Netzgefäss
Sekret-
ballen
Kork

Ipecacuanhae radix - Ipecacuanhawurzel

Arzneibücher	DAB 1997, ÖAB 90, Ph Helv VII, Ph Eur
Stammpflanze:	*Cephaelis acuminata* KARSTEN, *C. ipecacuanha* (BROT.) A.RICH.
Familie:	Rubiaceae
Wasser-Präparat:	Kleinkörnige Stärke, oft verklebt.
Chloralhydrat-Präp.:	Peridermfragmente mit schwarzbraunem Kork. Cortexparenchym mit nicht gebündelten kurzen Oxalatraphiden. Sehr kleine Oxalatkriställchen. Tüpfelgefäße mit angrenzendem fusiformen Parenchym.

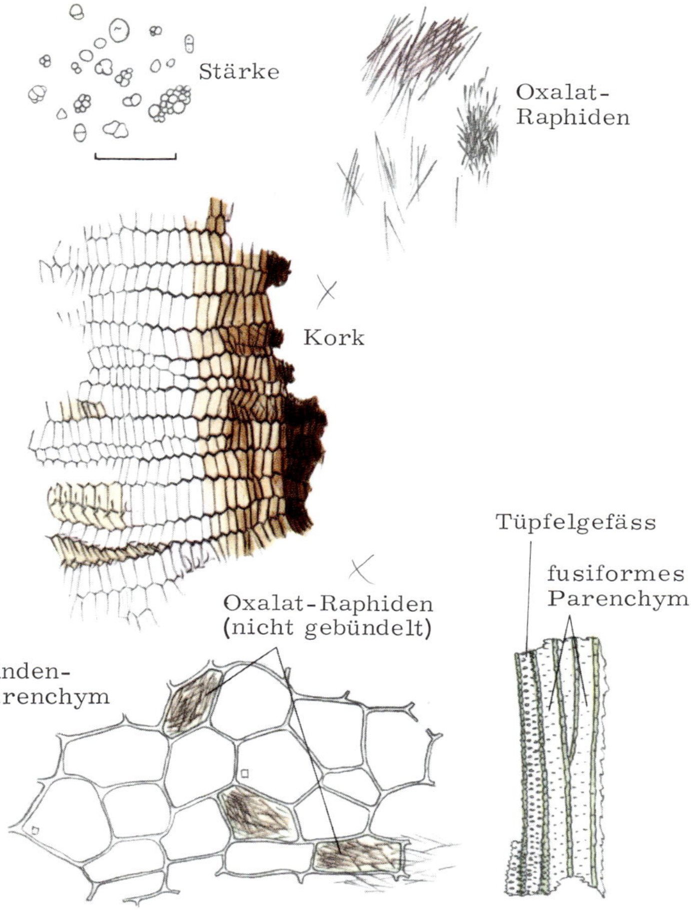
Stärke
Oxalat-
Raphiden
Kork
Tüpfelgefäss
fusiformes
Parenchym
Oxalat-Raphiden
(nicht gebündelt)
Rinden-
parenchym

Levistici radix - Liebstöckelwurzel

Arzneibücher:	DAB 1997, ÖAB 90, Ph Helv VII
Stammpflanze:	*Levisticum officinale* W.D.J. KOCH
Familie:	Apiaceae
Wasser-Präparat:	Sehr kleine Stärkekörner, oft in Ballen.
Chloralhydrat-Präp.:	Regelmässig gebaute Korkfragmente mit wenigen (4-5) Lagen
	Phellemzellen, Phelloderm gelb.
	Keratenchym mit eng geführter innerer Wandtextur.
	Fusiformes Holzparenchym, getüpfelt.
	Treppengefäß-Fragmente.
Geruch:	Typisch aromatisch (Maggi-Würze).

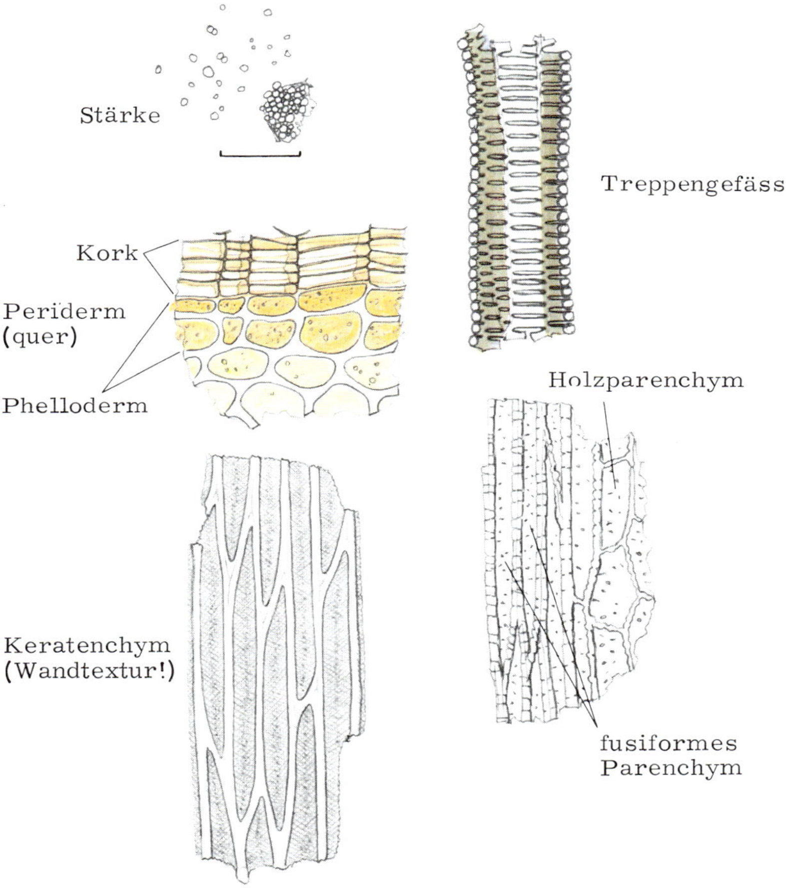
Stärke
Treppengefäss
Kork
Periderm
(quer)
Phelloderm
Holzparenchym
Keratenchym
(Wandtextur!)
fusiformes
Parenchym

Liquiritiae radix - Süßholzwurzel

Arzneibücher:	DAB 1997, ÖAB 90, Ph Helv VII, Ph Eur
Stammpflanze:	*Glycyrrhiza glabra* L.
Familie:	Fabaceae
Wasser-Präparat:	Kleine, einzelne Stärkekörnchen.
Chloralhydrat-Präp.:	Periderm fehlt, da Wurzeln geschält sind.
	Speicherparenchym der sekundären Rinde mit Oxalatkristallzellen.
	Große Tüpfelgefäßfragmente mit Belegzellen und einfachen Perforationsplatten.
	Holzfaserbündel mit Kristallzellreihen.
	Fragmente grünlich gefärbt.
Geschmack.	Süßlich.

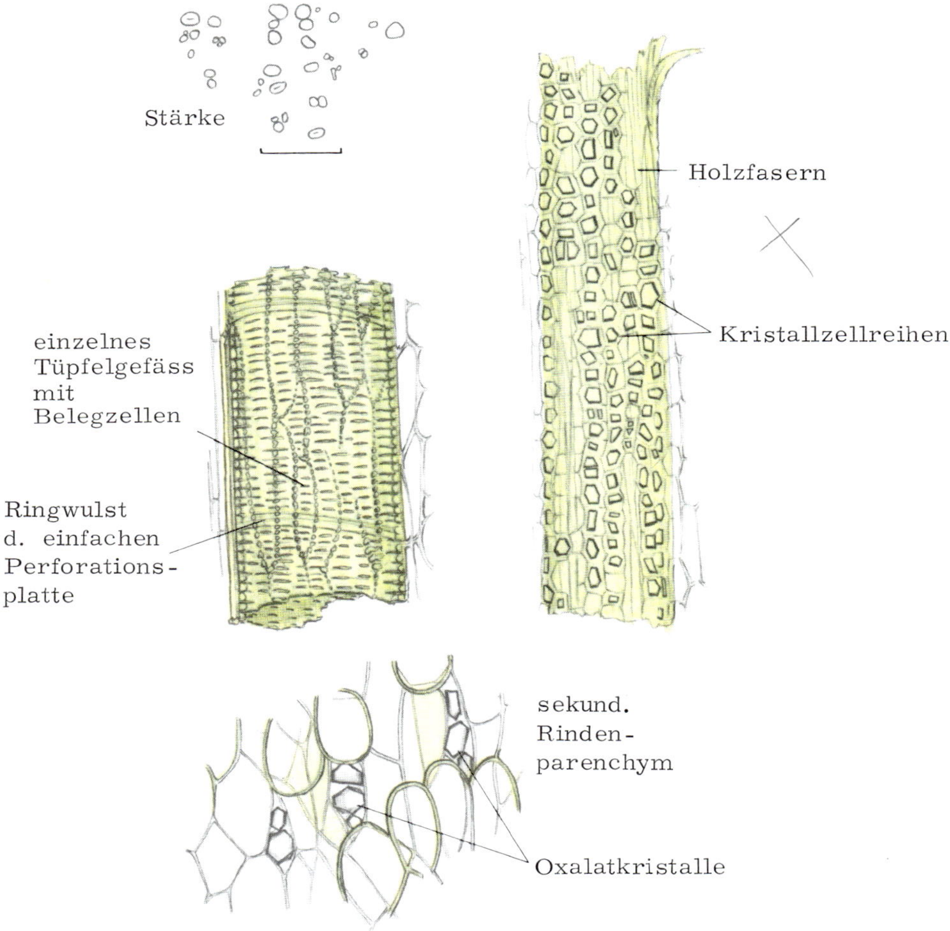
Stärke
Holzfasern
Kristallzellreihen
einzelnes Tüpfelgefäss mit Belegzellen
Ringwulst d. einfachen Perforations-platte
sekund. Rinden-parenchym
Oxalatkristalle

Ononidis radix - Hauhechelwurzel

Arzneibücher:	ÖAB 90, DAC 86
Stammpflanze:	*Ononis spinosa* L.
Familie:	Fabaceae
Wasser-Präparat:	Kleine Stärkekörnchen, z.T. winzig klein.
Chloralhydrat-Präp.:	"Knorrige" Holzfaserbündelfragmente, mit Kristallzellreihen besetzt. Fragmente von kurzen Tüpfelgefäßen mit einfachen Perforationsplatten. Verholztes Strahlparenchym.
Nachweis:	Rotfärbung des verholzten Strahlparenchyms mit Phloroglucin-HCl.

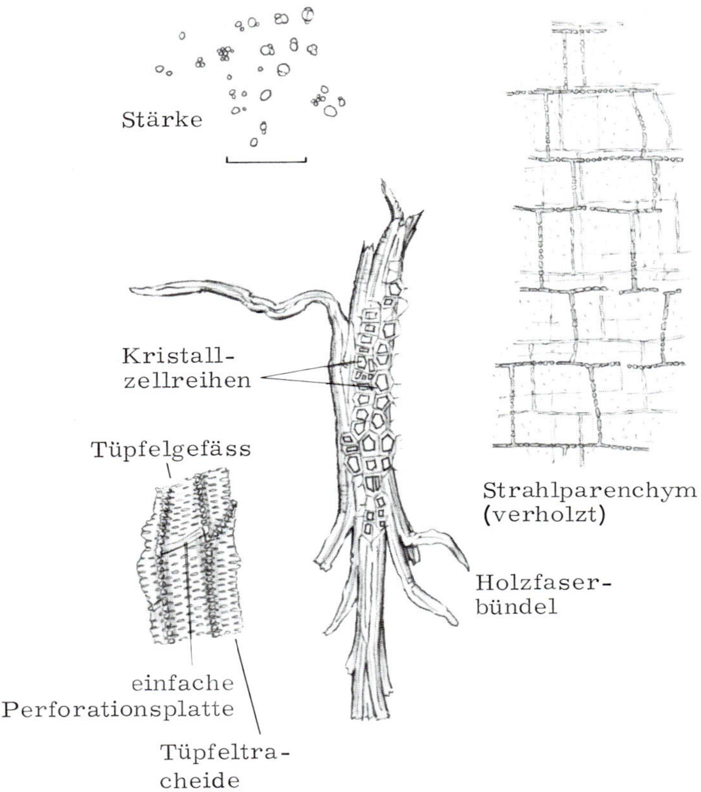
Stärke
Kristall-
zellreihen
Tüpfelgefäss
einfache
Perforationsplatte
Tüpfeltra-
cheide
Strahlparenchym
(verholzt)
Holzfaser-
bündel

Pimpinellae radix - Bibernellwurzel

Arzneibücher:	DAB 6, Ph Helv VI
Stammpflanze:	*Pimpinella saxifraga* L., *P. major* (L.) HUDS.
Familie:	Apiaceae
Wasser-Präparat:	Einzelne Stärkekörner, 2.5 - 17 µm.
Chloralhydrat-Präp.:	Großzelliger braunwandiger Kork.
	Sekretgänge mit Epithel
	Keratenchymzellen schmal mit feiner Wandtextur.
	Tüpfelgefäße einzeln oder in Bruchstücken, mit fusiformen Parenchymzellen.
	Holzparenchym, langgestreckt, dünn- und dickwandig, getüpfelt.
Geruch:	Schwach würzig.
Nachweis:	Rotfärbung des Holzparenchyms mit Phloroglucin-HCl $\rightarrow$ Lignin.

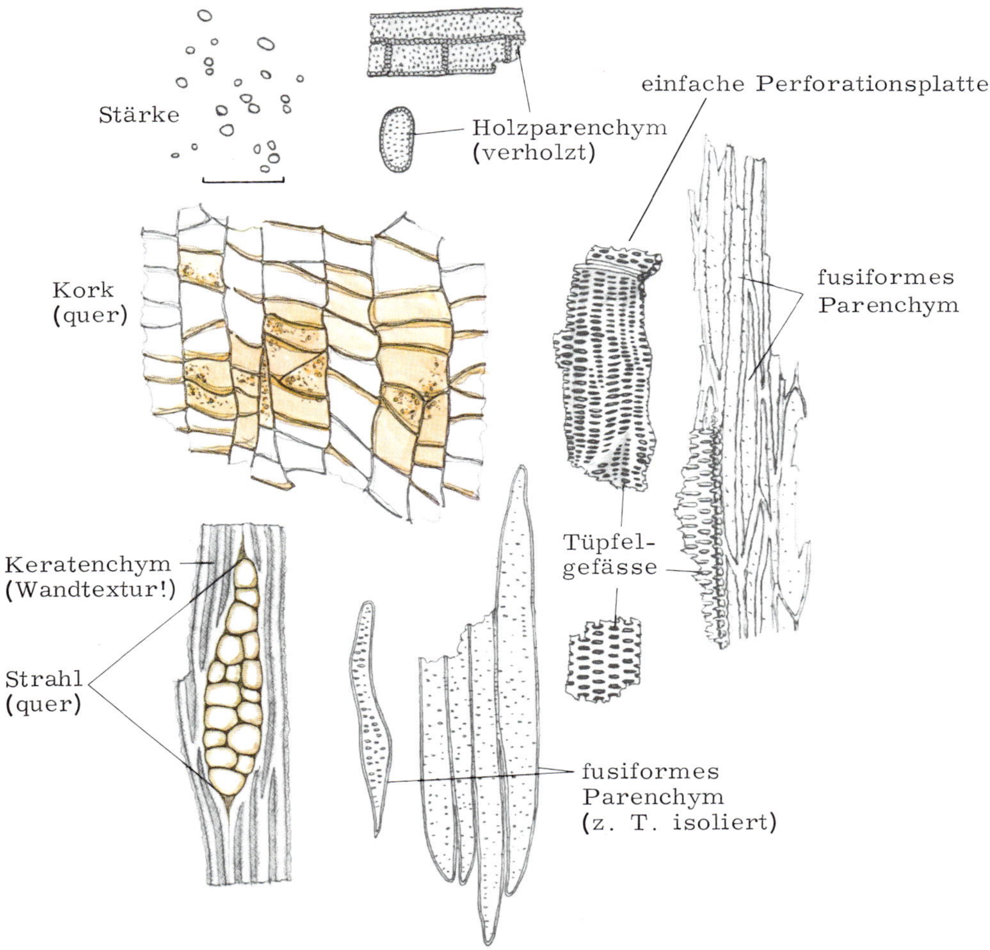
Stärke
Holzparenchym
(verholzt)
einfache Perforationsplatte
Kork
(quer)
fusiformes
Parenchym
Tüpfel-
gefässe
Keratenchym
(Wandtextur!)
Strahl
(quer)
fusiformes
Parenchym
(z. T. isoliert)

Polygalae radix - Senegawurzel

Arzneibücher:	DAB 1997, ÖAB 90, Ph Helv VII, Ph Eur
Stammpflanze:	*Polygala senega* L.
Familie:	Polygalaceae
Wasser-Präparat:	Stärke fehlt.
Chloralhydrat-Präp.:	Dünner, farbloser Kork. Äußeres, tangential gestrecktes Parenchym dickwandig. Inneres längsgestrecktes Parenchym mit farblosen Lipidtropfen Schmale, kurze Tüpfelgefäße mit einfachen Perforationsplatten. Holzparenchym ähnlich getüpfelt wie die Gefäßelemente. "Anomales" Holzparenchym aus dem Zentralzylinder aus rautenförmigen Zellen, selten mit dünner Querwand; Zellwände einfach getüpfelt. Farblose Lipidtropfen.

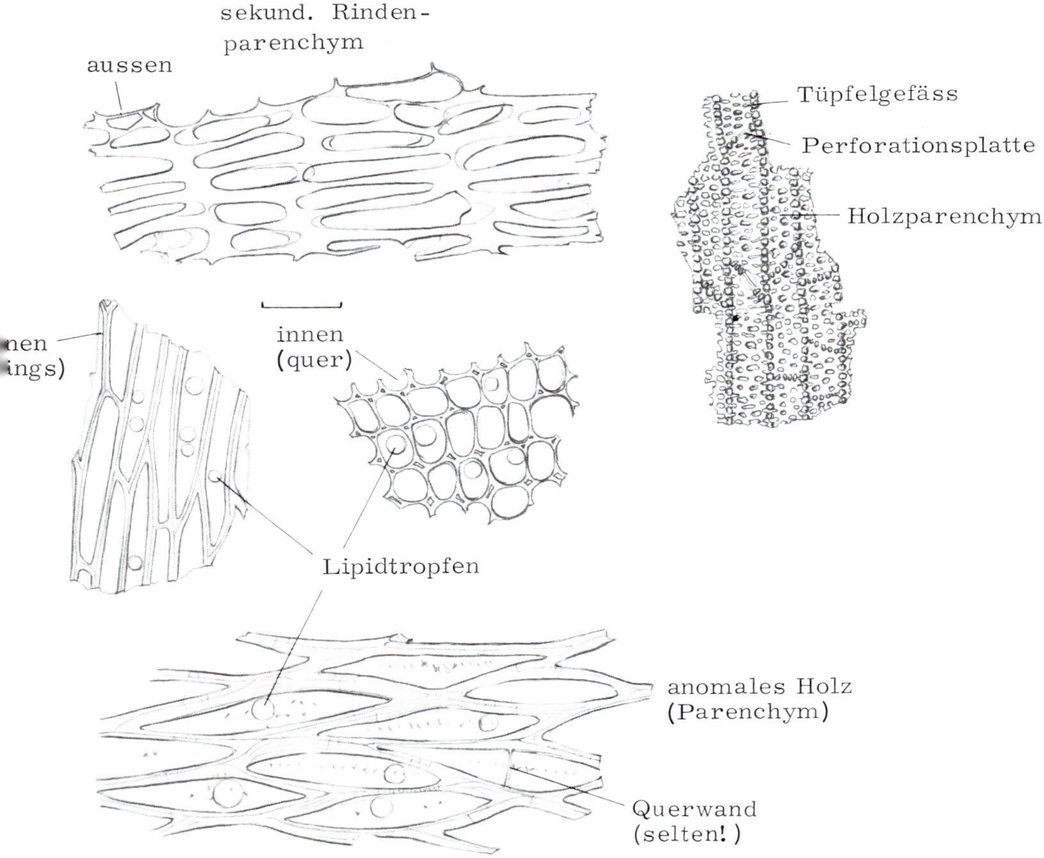
sekund. Rinden-
parenchym
aussen
Tüpfelgefäss
Perforationsplatte
Holzparenchym
nen
ngs)
innen
(quer)
Lipidtropfen
anomales Holz
(Parenchym)
Querwand
(selten!)

Primulae radix - Primelwurzel

Arzneibücher:	DAB 1997, ÖAB 90
Stammpflanzen:	*Primula veris* L., *Primula elatior* (L.) HILL.
Familie:	Primulaceae
Wasser-Präparat:	Kleinkörnige Stärke (3-21 µm), variabel in der Form.
Chloralhydrat-Präp.:	Gefäße sehr schmal, getüpfelt in Begleitung verholzter Metaxylemzellen.
	Parenchym der primären Rinde mit kreuzweise angeordneten Tüpfelschlitzen.
	Bei *P. elatior* treten Steinzellen im Mark des Rhizoms auf.
Besonderheit:	Das Pulver schäumt beim Schütteln mit Wasser.

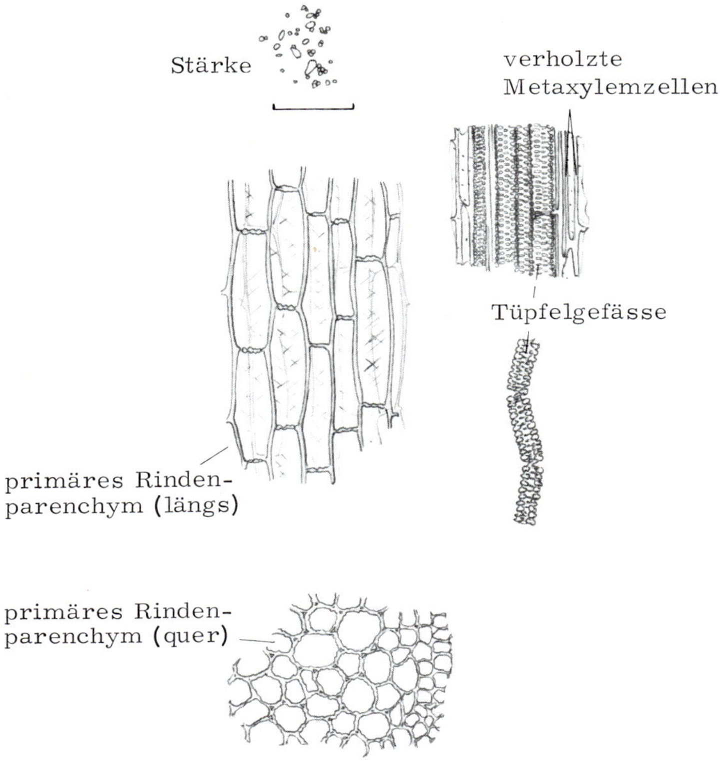
Stärke
verholzte
Metaxylemzellen
Tüpfelgefässe
primäres Rinden-
parenchym (längs)
primäres Rinden-
parenchym (quer)

Ratanhiae radix - Ratanhiawurzel

Arzneibücher:	DAB 1997, ÖAB 90, Ph Helv VII, Ph Eur
Stammpflanze:	*Krameria triandra* RUIZ et PAVON
Familie:	Krameriaceae
Wasser-Präparat:	Stärke, meist zusammengesetzt 3-30 (50) µm.
Chloralhydrat-Präp.:	Große, leuchtend rote Korkzellen. Bräunliche Bastfaserbündel mit Strahlen (uniseriat), z.T. mit kleinen Oxalatkristallen in den Strahlzellen. Fasertracheiden im Holz mit getüpfelten Holzparenchymzellen. Tüpfelgefäße mit einfachen Perforationsplatten.

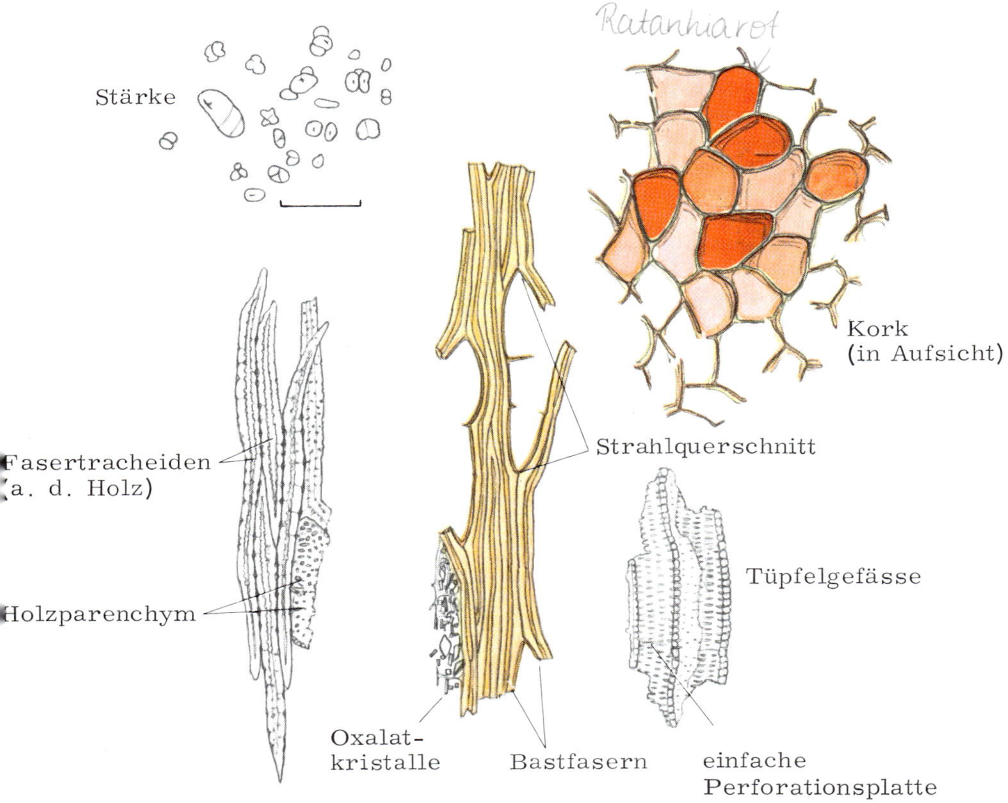
Ratanhiarot
Stärke
Kork
(in Aufsicht)
Strahlquerschnitt
Fasertracheiden
(a. d. Holz)
Tüpfelgefässe
Holzparenchym
Oxalat-
kristalle
Bastfasern
einfache
Perforationsplatte

Rauwolfiae radix - Rauwolfiawurzel

Arzneibücher:	DAB 1997
Stammpflanze:	*Rauwolfia serpentina* (L.) BENTHAM ex KURZ
Familie:	Apocynaceae
Wasser-Präparat:	Viel Stärke als Einzelkörner, 20-70 µm
Chloralhydrat-Präp.:	Viele kleine Sclerenchymfragmente, faserartig lang gestreckt oder unregelmäßig-isodiametrisch geformt mit auffällig getüpfelten Wänden. Sklerifizierte Idioblasten in sekundäres Rindengewebe eingebettet, meist braun-ocker gefärbt. Stärkeparenchym der primären Rinde aus rundlichen Zellen mit reichlichen Interzellularen. Braunwandige Korkfragmente des äußeren Periderms.

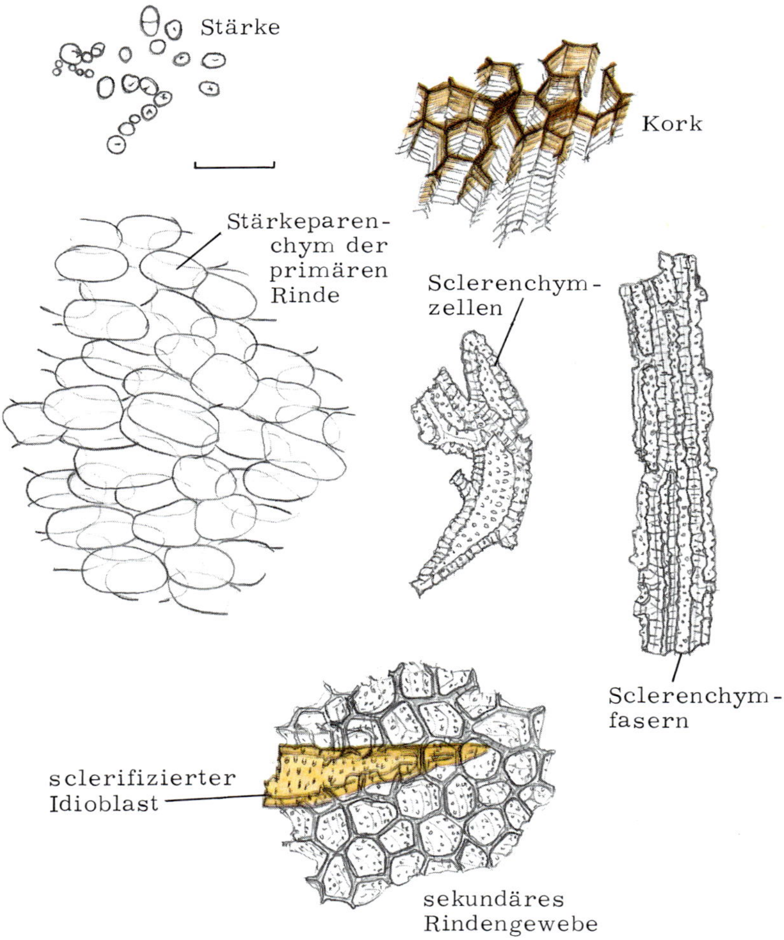
Stärke
Kork
Stärkeparen-
chym der
primären
Rinde
Sclerenchym-
zellen
Sclerenchym-
fasern
sclerifizierter
Idioblast
sekundäres
Rindengewebe

Rhei radix - Rhabarberwurzel

Arzneibücher:	DAB 1997, ÖAB 90, Ph Helv VII, Ph Eur
Stammpflanze:	*Rheum palmatum* L., *Rheum officinale* BAILL.
Familie:	Polygonaceae
Wasser-Präparat:	Kleine Stärkekörner (5-14 µm) mit zentralem Trockenriß.
Chloralhydrat-Präp.:	Sehr große Oxalatdrusen, zum Teil zerbrochen.
	Netzgefäße, gelblich verfärbt.
	Parenchym großzellig, mit vielen Interzellularen, gelblich verfärbt. Im sekundären Parenchym oft Tangentialansicht von Strahlen aus wenigen (7-8) Strahlzellen.
	Kurze Netzgefäßelemente im axialen Parenchym (nicht verholzt), Netzgefäßfragmente.
Nachweis:	Rotfärbung des gesamten Präparates mit 5%iger Kalilauge → Anthrachinone.
Geruch:	Typisch

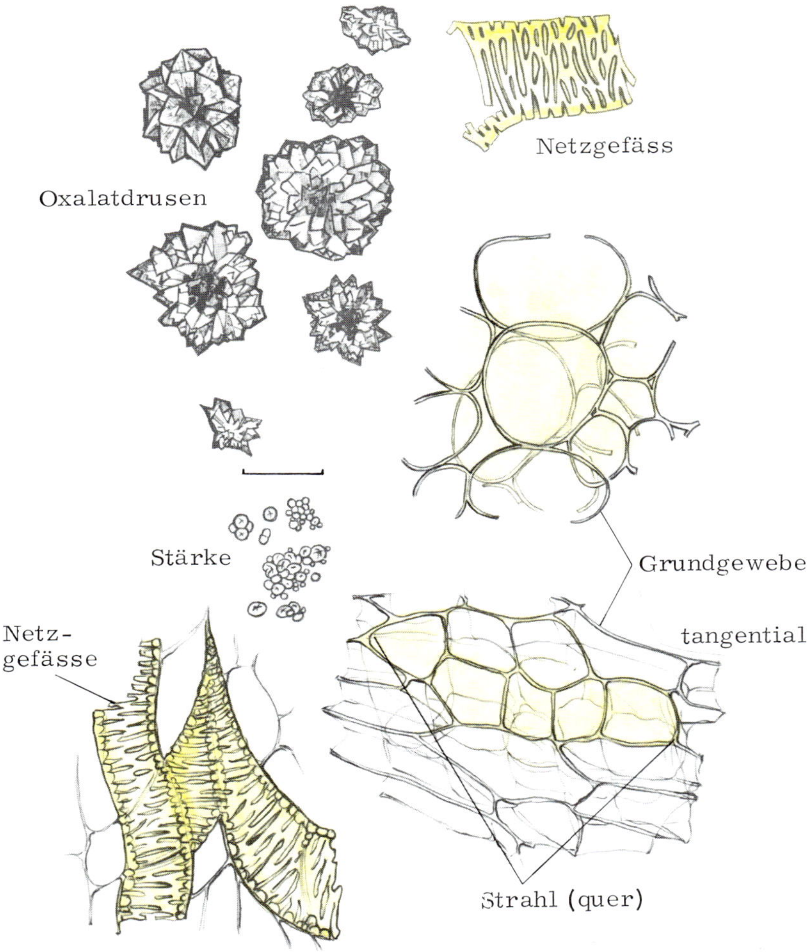
Netzgefäss
Oxalatdrusen
Stärke
Grundgewebe
tangential
Netz-
gefässe
Strahl (quer)

Saponariae radix - Seifenwurzel

Arzneibücher:	DAB 6
Stammpflanze:	*Saponaria officinalis* L.
Familie:	Caryophyllaceae
Wasser-Präparat:	Stärke fehlt.
Chloralhydrat-Präp.:	Rotbrauner Kork.
	Cortexgewebe aus kurzen Parenchymzellen mit flachen Tüpfelfeldern.
	Oxalatdrusen.
	Netzgefäße gelblich.
	Schraubengefäße des primären Xylems.
Nachweis:	Gelbe Saponinschollen mit Iod-Kaliumiodid.
Besonderheit:	Das Pulver schäumt beim Schütteln mit Wasser.

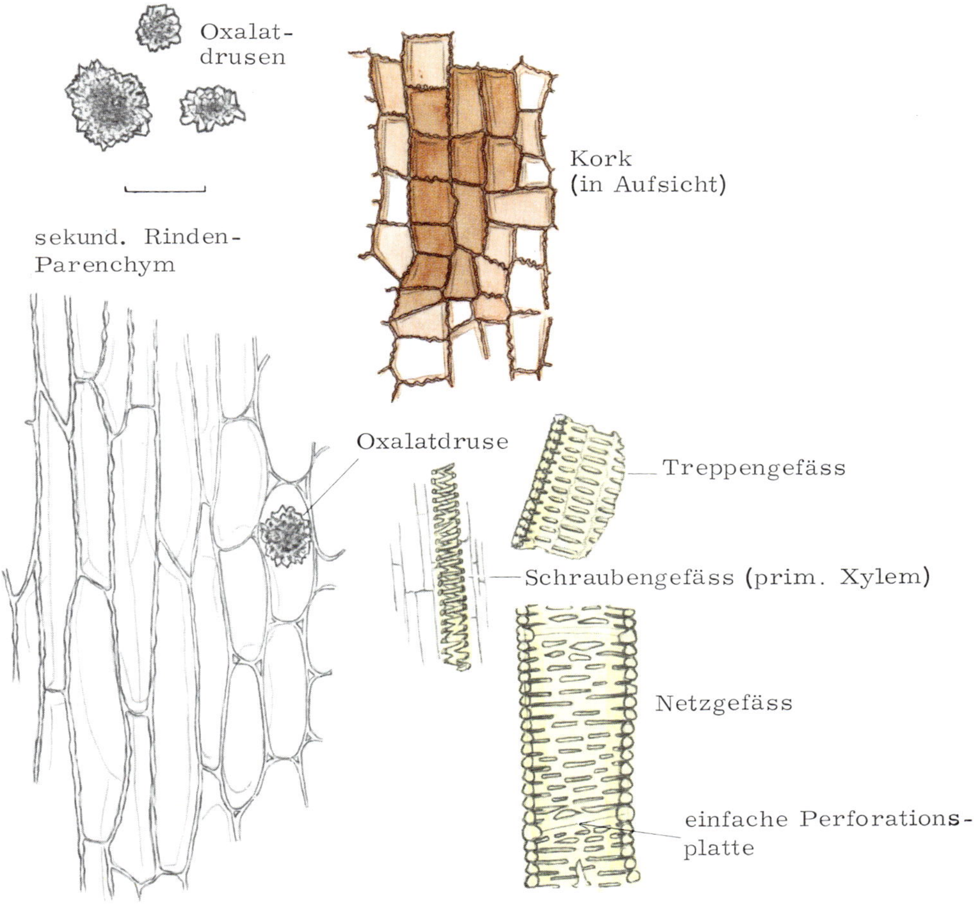
Oxalat-
drusen
Kork
(in Aufsicht)
sekund. Rinden-
Parenchym
Oxalatdruse
Treppengefäss
Schraubengefäss (prim. Xylem)
Netzgefäss
einfache Perforations-
platte

Urticae radix - Brennesselwurzel

Arzneibücher:	DAB 1997
Stammpflanze:	*Urtica dioica* L., *Urtica urens* L
Familie:	Urticaceae
Wasser-Präparat:	Stärke fehlt.
Chloralhydrat-Präp.:	Peridermfragmente rötlich, mit radialen Korkzellreihen. Speicherparenchym, großzellig, getüpfelt, mit grobgezackten Oxalatdrusen. Treppengefäße mit einfacher Perforationsplatte. Bündel von Sklerenchymfasern ohne erkennbares Lumen, durch angrenzendes Strahlparenchym als sekundäres Gewebe kenntlich.
Geruch:	Schwach aromatisch.
Geschmack:	Geschmack fehlt.

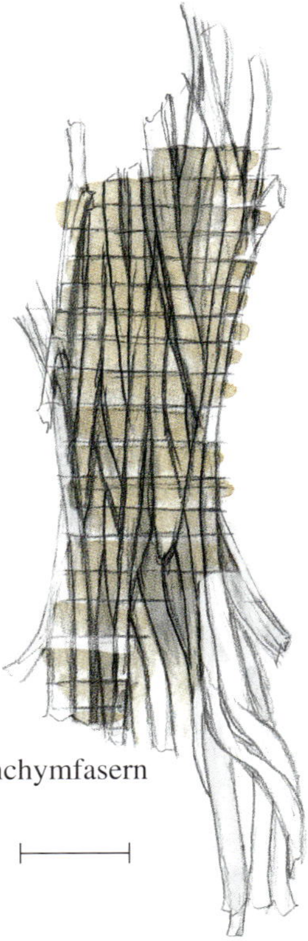

Sekundäre Sclerenchymfasern

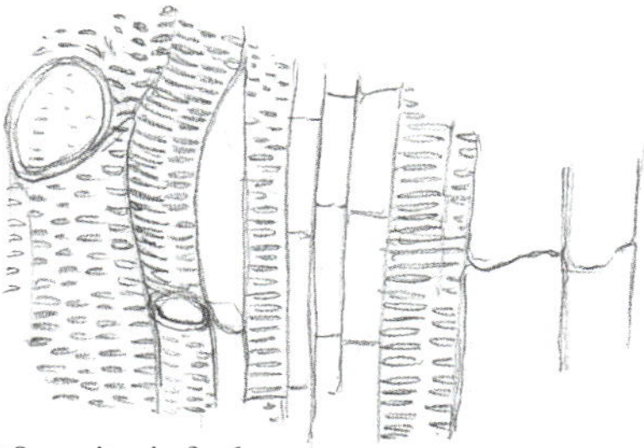

Gefäße mit einfacher
Perforationsplatte

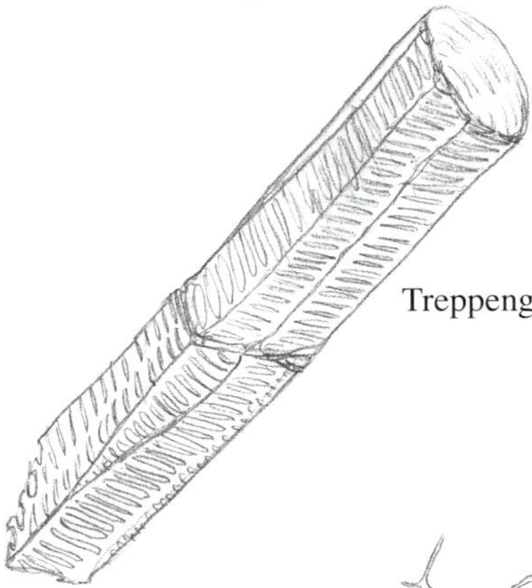

Treppengefäß

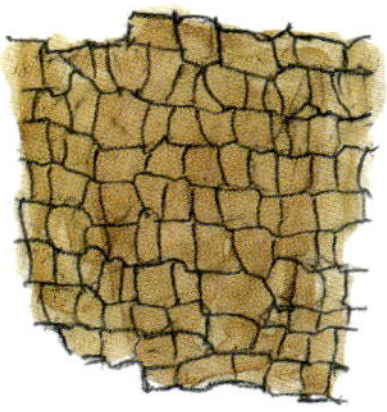

Periderm

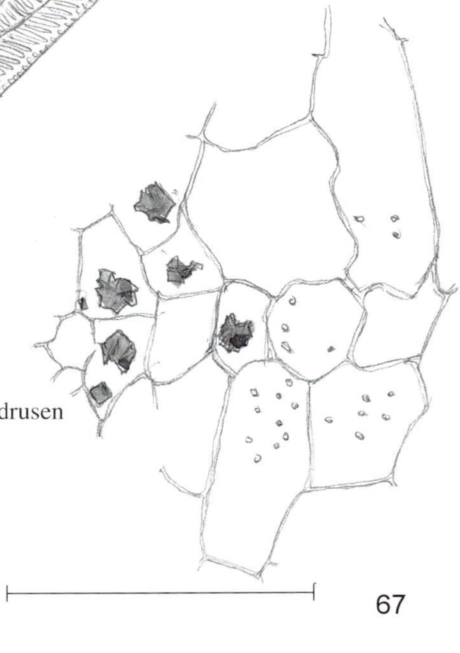

Oxalatdrusen

Valerianae radix - Baldrianwurzel

Arzneibücher:	DAB 1997, ÖAB 90, Ph Helv VII, Ph Eur
Stammpflanze:	*Valeriana officinalis* L. s.l.
Familie:	Valerianaceae
Wasser-Präparat:	kleine Stärkekörner, 1.5-20 µm.
Chloralhydrat-Präp.:	Stärkeparenchym gelblich mit schwach lila Zellwänden, auffallend getüpfelt.
	Hypodermisfragmente mit dünnen braunen Zellwänden.
	Tüpfelgefäße des primären Xylems mit schmalen Schraubengefäßen, oft neben Phloemgewebe.
Geruch:	Typisch nach Baldrian.

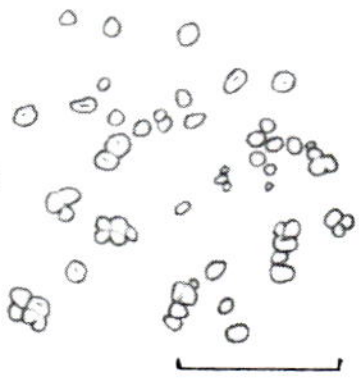
Stärke
(viel!)

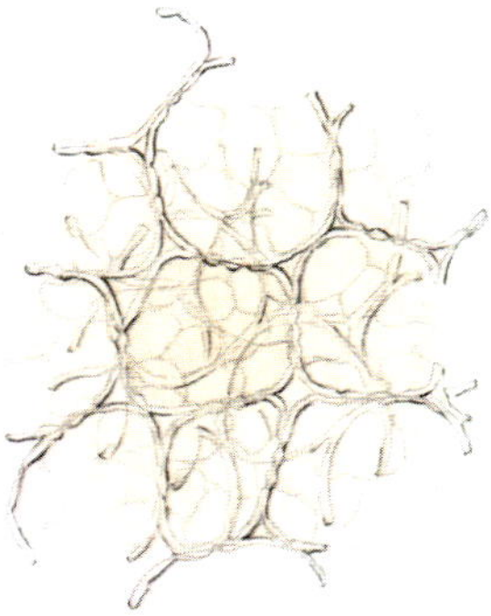
Stärke-
parenchym

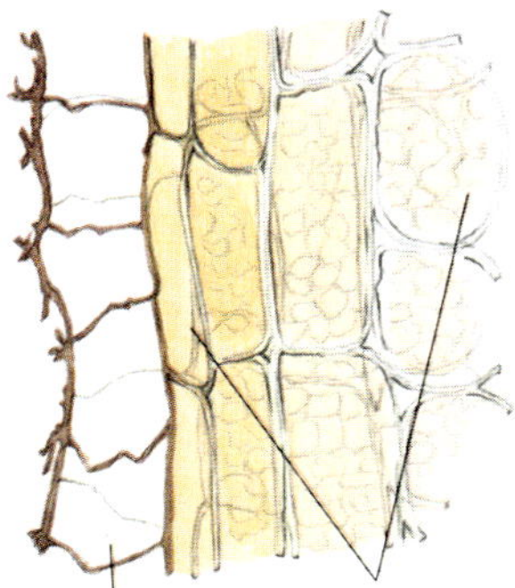
Hypodermis
primäres
Rindenparenchym

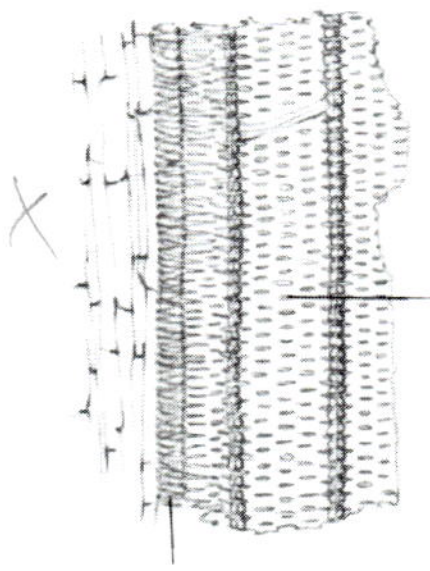
prim. Xylem
Tüpfelgefäss
Schraubengefäss

Cinchonae cortex - Chinarinde

Arzneibücher:	DAB 1997, ÖAB 90, Ph Helv VII, Ph Eur
Stammpflanze:	*Cinchona pubescens* VAHL. (Syn. *C. succirubra* PAVON)
Familie:	Rubiaceae
Wasser-Präparat:	kleine, meist einzelne Stärkekörnchen, 3-12 µm.
Chloralhydrat-Präp.:	Korkfragmente, oft in Schrägaufsicht, mit einzelnen Oxalatsandzellen. In Baststrahlen vielfach Oxalatsandzellen. Bastfasern gelb, getüpfelt und oberflächlich mit Schraubenstruktur. Faserwände geschichtet.
Geschmack:	Sehr bitter.

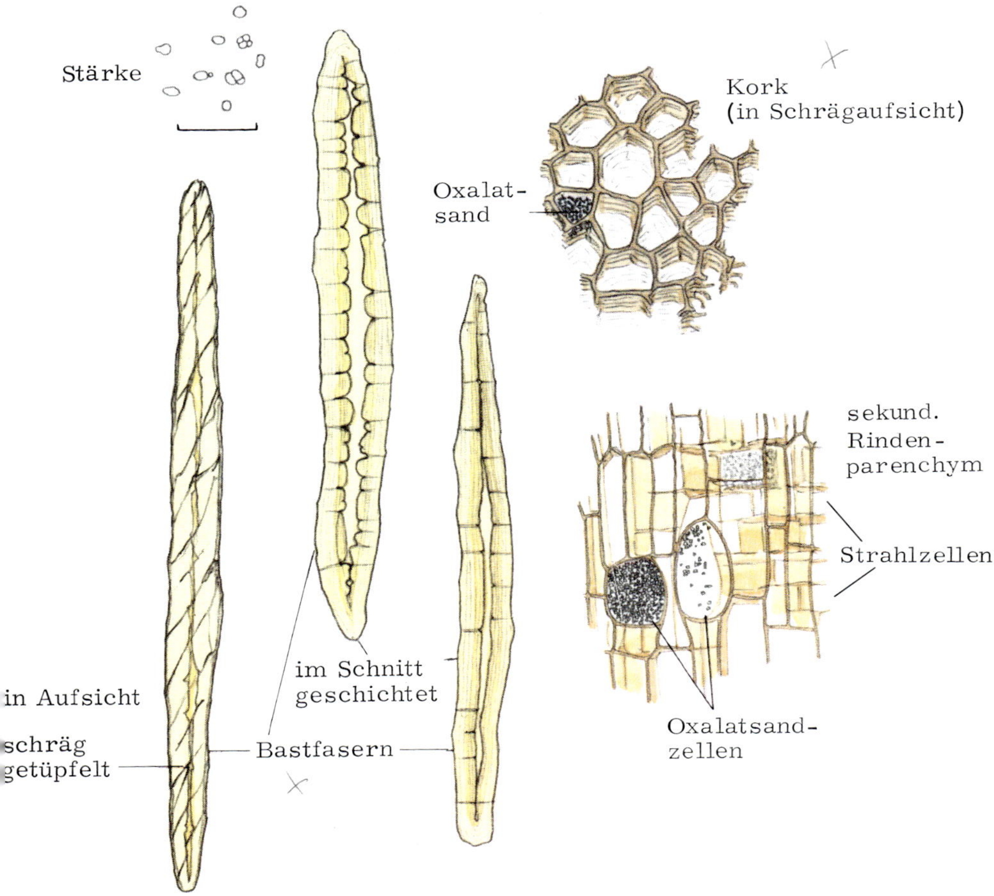
Stärke
Kork
(in Schrägaufsicht)
Oxalat-
sand
sekund.
Rinden-
parenchym
Strahlzellen
im Schnitt
geschichtet
in Aufsicht
schräg
getüpfelt
Bastfasern
Oxalatsand-
zellen

Cinnamomi cortex - Zimtrinde

Arzneibücher:	DAB 1997, ÖAB 90, Ph Helv VII, Ph Eur
Stammpflanze:	*Cinnamomum zeylanicum* NEES. Der botanisch korrekte Name ist *Cinnamomum verum* J.S. PRESL.
Familie:	Lauraceae
Wasser-Präparat:	Kleine Stärke, 3.5-19 µm.
Chloralhydrat-Präp.:	Periderm und sekundäre Rinde fehlen.
	Selten kleine Korkfragmente.
	Steinzellen mit luftgefülltem (schwarzem) Zellumen.Größere Steinzellen gelbwandig. Ungleichmäßig verdickte, getüpfelte Wände
	Bastfasern fast ohne Zellumen.
	Strahlparenchym aus großen braunwandigen Zellen, oft mit Oxalatnädelchen gefüllt.
	Sekretzellen im Strahlparenchym.
Geruch, Geschmack:	Nach Zimt.

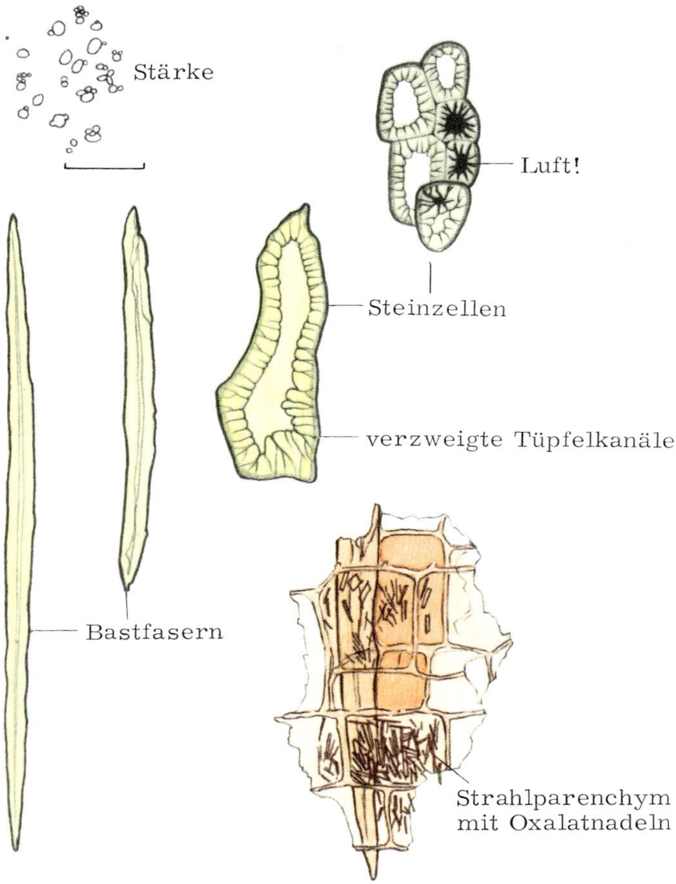
Stärke
Luft!
Steinzellen
verzweigte Tüpfelkanäle
Bastfasern
Strahlparenchym
mit Oxalatnadeln

Condurango cortex - Kondurangorinde

Arzneibücher:	ÖAB 90, Ph Helv VII, DAC 86
Stammpflanze:	*Marsdenia condurango* REICHBCH. fil
Familie:	Asclepiadaceae
Wasser-Präparat:	Kleinkörnige Stärke (2.5-17 µm)
Chloralhydrat-Präp.:	Braunwandige Korkfragmente.
	Oxalatdrusen.
	Oxalatkristalle aus dem Phelloderm.
	Gelbe Steinzellen, unregelmässig geformt, mit verzweigten Tüpfelkanälen und luftgefüllten (schwarzen) Zellumen.
	Milchröhrenabschnitte ockerfarben, im Bastparenchym, auch in Tangentialschnitten sichtbar.
	Baststrahlen mit Oxalatdrusen.

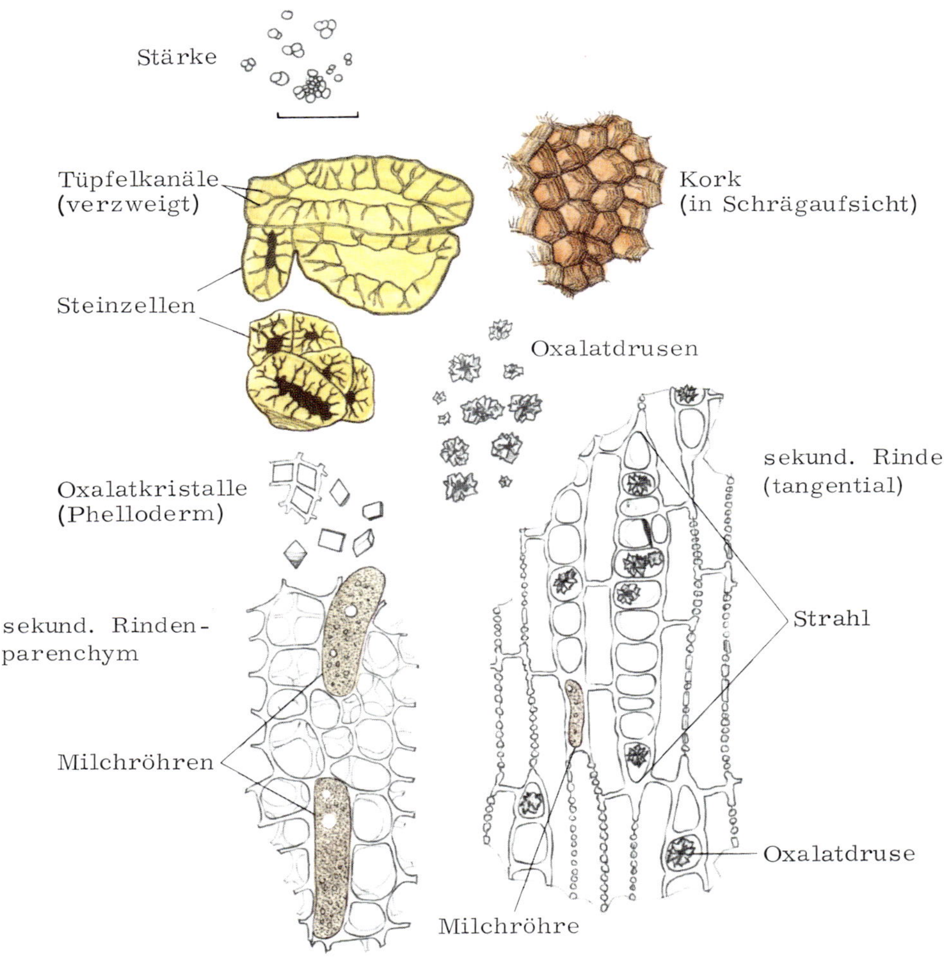
Stärke
Tüpfelkanäle
(verzweigt)
Kork
(in Schrägaufsicht)
Steinzellen
Oxalatdrusen
sekund. Rinde
(tangential)
Oxalatkristalle
(Phelloderm)
sekund. Rinden-
parenchym
Strahl
Milchröhren
Oxalatdruse
Milchröhre

Frangulae cortex - Faulbaumrinde

Arzneibücher:	DAB 1997, ÖAB 90, Ph Helv VII, Ph Eur
Stammpflanze:	*Rhamnus frangula* L., (Syn. *Frangula alnus* MILLER)
Familie:	Rhamnaceae
Wasser-Präparat:	Sehr kleine Stärke, 1-5 µm.
Chloralhydrat-Präp.:	Rotbraune kleinzellige Korkstücke. Bastfragmente mit Bastfasern, Kristallzellreihen und tangential erscheinenden Strahlen. Drusenzellreihen. Rötliche Bastparenchymzellen. Strahlen homozellular, uni-bis biseriat.
Nachweis:	Rotfärbung des gesamten Präparates mit 5%iger Kalilauge → Anthrachinone.

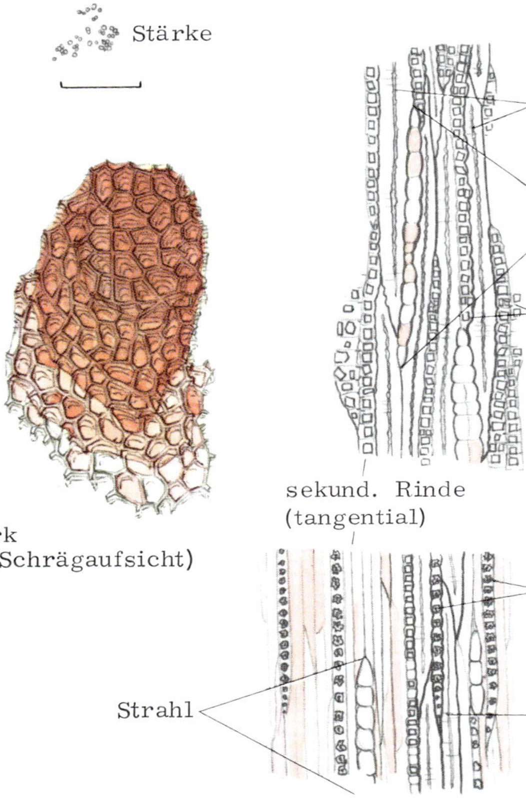
Stärke
Bastfasern
Strahl
Kristallzellreihen
sekund. Rinde
(tangential)
Kork
(in Schrägaufsicht)
Drusenzellreihen
Strahl
Bastfaser

Hamamelidis cortex - Hamamelisrinde

Arzneibücher:	DAC 86
Stammfamilie:	*Hamamelis virginiana* L.
Familie:	Hamamelidaceae
Chloralhydrat-Präp.:	Braune Korkgewebe-Fragmente.
	Steinzellnester im Bastparenchym. Steinzellen mit geschichteter Zellwand und luftgefülltem (schwarzem) Zellumen.
	Bastfasern mit begleitenden Kristallzellreihen.
	Pigmentzellen braun-ocker im Bastparenchym.
Geruch, Geschmack:	Unauffällig.

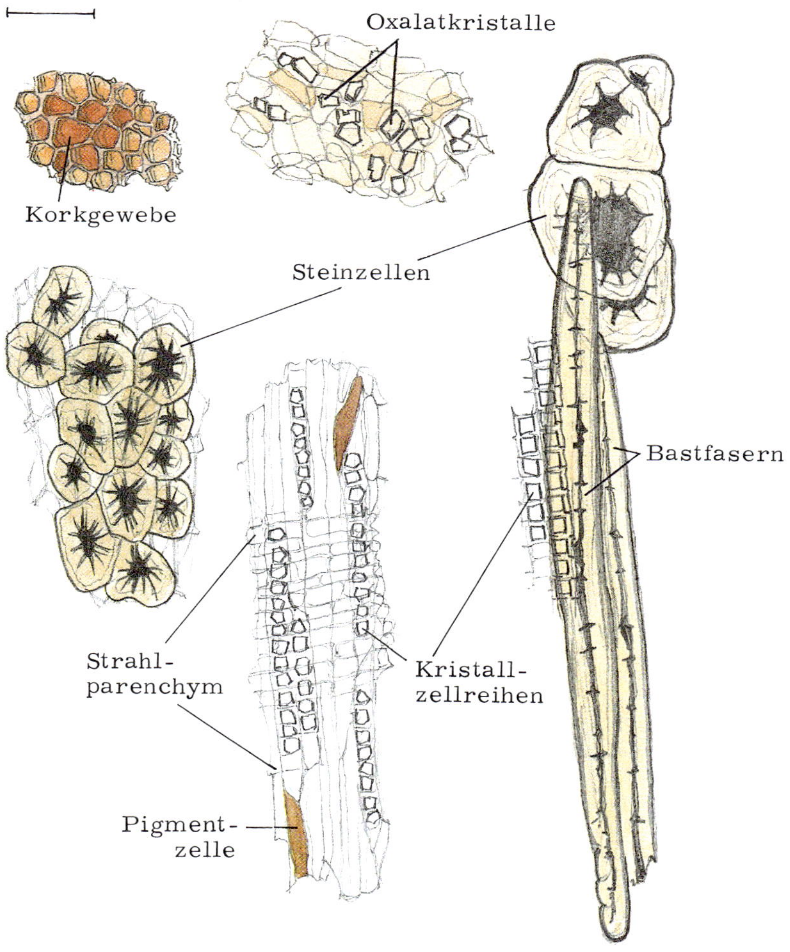
Oxalatkristalle
Korkgewebe
Steinzellen
Bastfasern
Strahl-
parenchym
Kristall-
zellreihen
Pigment-
zelle

Quebracho cortex - Quebrachorinde

Arzneibücher:	DAC 86
Stammpflanze:	*Aspidosperma quebracho blanco* SCHLECHT.
Familie:	Apocynaceae
Wasser-Präparat:	Stärke einzeln, klein.
Chloralhydrat-Präp.:	Viele gestreckte Fasergruppen, dicht mit Kristallzellen vermischt.
	Oft gelblich gefärbte, kurze Sklerenchymfasern.
	Periderm in Aufsicht aus polygonalen Zellen, rötlich.
	In Queransicht aus radialen Korkzellreihen zusammengesetzt, gelb-rot.
Geruch:	Schwach aromatisch nach Zitrone.
Geschmack:	Bitter.

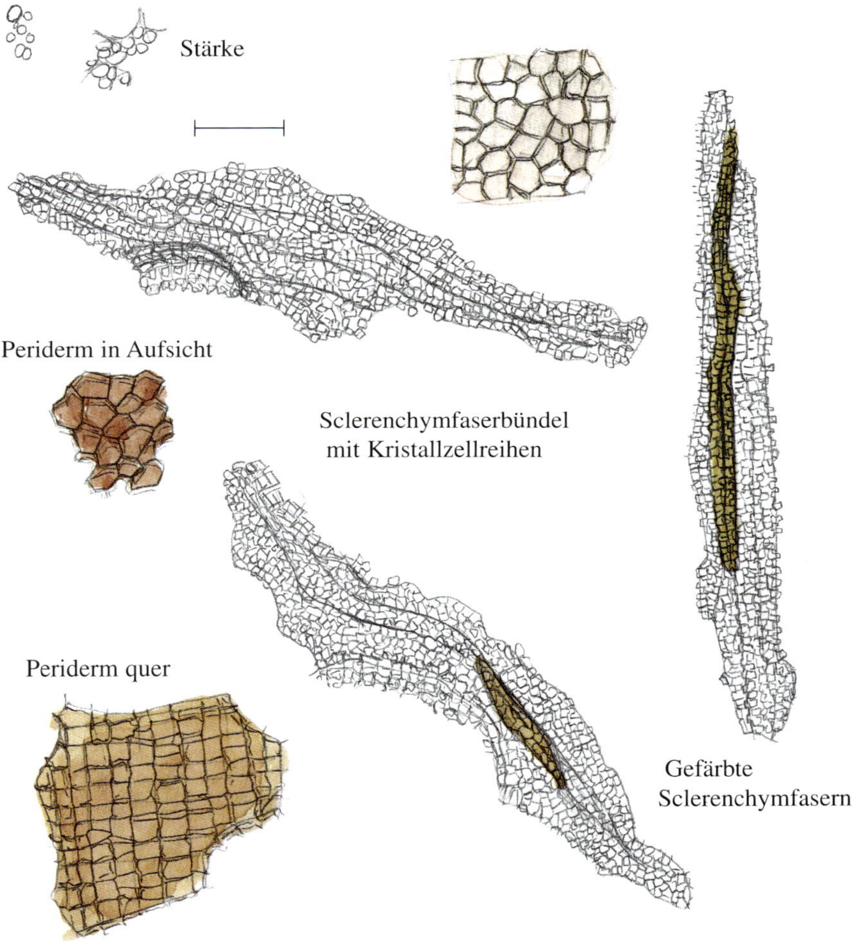
Stärke
Periderm in Aufsicht
Sclerenchymfaserbündel
mit Kristallzellreihen
Periderm quer
Gefärbte
Sclerenchymfasern

Quercus cortex - Eichenrinde

Arzneibücher:	ÖAB 90, Ph Helv VII, DAC 86
Stammpflanze:	*Quercus robur* L., *Q. petraea* (MATT.) LIEBL. Ph Helv VII läßt auch *Q. pubescens* WILLD. zu.
Familie:	Fagaceae
Wasser-Präparat:	Stärke fehlt.
Chloralhydrat-Präp.:	Oxalatkristalle, Oxalatdrusen.
	Steinzellen, gelbwandig teils verzweigt-getüpfelt
	Bastfasern mit geschlängeltem Wuchs, dickwandig, ohne sichtbares Zellumen und mit Kristallzellreihen vergesellschaftet. Bastparenchym mit gelben und rotbraunen Zellen durchsetzt. Baststrahlen uniseriat, homozellular.
	Axiale Bastzellen oft mit Oxalatdrusen.
Nachweis:	Grünschwarze Färbung mit Eisen-III-chlorid → Gerbstoffe.

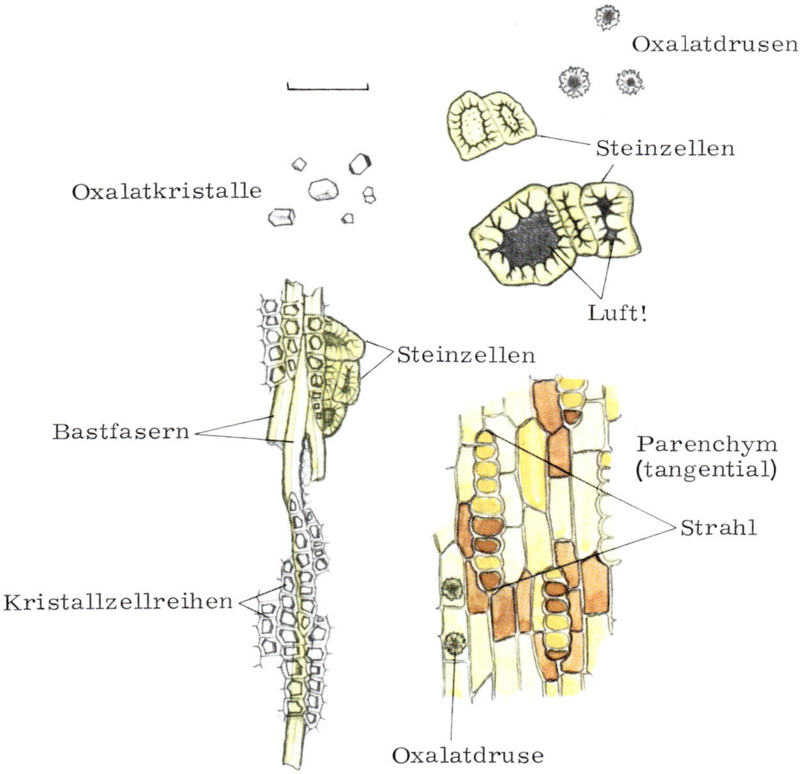
Oxalatdrusen
Steinzellen
Oxalatkristalle
Luft!
Steinzellen
Bastfasern
Parenchym
(tangential)
Strahl
Kristallzellreihen
Oxalatdruse

Quillaiae cortex - Seifenrinde

Arzneibücher:	ÖAB 90, Ph Helv VII, DAC 86
Stammpflanze:	*Quillaja saponaria* MOLINA
Familie:	Rosaceae
Wasser-Präparat:	winzige Stärkekörnchen, 1-6 µm
Chloralhydrat-Präp.:	Styloide und Bruchstücke von Calciumoxalat.
	Korkgewebe rotbraun, großzellig.
	Fragmente von Bastfasern mit kleinen Steinzellen und Strahlparenchym. Bastfasern kurz, bizarr getüpfelt, streckenweise ohne erkennbares Lumen. Benachbarte Strahlen mit Oxalat-Styloiden.
Besonderheiten:	Pulver schäumt beim Schütteln mit Wasser. Trockenes Pulver reizt zum Niesen.

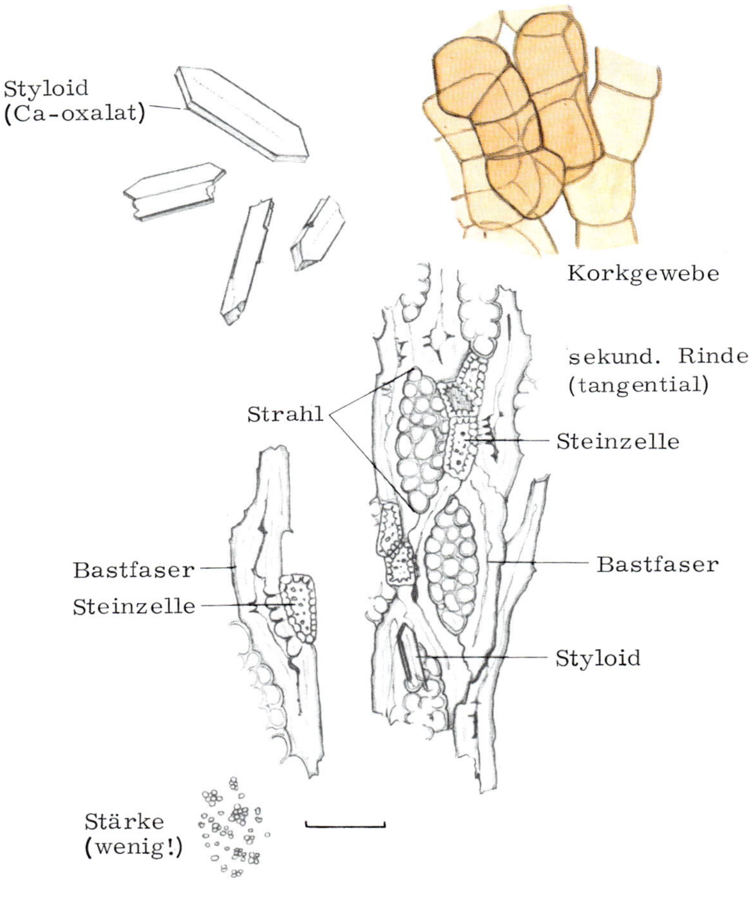
Styloid
(Ca-oxalat)
Korkgewebe
sekund. Rinde
(tangential)
Strahl
Steinzelle
Bastfaser
Steinzelle
Bastfaser
Styloid
Stärke
(wenig!)

Rhamni purshiani cortex - Cascararinde

Arzneibücher:	DAB 1997, ÖAB 90, Ph Helv VII, Ph Eur
Stammpflanze:	*Rhamnus purshianus* DC (*Frangula purshiana* (DC) A.GRAY ex J.C. COOPER)
Familie:	Rhamnaceae
Wasser-Präparat:	Stärke fehlt
Chloralhydrat-Präp.:	Roter Kork mit hellen Wänden.
	Bastfasern im Cortex kurz und stark gelappt, im Bast gebündelt. Kristallzellreihen um multiseriate Strahlen greifend.
	Steinzellnester.
	Oxalatdrusen im Bastparenchym und im Cortex.
Nachweis:	Rotfärbung mit Kalilauge 5% → Anthrachinone.

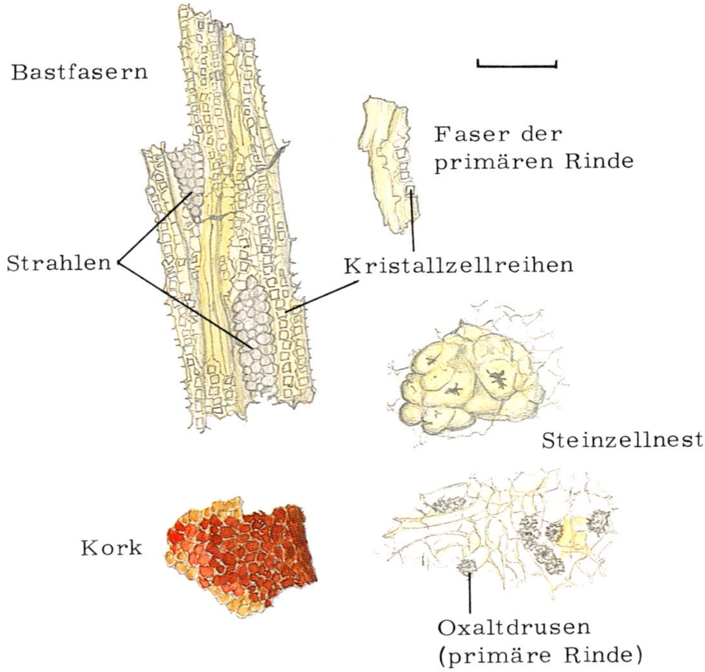
Bastfasern
Faser der
primären Rinde
Strahlen
Kristallzellreihen
Steinzellnest
Kork
Oxaltdrusen
(primäre Rinde)

Salicis cortex - Weidenrinde

Arzneibücher:	DAB 1997
Stammpflanze:	*Salix purpurea* L., *Salix daphnoides* VILLARS
Familie:	Salicaceae
Wasser-Präparat:	Stärke fehlt.
Chloralhydrat-Präp.:	Zahlreiche Fragmente zusammengesetzt aus Parenchym.
	Kristallzellreihen.
	Oxalatdrusen.
	Periderm rotbraun.
	Tangentialansichten mit uniseriaten Strahlen und rotbraunen Sklerenchymzellen.
	Schmale, wenig-zellige Baststrahlen von abgerundeten Parenchymzellen eingefaßt.
Geruch, Geschmack:	Fehlen.
Besonderheit:	Pulver rotbraun.

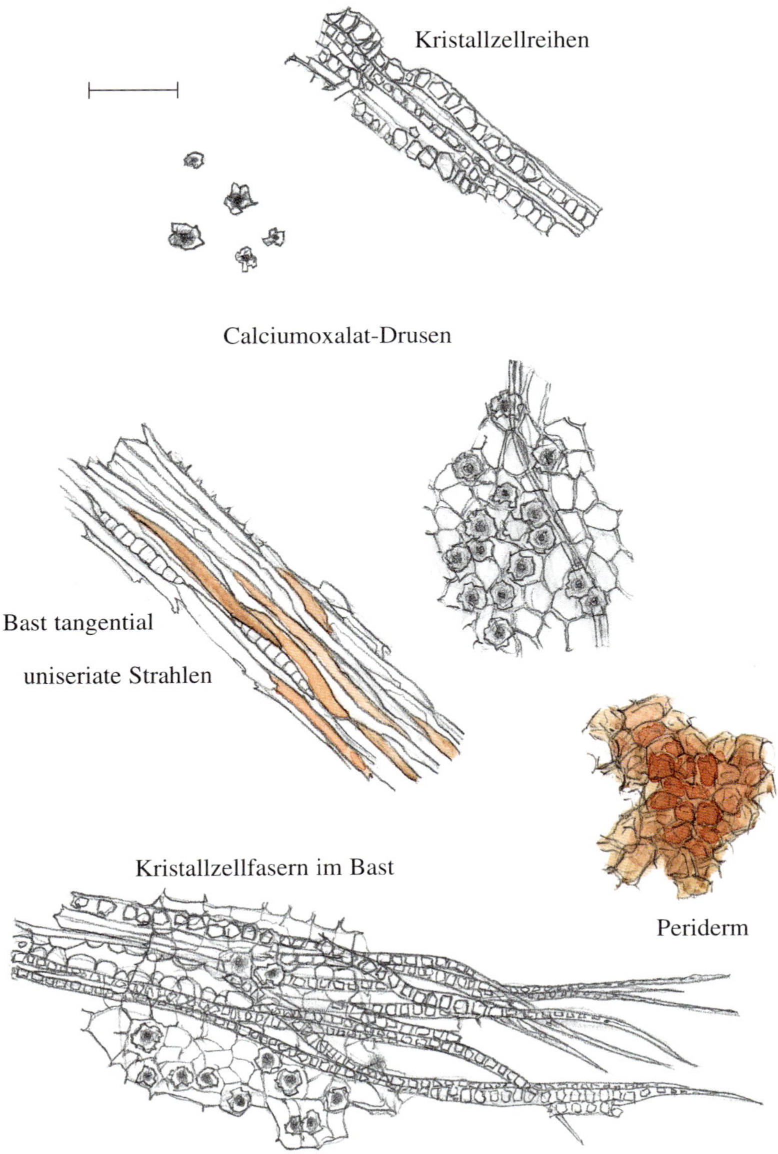
Kristallzellreihen
Calciumoxalat-Drusen
Bast tangential
uniseriate Strahlen
Periderm
Kristallzellfasern im Bast

Absinthii herba - Wermutkraut

Arzneibücher:	DAB 1997, ÖAB 90, Ph Helv VII
Stammpflanze:	*Artemisia absinthium* L.
Familie:	Asteraceae
Chloralhydrat-Präp.:	Blattfragmente mit T-Haaren auf der Blattoberseite. Obere Blattepidermis mit Cuticularstreifung, Compositen-Drüsenschuppen und anomocytischen Stomata. Palisadenzellen mit einem Lipidkörper pro Zelle. Pollen triporat, oft in Paketen Spreuhaare des Bütenbodens, lang, Stiel meist abgebrochen. Konnektivzipfel der Antheren mit kleinen Oxalatdrusen.
Geschmack:	Bitter.

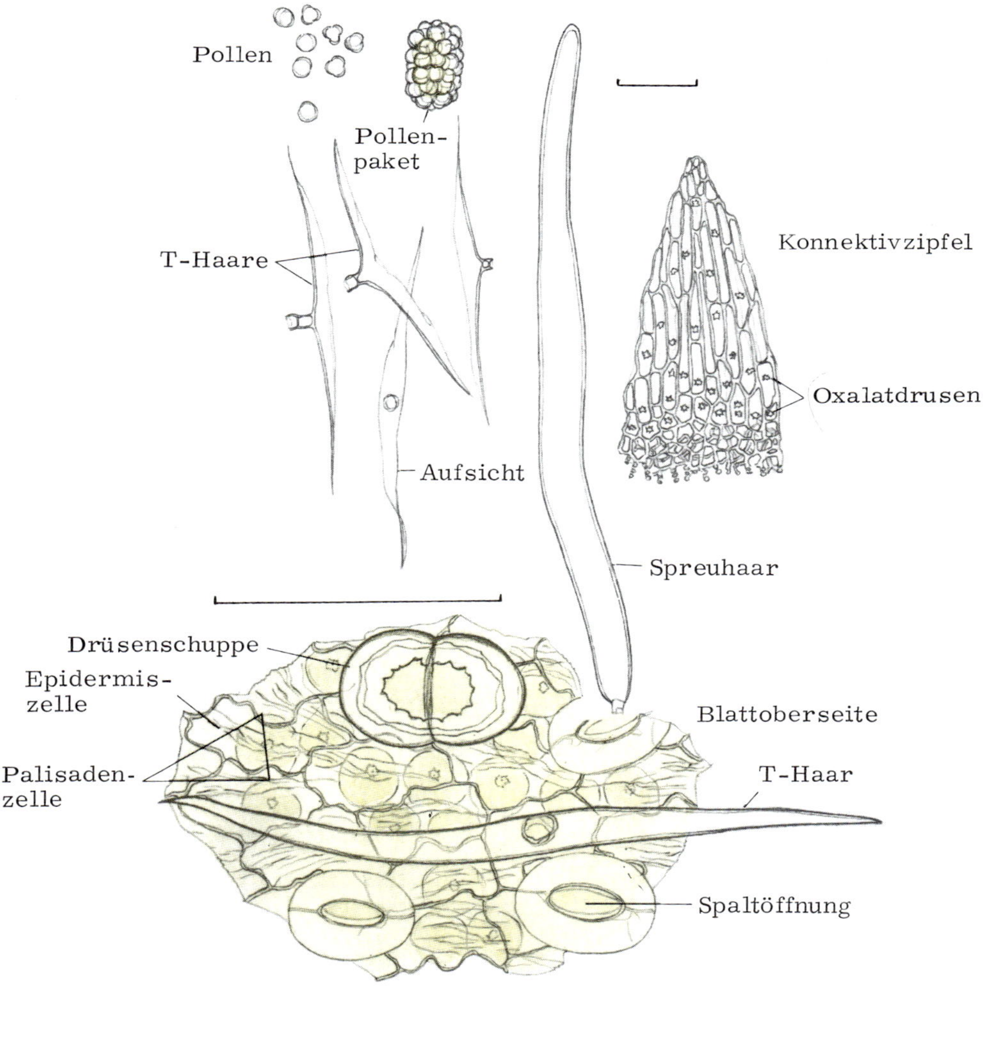
Pollen
Pollen-
paket
T-Haare
Aufsicht
Konnektivzipfel
Oxalatdrusen
Spreuhaar
Drüsenschuppe
Epidermis-
zelle
Palisaden-
zelle
Blattoberseite
T-Haar
Spaltöffnung

Adonidis herba - Adoniskraut

Arzneibücher:	DAB 1997
Stammpflanze:	*Adonis vernalis* L.
Familie:	Ranunculaceae
Chloralhydrat-Präp.:	Braune Stengelfragmente.

Obere Blattepidermis buchtig-gewellte Zellen, ohne Stomata. Palisadenzellen klein, ca 18 pro Epidermiszelle.

Untere Blattepidermis mit gewellten Wänden, mit großen gut erkennbaren Stomata, anomocytisch, leicht eingesenkt. Schließzellaußenwand kantig. Stomata in Reihen angeordnet. Cuticularstreifung zwischen den Stomatareihen.

Pollen triporat, ockerfarben, groß mit feinstacheliger Exine.

Palisadenschicht im Querschnitt scharf vom Schwammparenchym abgesetzt.

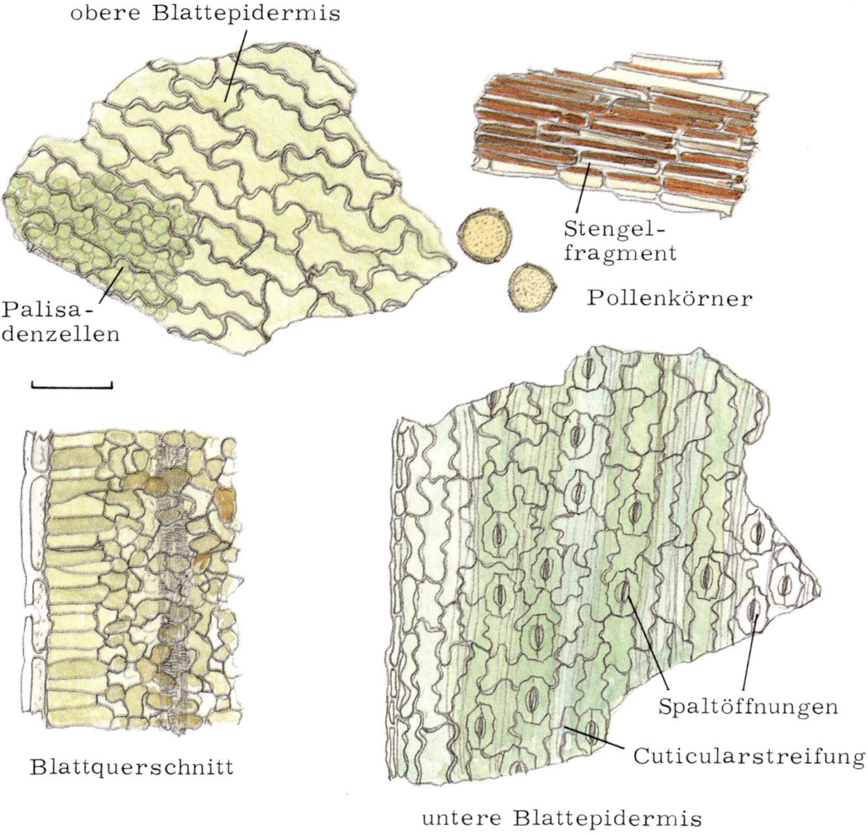
obere Blattepidermis
Stengel-
fragment
Palisa-
denzellen
Pollenkörner
Blattquerschnitt
Spaltöffnungen
Cuticularstreifung
untere Blattepidermis

Agrimoniae herba - Odermennigkraut

Arzneibücher:	ÖAB 90, DAC 86
Stammpflanze:	*Agrimonia eupatoria* L.
Familie:	Rosaceae
Chloralhydrat-Präp.:	Spießhaare, lang und gerade oder kurz und gekrümmt, immer einzellig. Gekrümmte Haare an der Blattunterseite.
	Rattenschwanzhaare mit schuppiger Haarspitze.
	Vielfach lange Haare mit braunem Inhalt.
	Drüsenhaare mit 1-2-zelligem Stiel
	Pollenkörner oval, bicolpat.
	Obere Blattepidermis mit anomocytischen Stomata. Oxalatkristalle und -drusen im Palisadenparenchym.
	Quaderzellen des Stengels, getüpfelt.
Geruch:	Fehlt.
Geschmack:	Schwach adstringierend.

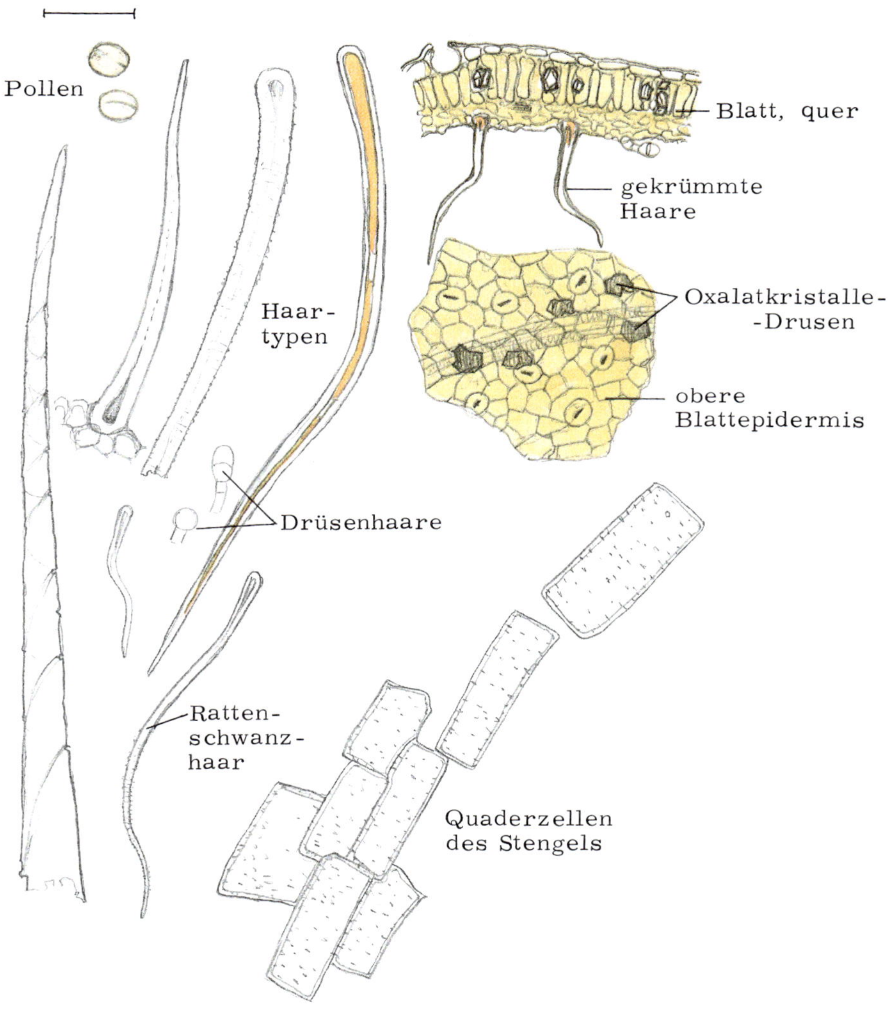
Pollen
Haar-
typen
Blatt, quer
gekrümmte
Haare
Oxalatkristalle-
-Drusen
obere
Blattepidermis
Drüsenhaare
Ratten-
schwanz-
haar
Quaderzellen
des Stengels

Alchemillae herba - Frauenmantelkraut

Arzneibücher:	DAB 1997
Stammpflanze:	*Alchemilla xanthochlora* ROTHM. (Syn. *A. vulgaris* auct.)
Familie:	Rosaceae
Chloralhydrat-Präp.:	Obere Blattepidermis aus polygonalen Zellen, ohne Stomata. Durchschimmernd: Palisadenparenchym und Nerven mit Schraubengefäßen, und begleitenden Oxalatdrusenzellen. Die gleichen Oxalatdrusenzellen treten in Begleitung der Nerven an der Blattunterseite auf. Spaltöffnungen anomocytisch. Leicht gekrümmte Spießhaare auf der Blattunterseite, einseitswendig (gekämmt).
Geruch:	Nach Heu.
Geschmack:	Fehlt.

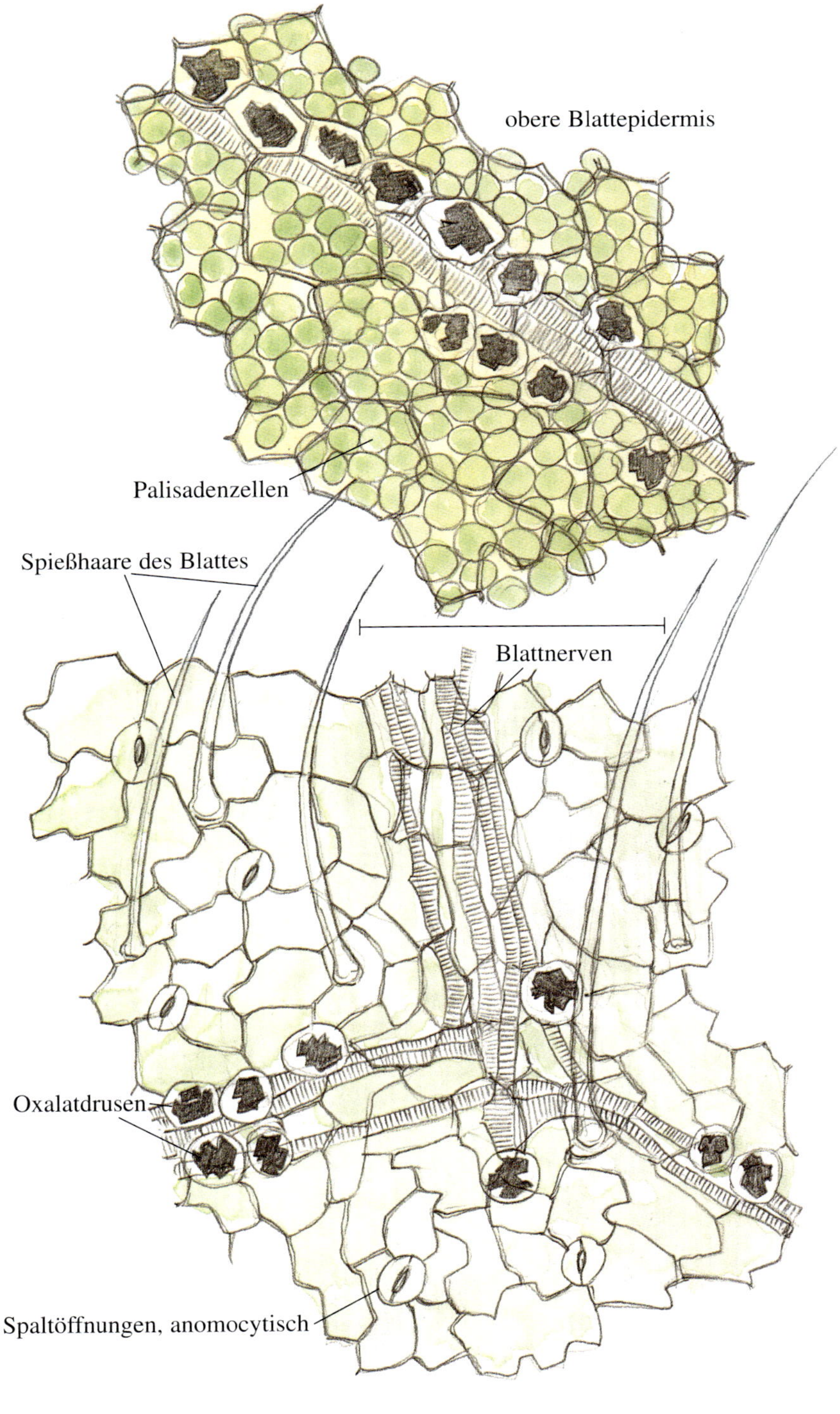
obere Blattepidermis
Palisadenzellen
Spießhaare des Blattes
Blattnerven
Oxalatdrusen
Spaltöffnungen, anomocytisch

Anserinae herba - Gänsefingerkraut

Arzneibücher:	DAC 86
Stammpflanze:	*Potentilla anserina* L.
Familie:	Rosaceae

Chloralhydrat-Präp.: Blattfragmente in Queransicht mit ein oder zwei Lagen Palisadenzellen. Große Oxalatdrusen in Palisadenzellen.

Obere Epidermis aus polygonalen Zellen mit anomocytischen Stomata. Bis zu 7 angrenzende Epidermiszellen. Palisadenzellen dicht gepackt, 3 bis 4 pro Epidermiszelle.

Vereinzelte lange Haare mit stumpfer Spitze, einzellig.

Untere Epidermis mit Wollhaaren bedeckt. Zellen polygonal bis wellig-buchtig. Zahlreiche anomocytische Stomata mit 5 - 6 angrenzenden Epidermiszellen.

Geruch, Geschmack: Fehlen.

Besonderheit: Wollhaare im Pulver zusammengeballt.

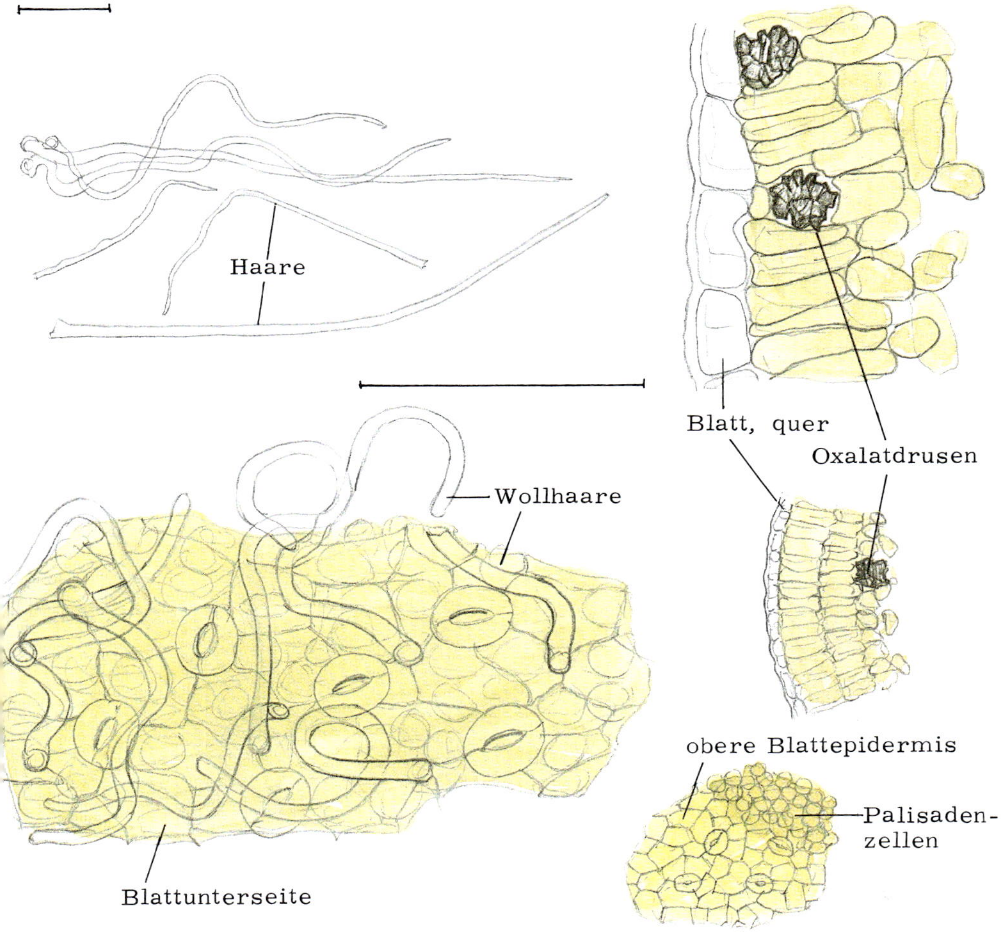
Haare
Wollhaare
Blattunterseite
Blatt, quer
Oxalatdrusen
obere Blattepidermis
Palisaden-
zellen

Artemisiae herba - Beifußkraut

Arzneibücher:	EB 6, Ph Helv V
Stammpflanze:	*Artemisia vulgaris* L.
Familie:	Asteraceae
Chloralhydrat-Präp.:	Wollhaare, entspringen der unteren Blattepidermis.
	T-Haare mit 3-zelligem Stiel, nicht häufig.
	Stomata der Blattunterseite emporgehoben.
	Antherenfilamente, an der Basis mit kleinen Oxalatdrusen.
	Hüllkelchfragmente mit Compositen-Drüsenschuppen.
	Fruchtknoten oft rötlich im Innern, an der Fruchtbasis Sclereidenring.
	Pollenpakete. Pollen tricolpat.
Geschmack:	Etwas bitter.
Besonderheit:	Wollhaare im Pulver zusammengeballt.

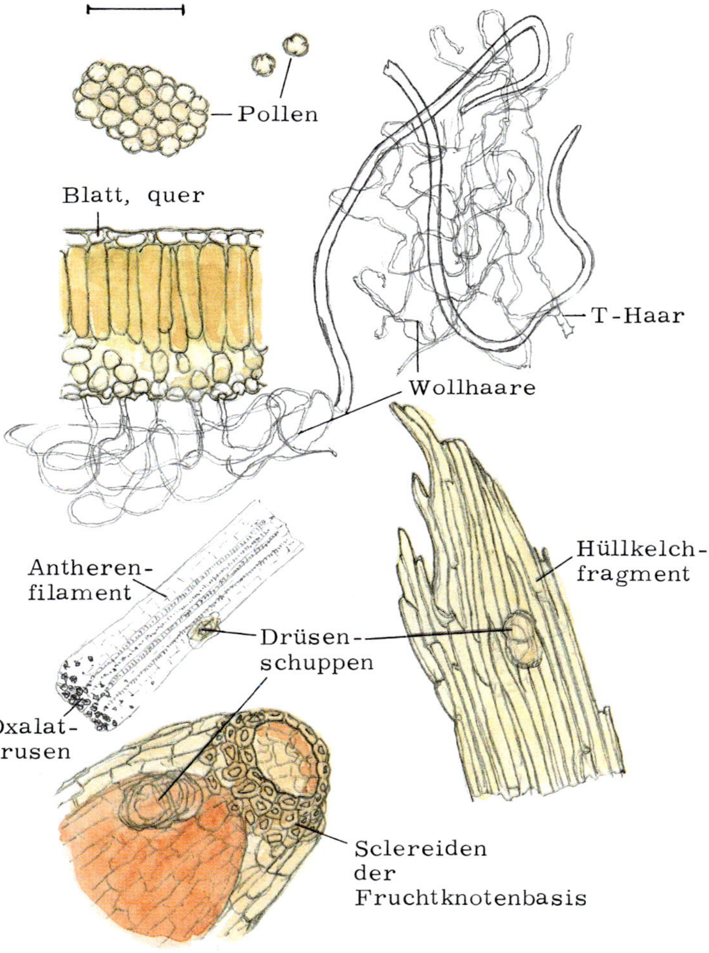
Pollen
Blatt, quer
T-Haar
Wollhaare
Hüllkelch-
fragment
Antheren-
filament
Drüsen-
schuppen
Oxalat-
drusen
Sclereiden
der
Fruchtknotenbasis

Bursae pastoris herba - Hirtentäschelkraut

Arzneibücher:	EB 6
Stammpflanze:	*Capsella bursa-pastoris* (L.) MED.
Familie:	Brassicaceae

Chloralhydrat-Präp.:

Gelbliche Pollenkörner, teils in Ballen, mit sehr fein punktierter Exine.

Einzellige Sternhaare in verschiedenen Formen, mit genarbter Oberfläche.

Samenanlagen total mit unterschiedlichen Entwicklungsstadien des Keimlings. Suspensorzelle oft deutlich erkennbar.

Samenschale mit dickwandigen, braunen Papillen.

Fruchtwand innen mit Faserschicht ausgekleidet. Gefäße der Leitbündel durchscheinend.

Blätter mit anisocytischen Stomata.

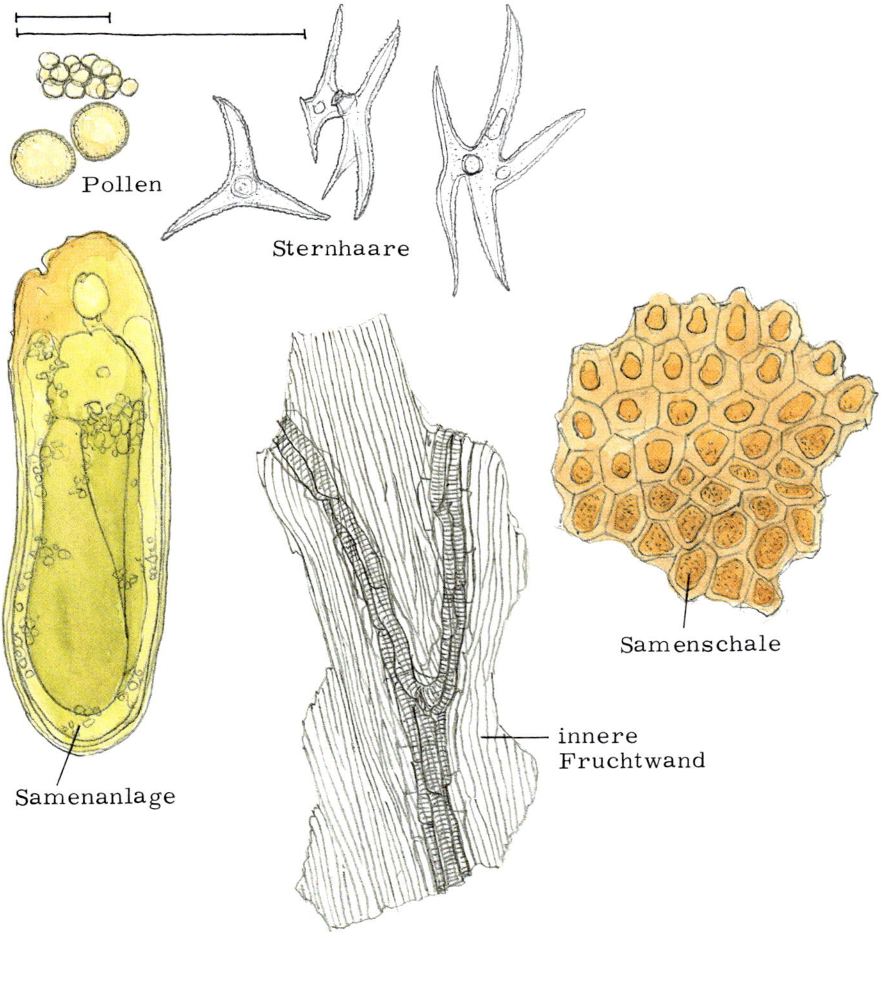
Pollen
Sternhaare
Samenanlage
Samenschale
innere
Fruchtwand

Cardui benedicti herba - Benediktenkraut

Arzneibücher:	ÖAB 90, DAC 86
Stammpflanze:	*Cnicus benedictus* L.
Familie:	Asteraceae

Chloralhydrat-Präp.: Blattfragmente mit anisocytischen Stomata auf der Unterseite. Spalten emporgehoben. 3-4 Nebenzellen, allseits dünnwandig.

Compositen-Drüsenschuppen.

Größenverhältnis obere Epidermis zu Palisadenzellen = 1:3.

Giederhaare aus tonnenförmigen Zellen.

Mehrzellige Kegelhaare mit breiter Basis.

Spreuhaare des Blütenbodens aus langgestreckten, steifwandigen und schwach gedrehten Zellen.

Pollen gelbwandig, fein gestachelt, triporat.

Fruchtwand mit Oxalatkristallen.

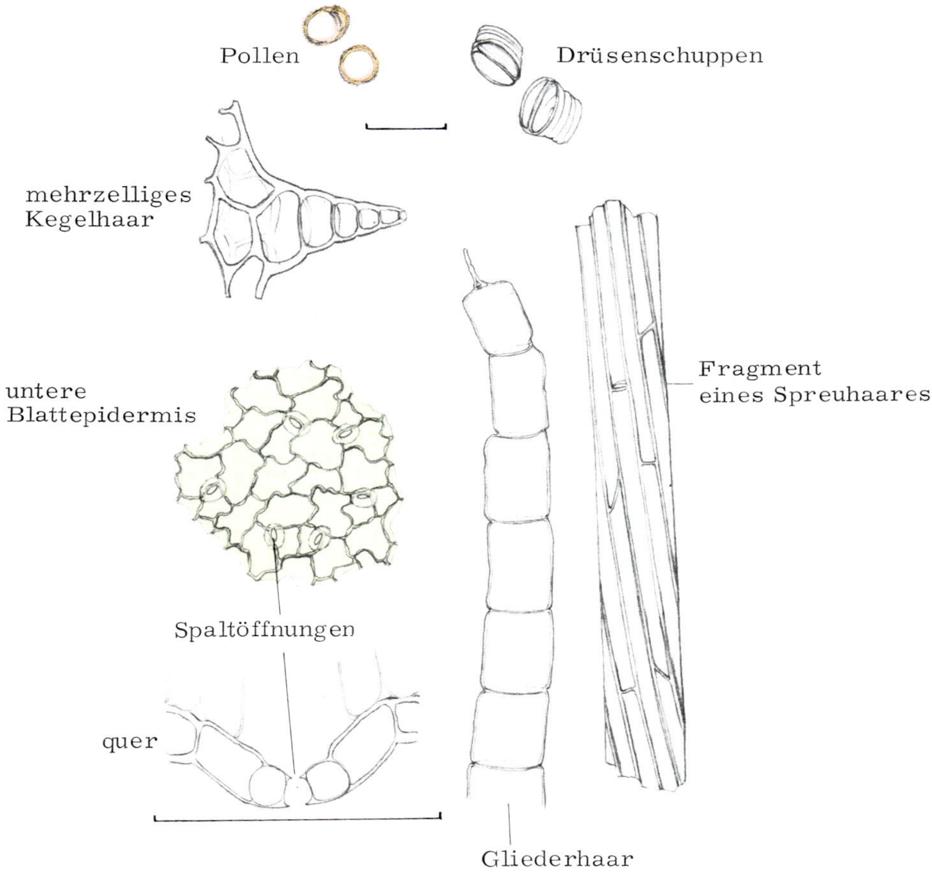
Pollen
Drüsenschuppen
mehrzelliges
Kegelhaar
untere
Blattepidermis
Fragment
eines Spreuhaares
Spaltöffnungen
quer
Gliederhaar

Centaurii herba - Tausendgüldenkraut

Arzneibücher:	DAB 1997, ÖAB 90, Ph Helv VII
Stammpflanze:	*Centaurium erythraea* RAFN, *(Syn. C. minus* MOENCH, *C. umbellatum* GILIBERT, *Erythraea centaurium* (L.) PERSOON)
Familie:	Gentianaceae
Chloralhydrat-Präp:	Obere Blattepidermis und Palisadenzellen mit kleinen Oxalatkristallen. Anisocytische Stomata mit 3 Nebenzellen auf beiden Blattseiten. Pollen tricolpat, Exine fein punktiert. Endotheciumzellen mit netzig verdickten Wänden, flach der Antherenepidermis anliegend. Fruchtknotenscheidewand aus doppelter Parkettzellschicht. Samen total, braun, oft mit austretenden Öltropfen. Testaepidermis papillös.
Geschmack:	Bitter.

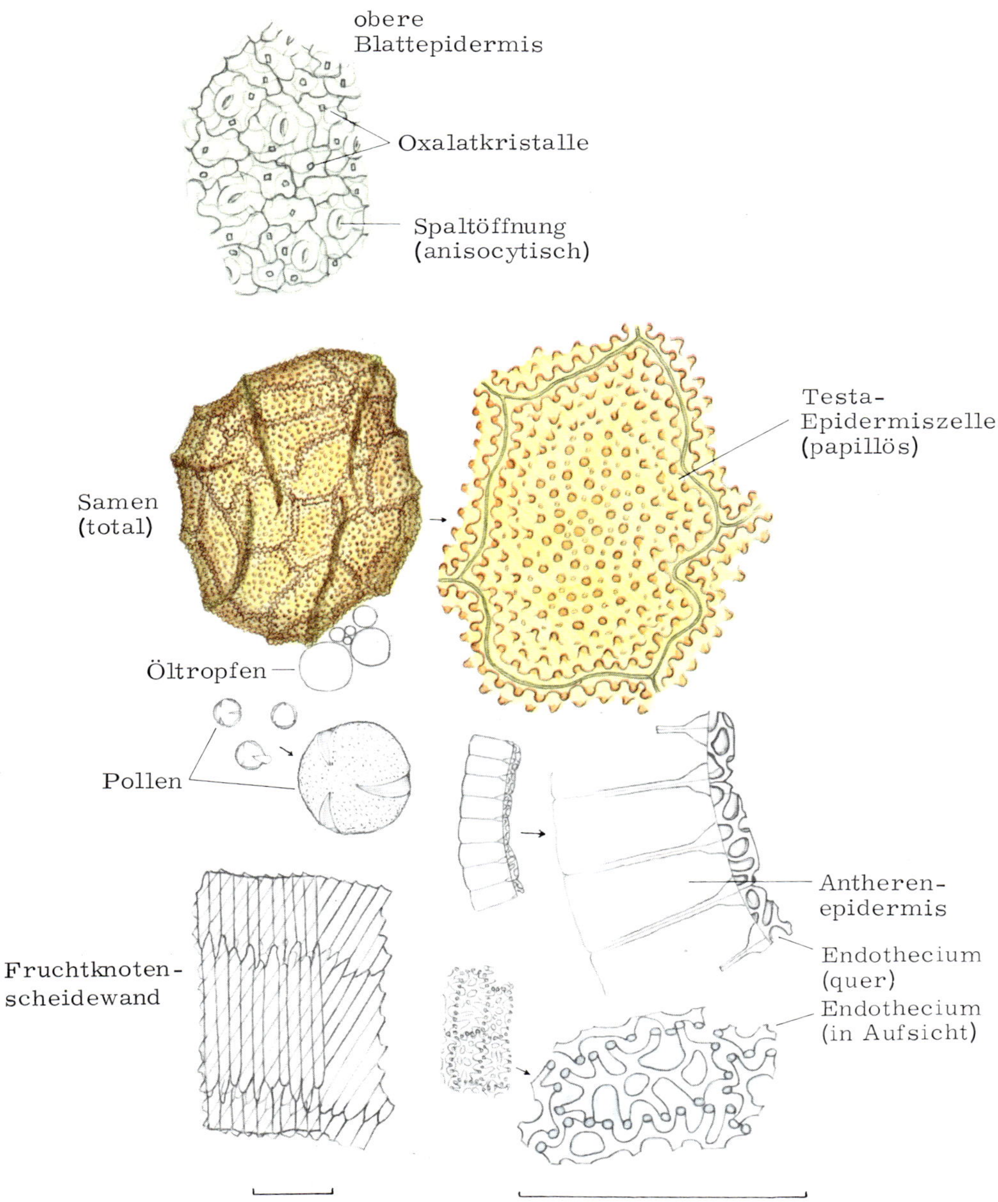
obere
Blattepidermis
Oxalatkristalle
Spaltöffnung
(anisocytisch)
Samen
(total)
Testa-
Epidermiszelle
(papillös)
Öltropfen
Pollen
Antheren-
epidermis
Endothecium
(quer)
Endothecium
(in Aufsicht)
Fruchtknoten-
scheidewand

Chelidonii herba - Schöllkraut

Arzneibücher: DAB 1997, ÖAB 90
Stammpflanze: *Chelidonium majus* L.
Familie: Papaveraceae

Chloralhydrat-Präp.: Blattfragment mit wellig-buchtigen Epidermiszellen. Oberseits 4-5 Palisadenzellen pro Epidermiszelle, keine Stomata.

Untere Epidermis mit anomocytischen kreisrunden Stomata.

Einzellige Haare, an der Basis ampullenartig erweitert, teils mit gelbem Inhalt.

Kurze Hakenhaare an der Blattoberseite.

Gefäßfragmente mit treppenartiger Wandverdickung.

Pollenkörner tricolpat.

Milchsaft orangebraun in körnigen Massen.

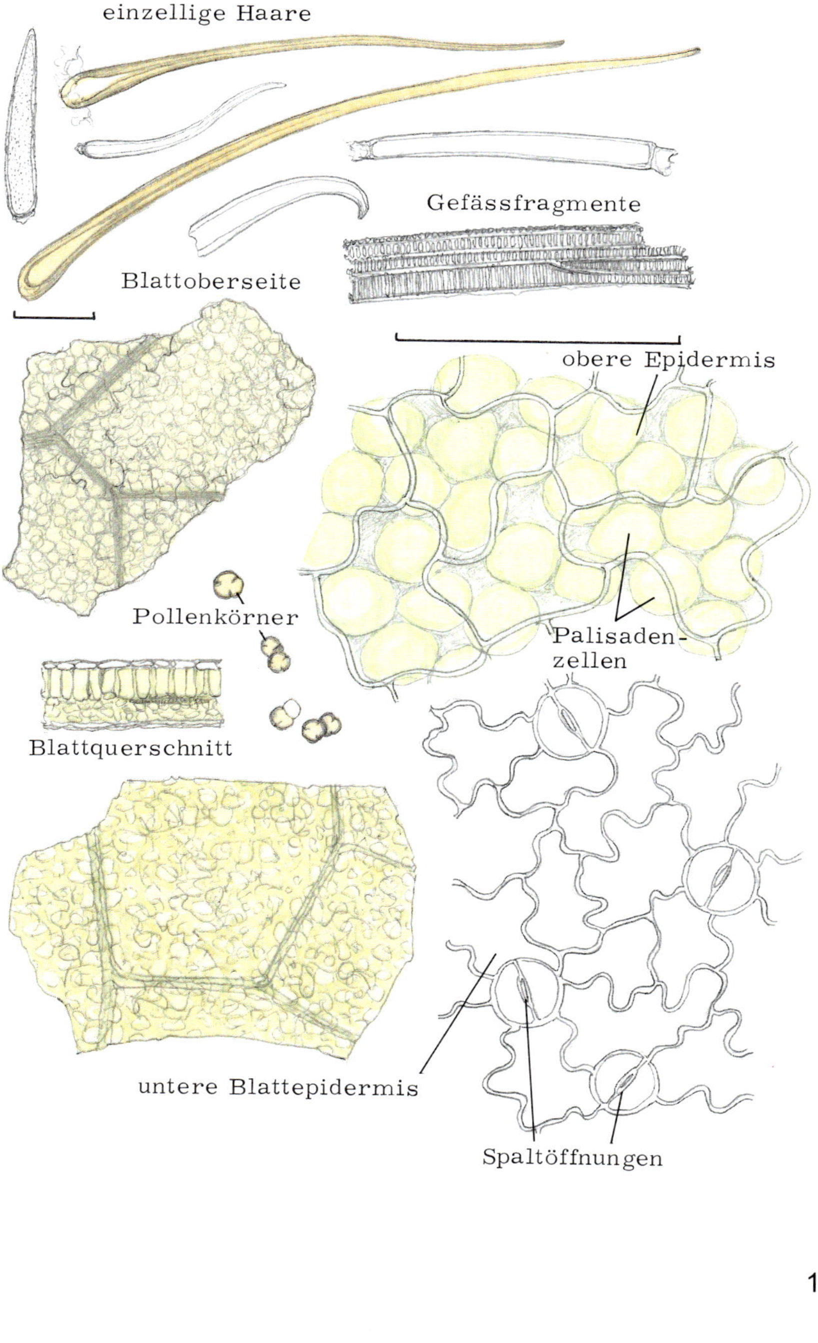
einzellige Haare
Gefässfragmente
Blattoberseite
obere Epidermis
Pollenkörner
Palisaden-
zellen
Blattquerschnitt
untere Blattepidermis
Spaltöffnungen

Convallariae herba - Maiglöckchenkraut

Arzneibücher:	DAB 1997, ÖAB 90
Stammpflanze:	*Convallaria majalis* L.
Familie:	Liliaceae

Chloralhydrat-Präp.: Blattfragmente parallel-nervig.

Obere Blattepidermis großzellig, mit wenigen Stomata, zwei Paare Nebenzellen unterschiedlicher Größe, Zellen parallel zu den Nerven gestreckt.

Im Mesophyll große Oxalatprismen zu dritt oder viert und Raphidenbündel.

Untere Blattepidermis aus lang gestreckten dünnwandigen Zellen mit abgerundeten Zellenden.
Zahlreiche runde Stomata mit 4 ungleichen Nebenzellen.

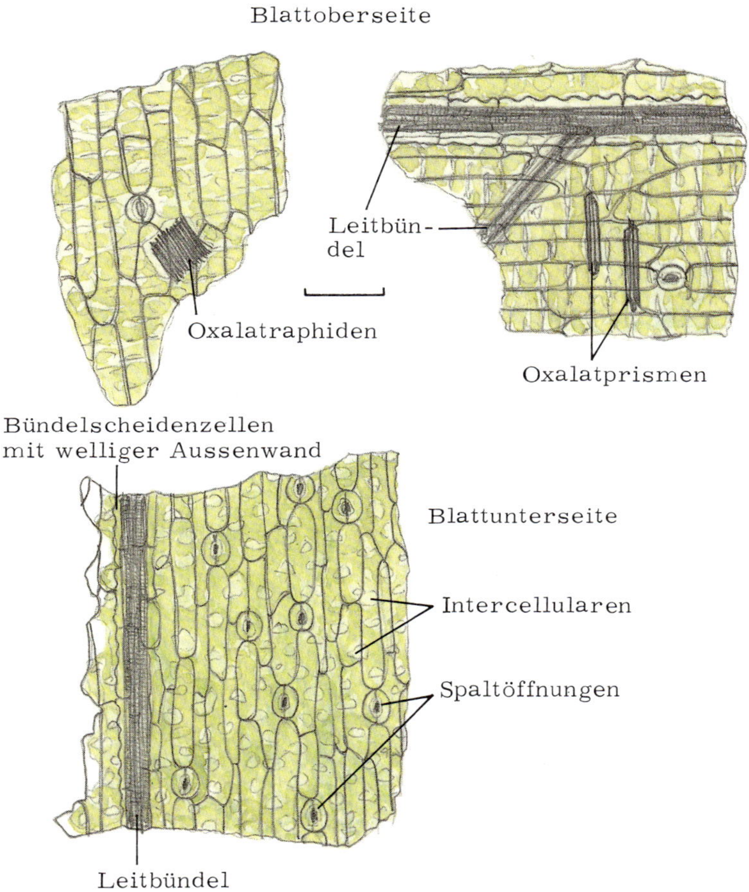
Blattoberseite
Leitbün-
del
Oxalatraphiden
Oxalatprismen
Bündelscheidenzellen
mit welliger Aussenwand
Blattunterseite
Intercellularen
Spaltöffnungen
Leitbündel

Droserae herba - Sonnentaukraut

Arzneibücher:	Nicht offizinell.
Stammpflanze:	*Drosera ramentacea* BURCH. ex HARV. et SOND. *Drosera madagascariensis* DC, *Drosera peltata* SMITH.
Familie:	Droseraceae

Chloralhydrat-Präp.: Kalt - leuchtend rote bis orangefarbene Fragmente.

Aufgekocht - Tentakeln des Blattrandes rotbraun mit Sekretionsepithel. Tentakelstiele rosarot mit knopfförmigen meist zweizelligen Drüsenhaaren (Knopfhaare).

Wimperhaare aus dünnwandigen hyalinen Zellen, hell, meist 2 Zellen breit.

Pollentetraden.

Endothecium.

Samen braun mit großzelliger Testa-Epidermis.

Blattfragmente mit anomocytischen Stomata.

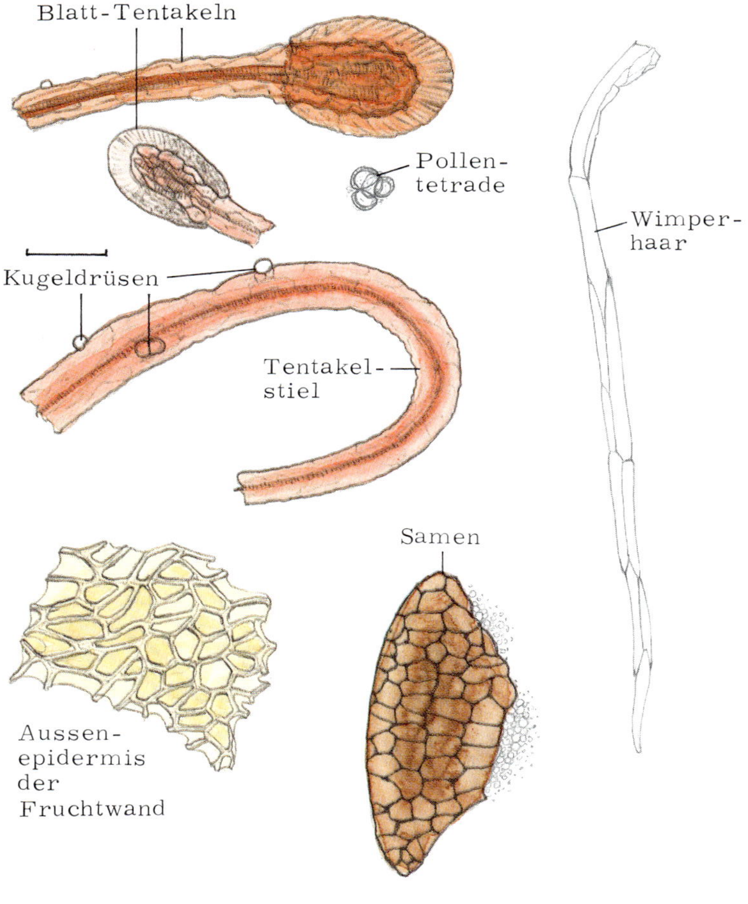
Blatt-Tentakeln
Pollen-
tetrade
Wimper-
haar
Kugeldrüsen
Tentakel-
stiel
Samen
Aussen-
epidermis
der
Fruchtwand

Ephedrae herba - Ephedrakraut

Arzneibücher:	DAB 1997
Stammpflanze:	*Ephedra sinica* STAPF, *E. shennungiana* TANG
Familie:	Ephedraceae

Chloralhydrat-Präp.: Steinzellen mit geschichteten, gelblichen Wänden.

Blattfragmente mit Spaltöffnungen aus hantelförmigen Schließzellen quer und in Aufsicht.

Sclerenchymfasern schwach grau getönt in Begleitung von Tracheiden mit weit voneinander abstehenden, gekrümmten Wandleisten.

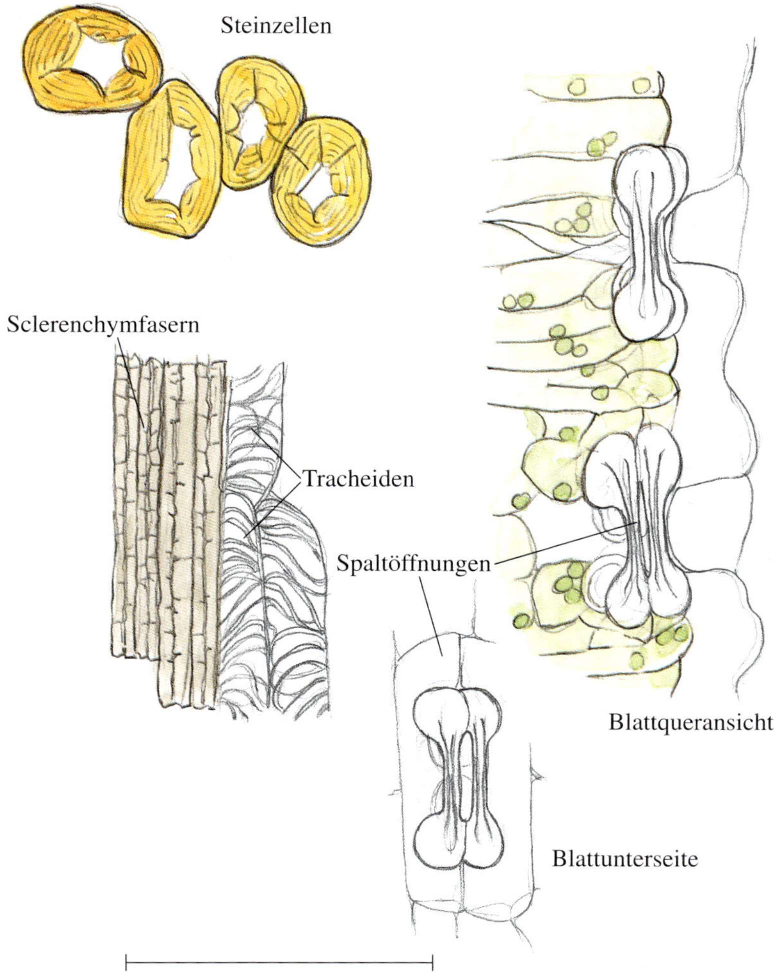
Steinzellen
Sclerenchymfasern
Tracheiden
Spaltöffnungen
Blattqueransicht
Blattunterseite

Equiseti herba - Schachtelhalmkraut

Arzneibücher:	DAB 1997, ÖAB 90, Ph Helv VII
Stammpflanze:	*Equisetum arvense* L.
Familie:	Equisetaceae

Chloralhydrat-Präp.: Stengel- und Astfragmente mit gestreckten Epidermiszellen mit stark gewellten Längswänden (wie bei Grasblättern). Über den Stengelrippen dickwandige weißliche Hakenhaare aus 1 oder 2 Zellen. An Astfragmenten entsprechend Kegelhaare.

Zwischen den Rippen Doppel- bis Mehrfachreihen von Stomata mit radial angeordneten Wandsepten in beiden Schließzellen.

Subepidermales Stengelgewebe mit vielen rundlichen Oxalatdrusen.

Leitbündel mit Xylemelementen, die schraubige Wandverdickungen haben.

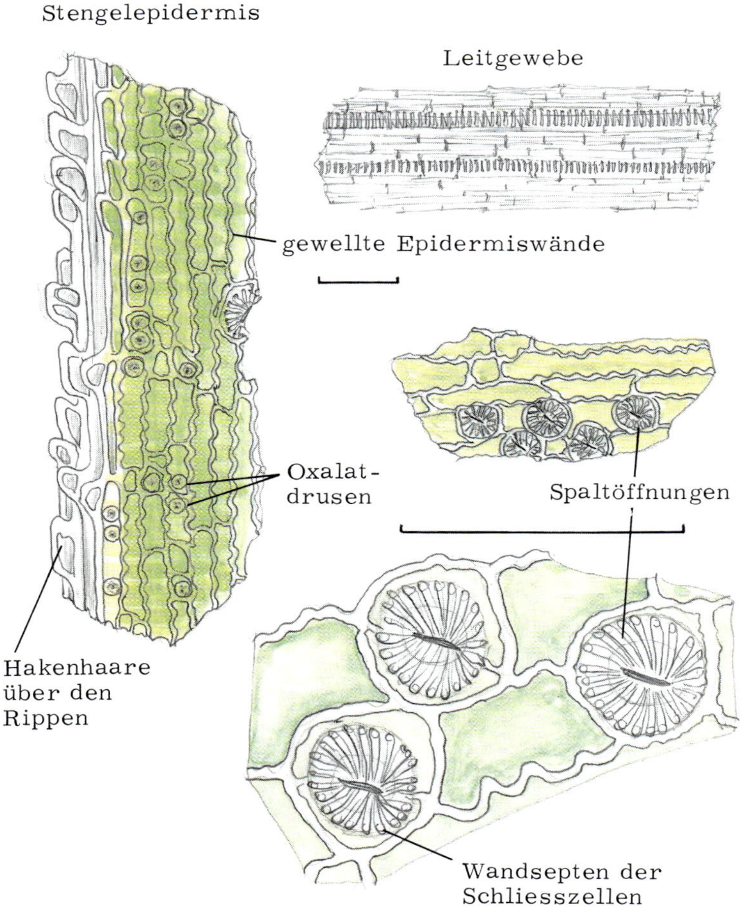
Stengelepidermis
Leitgewebe
gewellte Epidermiswände
Oxalat-
drusen
Spaltöffnungen
Hakenhaare
über den
Rippen
Wandsepten der
Schliesszellen

Euphrasiae herba - Augentrostkraut

Arzneibücher:	DAC 86
Stammpflanze:	*Euphrasia officinalis* L. s.l.
Familie:	Scrophulariaceae
Chloralhydrat-Präp.:	Pollen triporat. Haarbruchstücke. Drüsenhaare mit mehrzelligem Stiel und ungestielt. Drüsenköpfchen einzellig. Oberseite mit einzelligen, schwach genarbten Eckzahnhaaren am Blattrand; gewellte Epidermiszellen. Entlang der Nerven dicht gedrängt sitzende Drüsenhaare an der Blattunterseite, zum Teil mit gelblichem Sekret. Stomata anomocytisch. Kleine Oxalatdrusen im Schwammparenchym. Farblose Fragmente der Faserschicht des Fruchtknotens, mehrlagig aus parallel gewundenen Zellen.
Geruch:	Fehlt.
Geschmack:	Würzig.

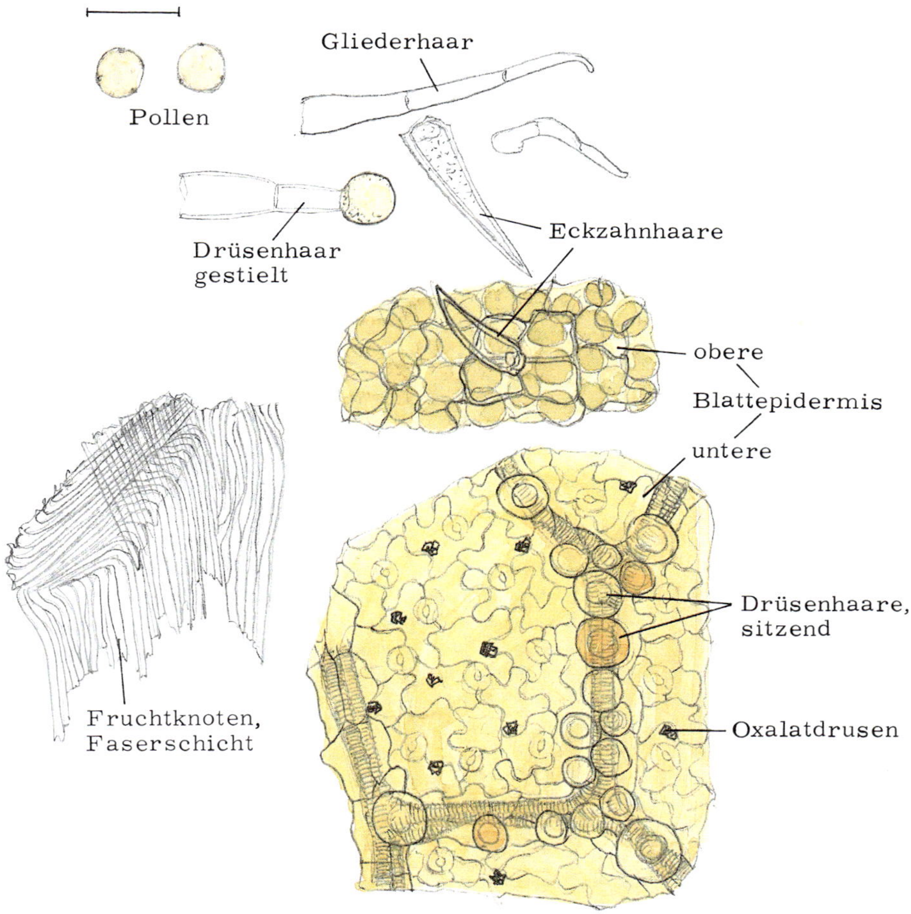

Pollen
Gliederhaar
Drüsenhaar
gestielt
Eckzahnhaare
obere
Blattepidermis
untere
Fruchtknoten,
Faserschicht
Drüsenhaare,
sitzend
Oxalatdrusen

Fumariae herba - Erdrauchkraut

Arzneibücher:	DAB 1997
Stammpflanze:	*Fumaria officinalis* L.
Familie:	Fumariaceae
Chloralhydratpräp.:	Spitze Haare, gekrümmte Haarbruchstücke, Wollhaare. Mesophyllzellen mit Oxalatdrusen. Untere Blattepidermis mit welligen Wänden. Endotheciumfragmente. Pollenkörner mit 4 tetraedrisch angeordneten Poren; Intine meist hervorgewölbt. Blattfragmente mit schmalen, gekrümmten Epidermiszellen.

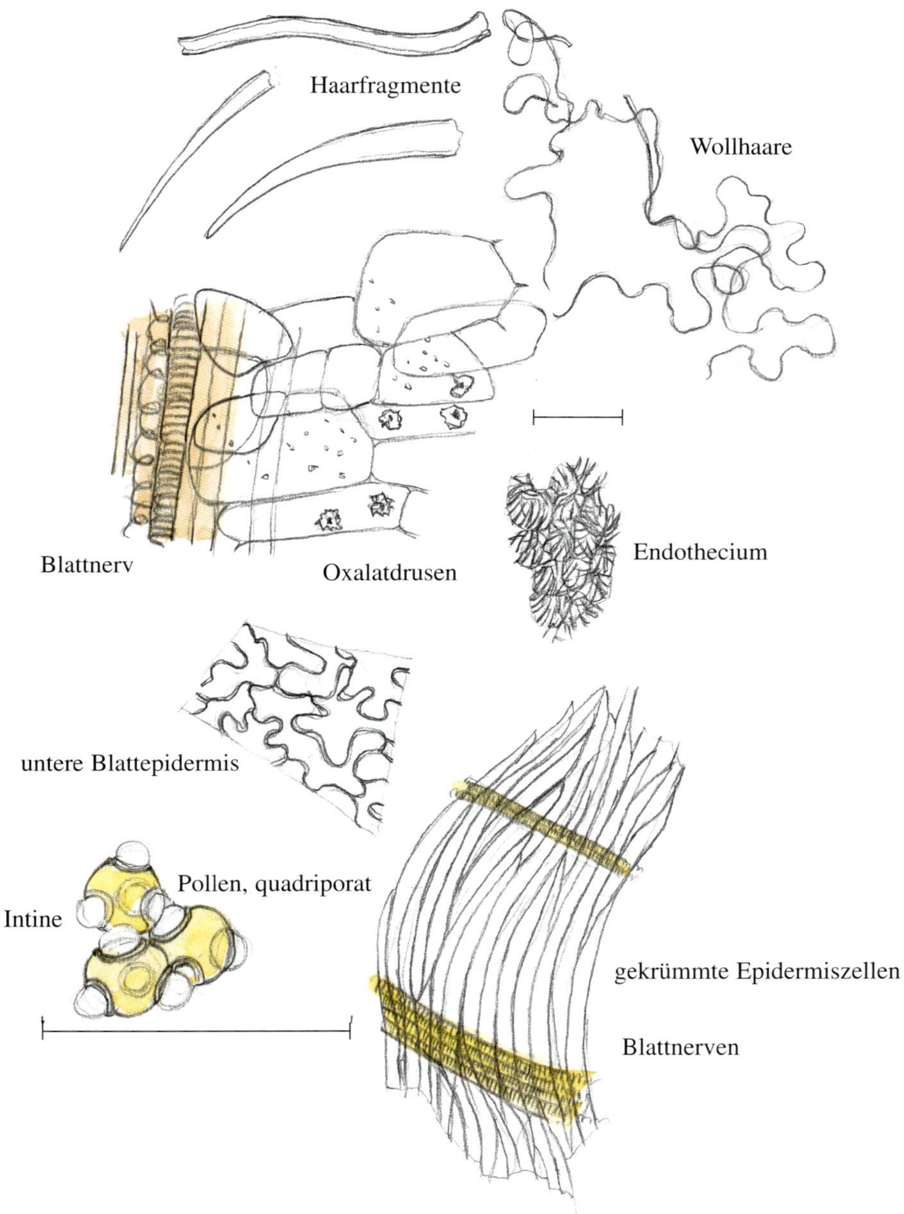
Haarfragmente
Wollhaare
Blattnerv
Oxalatdrusen
Endothecium
untere Blattepidermis
Pollen, quadriporat
Intine
gekrümmte Epidermiszellen
Blattnerven

Galii lutei herba - Echtes Labkraut

Arzneibücher:	DAC 86
Stammpflanze:	*Galium verum* L.
Familie:	Rubiaceae
Chloralhydrat-Präp.:	Unreife Staubblätter häufig; meist mit dunklen Oxalatraphiden-Bündeln in den Antheren. Apikale Kugeldrüsen, die auch mit kurzem Stiel einzeln im Präparat vorkommen. Endotheciumfragmente. Pollen tricolpat. Blattfragmente mit kugeligen Drüsenhaaren und anomocytischen Stomata. Gliederhaare und gekrümmte einzellige Deckhaare. Lange, dick- oder dünnwandige Sclerenchymzellen.
Verunreinigungen:	Grasepidermisfragmente und braune Teleutosporen als Verunreinigungen.

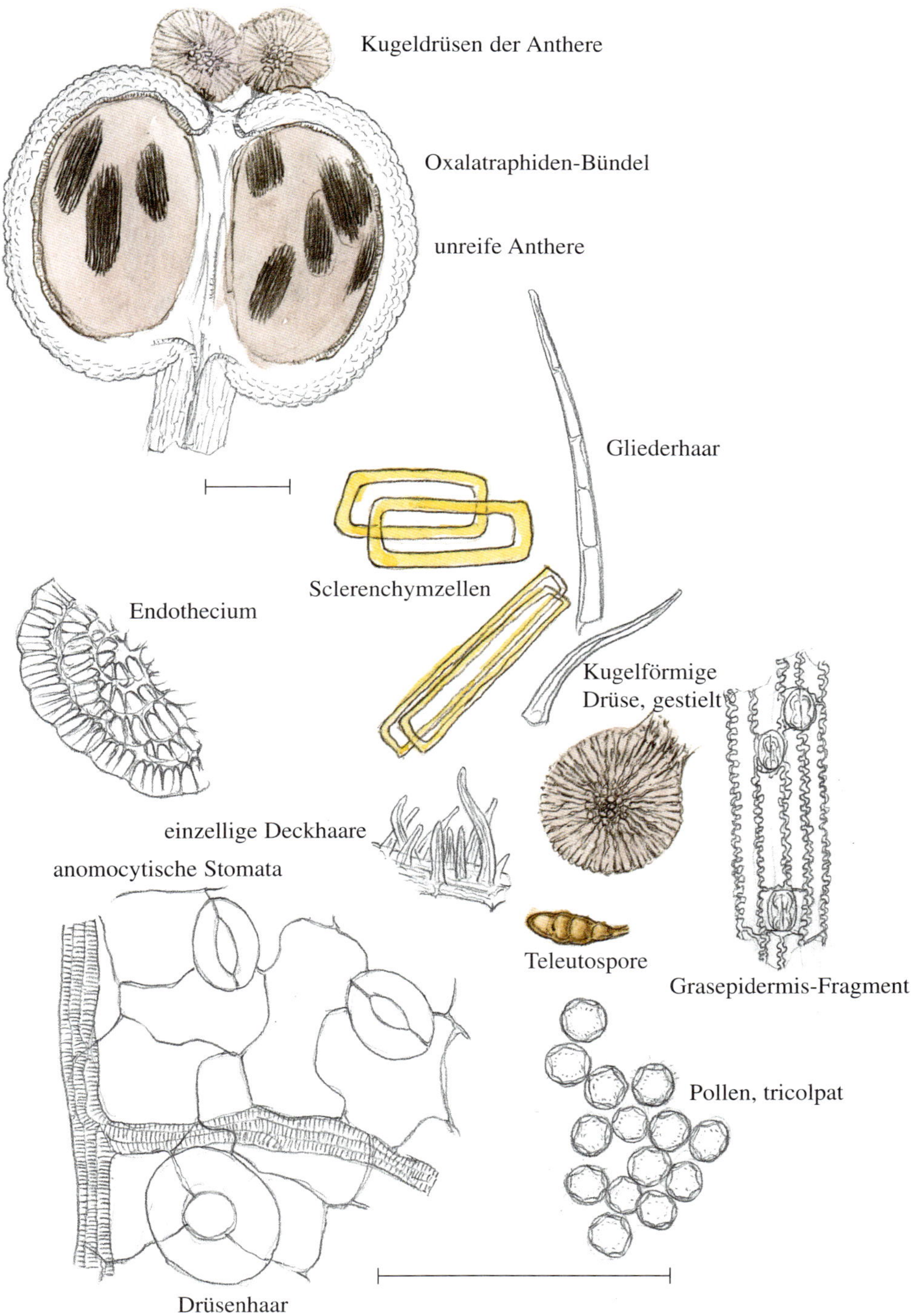
Kugeldrüsen der Anthere
Oxalatraphiden-Bündel
unreife Anthere
Gliederhaar
Sclerenchymzellen
Endothecium
Kugelförmige
Drüse, gestielt
einzellige Deckhaare
anomocytische Stomata
Teleutospore
Grasepidermis-Fragment
Pollen, tricolpat
Drüsenhaar

Hederae terrestris herba - Gundelrebenkraut

Arzneibücher:	DAC 86
Stammpflanze:	*Glechoma hederacea* L.
Familie:	Lamiaceae

Chloralhydrat-Präp.:	Gliederhaare, einzellige Spießhaare.
	Obere Blattepidermis mit birnförmigen Drüsenhaaren und Eckzahnhaaren an den Nerven.
	Untere Blattepidermis mit paracytischen Stomata und Drüsenschuppen.
	Im Mesophyll Zellen mit stäbchenförmigen Kristallen.

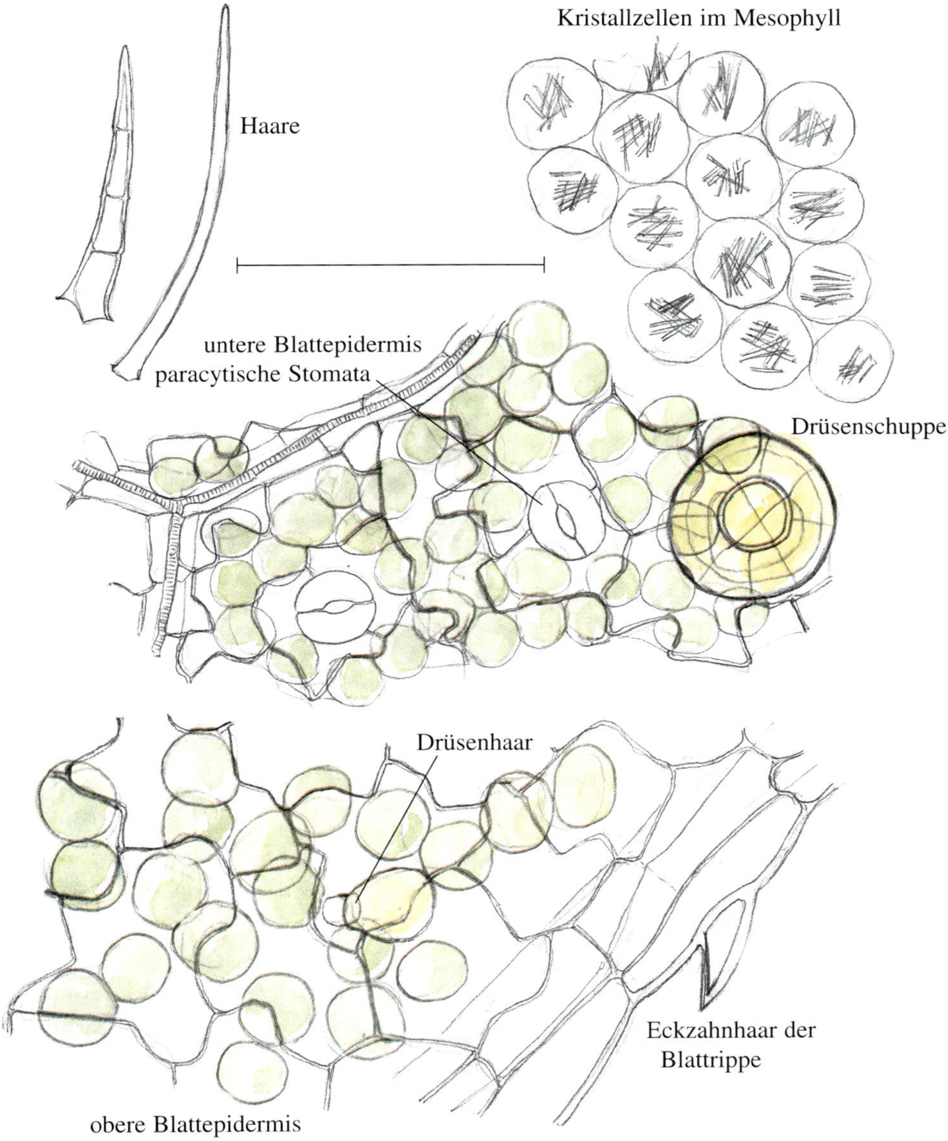
Kristallzellen im Mesophyll
Haare
untere Blattepidermis
paracytische Stomata
Drüsenschuppe
Drüsenhaar
Eckzahnhaar der
Blattrippe
obere Blattepidermis

Herniariae herba - Bruchkraut

Arzneibücher:	ÖAB 90, DAC 86
Stammpflanze:	*Herniaria glabra* L., *Herniaria hirsuta* L.
Familie:	Caryophyllaceae
Chloralhydrat-Präp.:	Pollenkörner tri-bis pentaporat. Kurze derbwandige Spießhaare mit genarbter Oberfläche. Vielfach Teile unreifer Blüten mit Kelchblättern oder ganze junge Antheren. Samen total, braun und oft mit Schrumpfungsfalten. Obere Blattepidermis gewellt-polygonal mit zahlreichen Stomata, anomocytisch, gelegentlich mit einer kleinen Nebenzelle. Haare und deren Abbruchstellen. Cuticularstreifung. Untere Epidermis wellig-buchtig. Stomata anomocytisch. Engmaschiges Nervennetz durchscheinend. Große runde Oxalatdrusen im Mesophyll.
Geruch:	Fehlt.
Geschmack:	Schwach nach Cumarin.

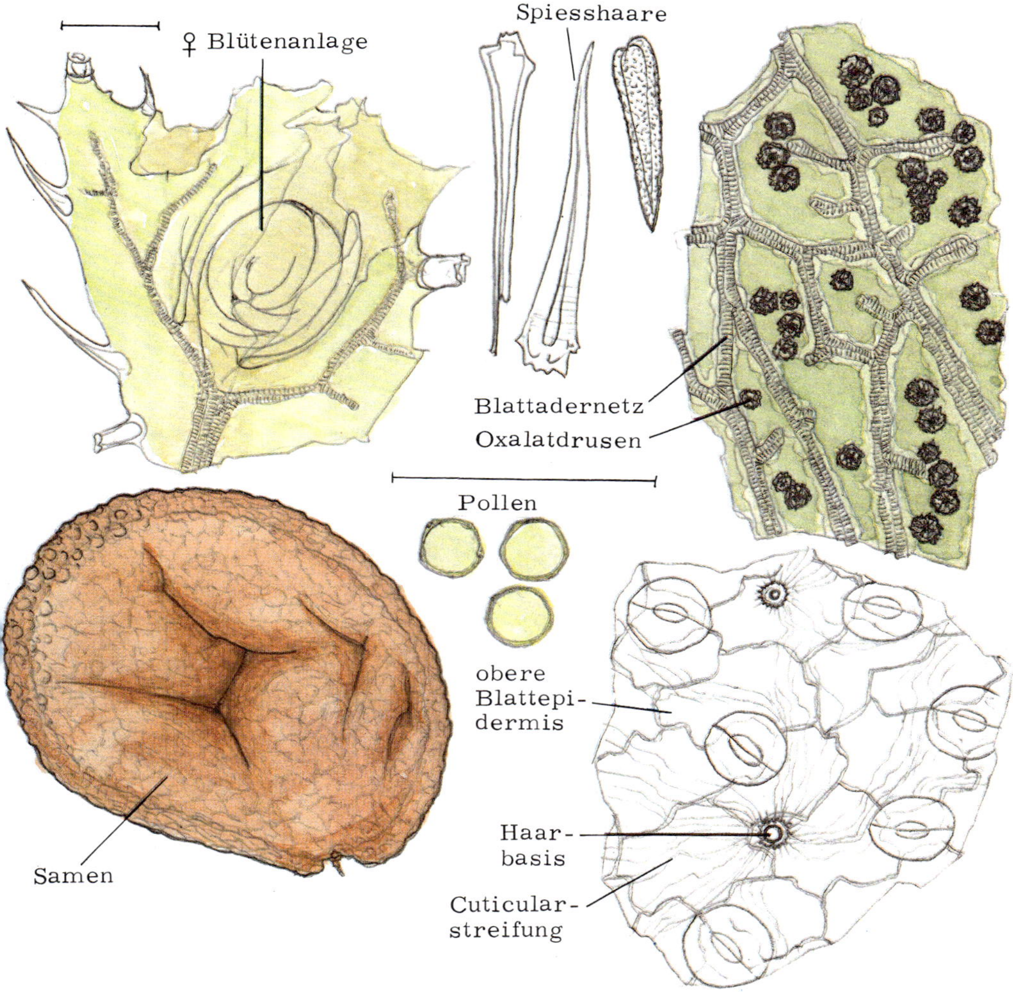
♀ Blütenanlage
Spiesshaare
Blattadernetz
Oxalatdrusen
Pollen
obere
Blattepi-
dermis
Samen
Haar-
basis
Cuticular-
streifung

Hyperici herba - Johanniskraut

Arzneibücher:	DAC 86, Ph Helv VII.
Stammpflanze:	*Hypericum perforatum* L.
Familie:	Hypericaceae
Chloralhydrat-Präp.:	Pollen tricolpat. Fragmente der Theken mit Endothecium und anhaftenden Pollenpaketen. Hypericinbehälter auffallend dunkelrot, z.T. ausgelaufen. An Blütenteilen häufig (Konnektiv der Antheren). Obere Blattepidermis polygonal, Zellwände knotig getüpfelt. Sekretbehälter im Mesophyll. Untere Epidermis kantig-buchtig, mit kaum erkennbaren anisocytischen Stomata. Blattquerschnitt zeigt häufig palisadenartiges Schwammparenchym (isobilaterales Blatt). Obere Blattepidermis mit schlitzförmigen Tüpfelfeldern in den Antiklinwänden.
Geschmack:	Bitter.
Geruch:	Fehlt.

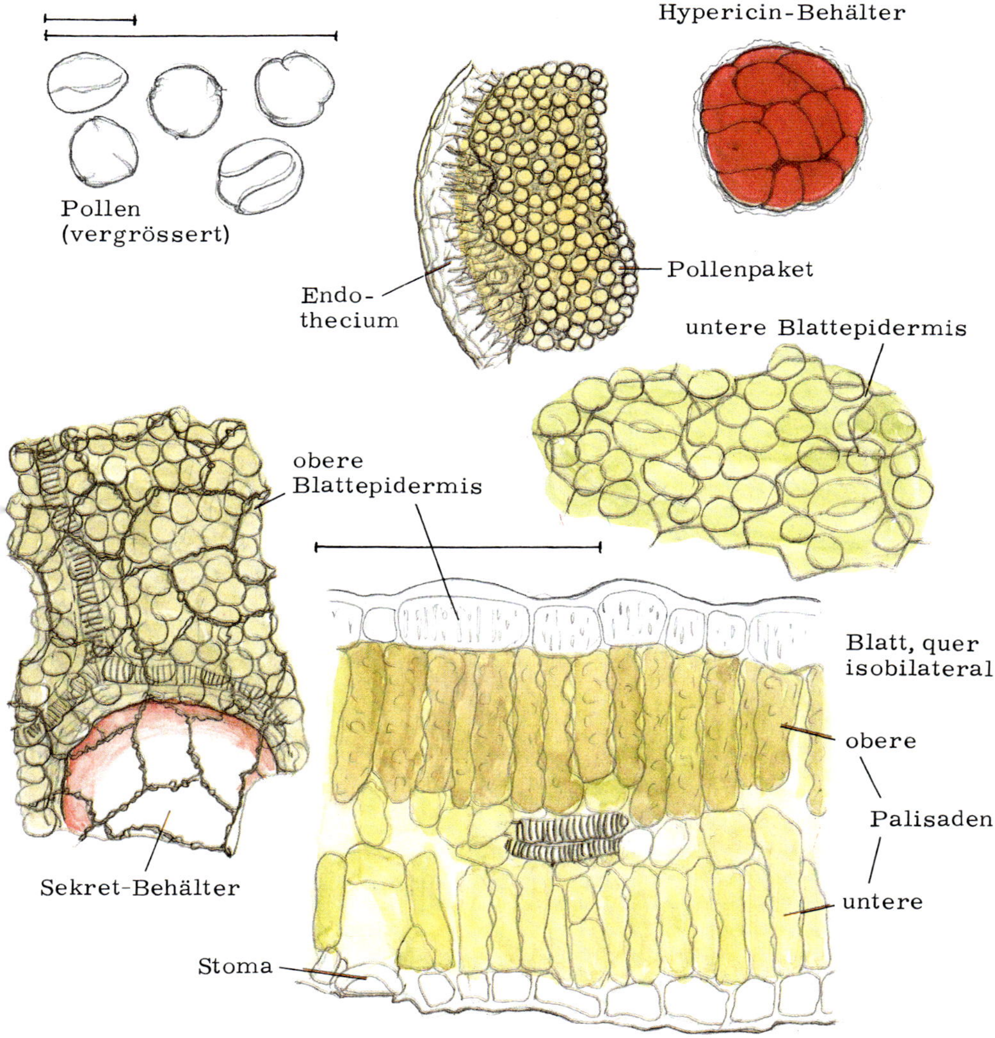
Hypericin-Behälter
Pollen
(vergrössert)
Endo-
thecium
Pollenpaket
untere Blattepidermis
obere
Blattepidermis
Blatt, quer
isobilateral
obere
Palisaden
untere
Sekret-Behälter
Stoma

Lamii albi herba - Taubnesselkraut

Arzneibücher:	DAC 86
Stammpflanze:	*Lamium album L.*
Familie:	Lamiaceae

Chloralhydrat-Präp.: Pollen glatt, triporat. Gliederhaare zweizeilig mit punktierter Oberfläche, zugespitzt. Spießhaare kürzer, einzellig. Drüsenhaare mit zwei- oder vierzelligem, runden Köpfchen, kurz gestielt oder sitzend.

Corollen-Fragmente mit drüsig-behaarter Epidermis, mit kantigbuchtigen oder polygonalen Epidermiszellen, am Rande papillös.

Fragmente des Endotheciums mit braun pigmentierten Zellen.

Ohne Bild: Obere Blattepidermis aus gerundeten bis gewellten Zellen. Untere Epidermis aus stark welligen Zellen mit zahlreichen diacytischen Stomata, zweizellige, dickwandige, gebogene Haare, ein- bis vierzellige Drüsenhaare.

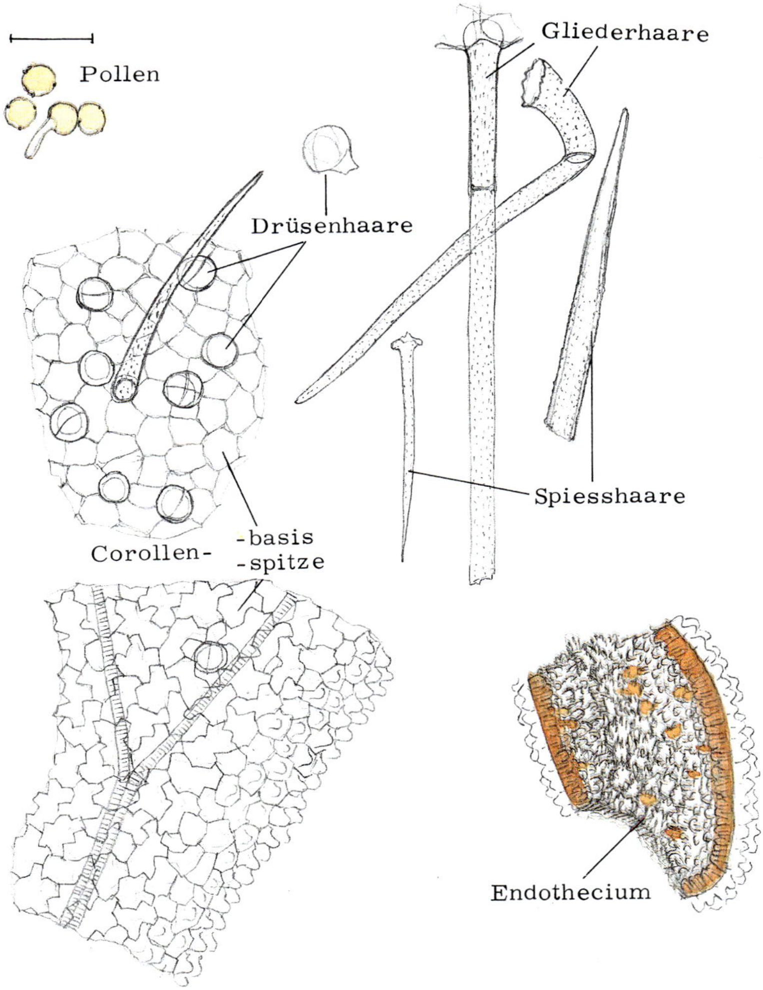
Pollen
Gliederhaare
Drüsenhaare
Spiesshaare
Corollen-
-basis
-spitze
Endothecium

Leonuri cardiacae herba - Herzgespannkraut

Arzneibücher:	DAB 1997
Stammpflanze:	*Leonurus cardiaca* L.
Familie:	Lamiaceae

Chloralhydrat-Präp.: Untere Blattepidermis aus Zellen mit gewellten Wänden, mit groß- und kleinzelligen Drüsenhaaren, dolchförmig gekrümmten einzelligen Haaren, paracytischen Stomata, Oxalatdrusen.

Epidermisfragmente mit je einem Oxalatkristall pro Zelle.

Gliederhaare und Haarfragmente.

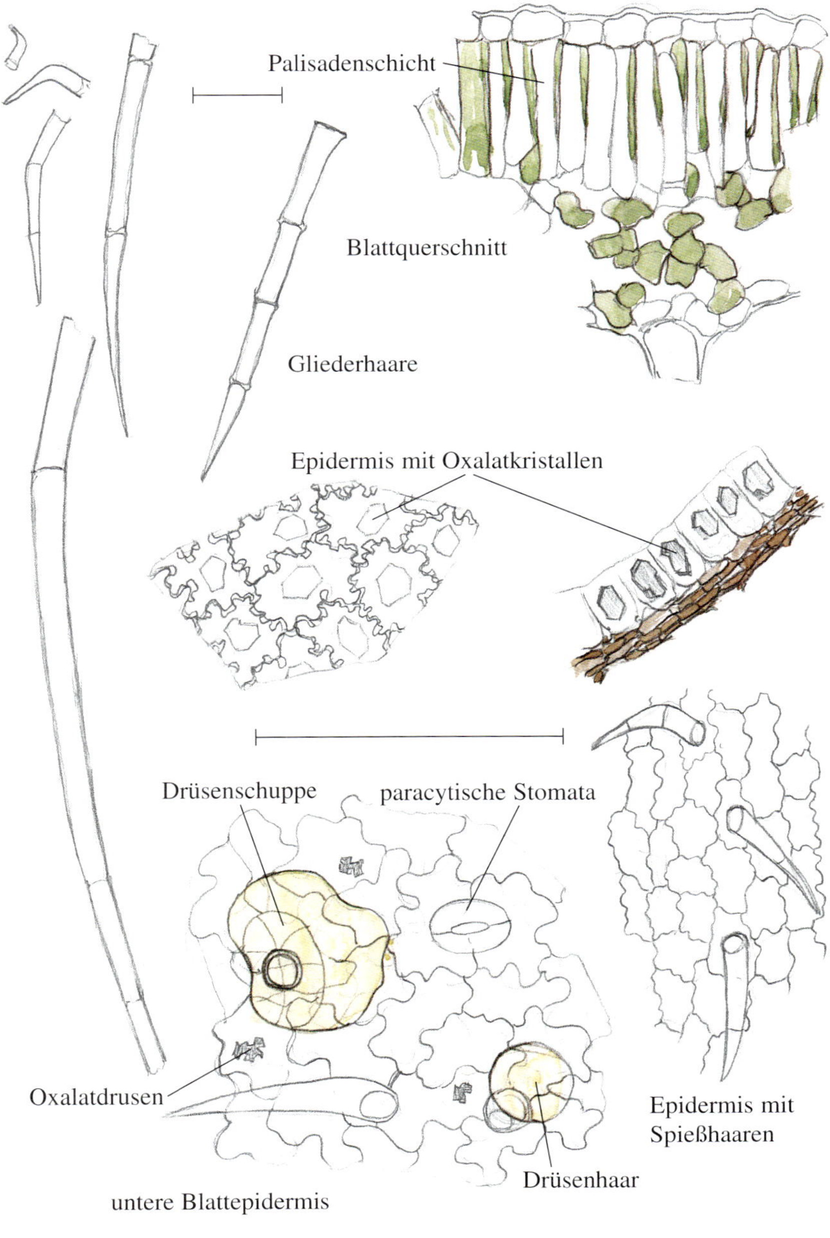
Palisadenschicht
Blattquerschnitt
Gliederhaare
Epidermis mit Oxalatkristallen
Drüsenschuppe
paracytische Stomata
Oxalatdrusen
Epidermis mit
Spießhaaren
Drüsenhaar
untere Blattepidermis

Majoranae herba - Majoran

Arzneibücher:	EB 6, Ph Helv V
Stammpflanze:	*Origanum majorana* L.
Familie:	Lamiaceae
Chloralhydrat-Präp:	Pollenkörner hexacolpat.
	Zerbrochene Gliederhaare, gekrümmt, teils kollabiert.
	Blattfragmente stellenweise bräunlich verfärbt. Obere Epidermis wellig-buchtig. Palisadenzellen locker angeordnet, 6-7 pro Epidermiszelle. Haarabbruchstellen gleichmäßig verteilt.
	Untere Epidermis kantig-buchtig. Diacytische Stomata. Schließzellwände sehr dünn. Vereinzelt gelbe Drüsenschuppen mit 8 Drüsenzellen.
Geruch:	Nach Majoran.

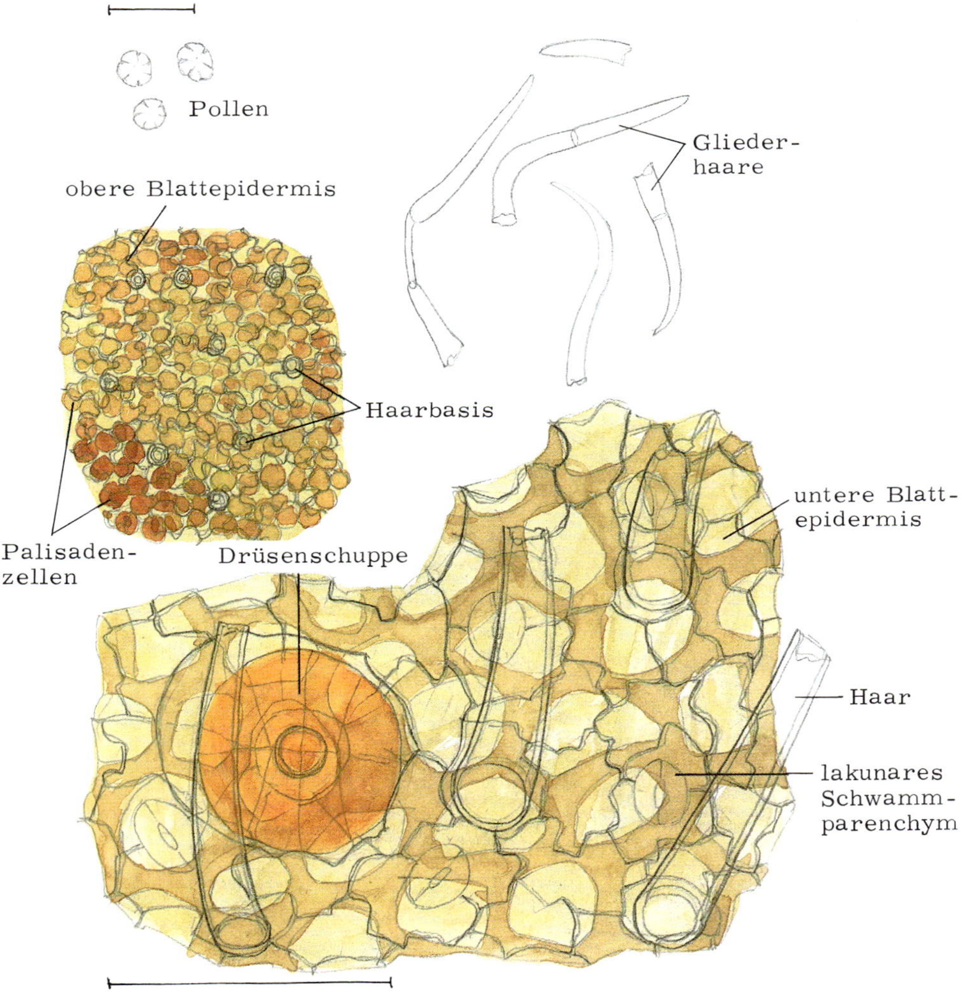
Pollen
Glieder-
haare
obere Blattepidermis
Haarbasis
untere Blatt-
epidermis
Palisaden-
zellen
Drüsenschuppe
Haar
lakunares
Schwamm-
parenchym

Marrubii herba - Andornkraut

Arzneibücher:	ÖAB 90, DAC 86
Stammpflanze:	*Marrubium vulgare* L.
Familie:	Lamiaceae

Chloralhydrat-Präp.: Büschelhaare, Peitschenhaare, gegabelte Haare.

Blattunterseite mit paracytischen Stomata, Drüsenschuppen und kurz gestielten Drüsenhaaren.

Pollen tricolpat.

Endotheciumfragmente.

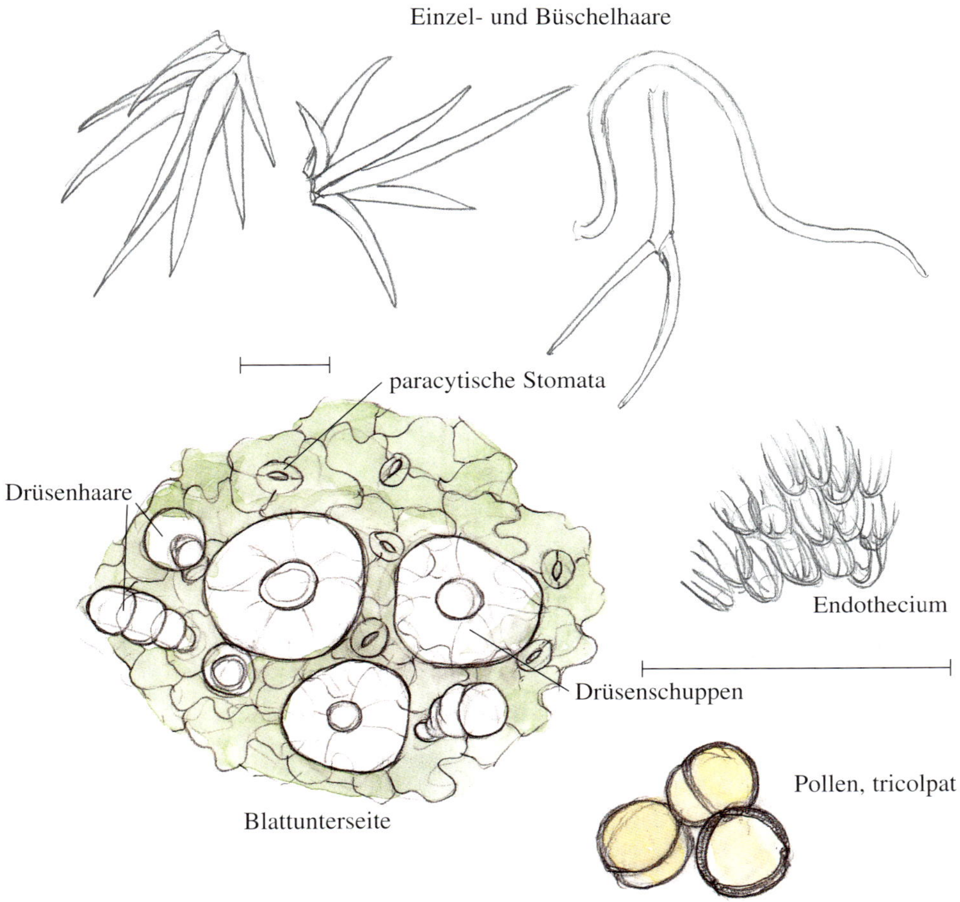
Einzel- und Büschelhaare
paracytische Stomata
Drüsenhaare
Endothecium
Drüsenschuppen
Pollen, tricolpat
Blattunterseite

Meliloti herba - Steinklee

Arzneibücher:	DAC 86
Stammpflanze:	*Melilotus officinalis* (L.) LAM.
Familie:	Fabaceae

Chloralhydrat-Präp.: Pollen eiförmig, tricolpat.

Obere Blattepidermis wellig-isodiametrisch. Größenverhältnis obere Epidermiszellen : Palisadenzellen = 1:3.

Untere Epidermis mit Knotenstockhaaren, Zellwände kantig-buchtig. Anomocytische Stomata.

Blattrippen und -stiele mit Fasern und Kristallzellreihen.

Oft unreife Samenanlagen total, kampylotrop, gelb.

Endothecium sternförmig verdickt.

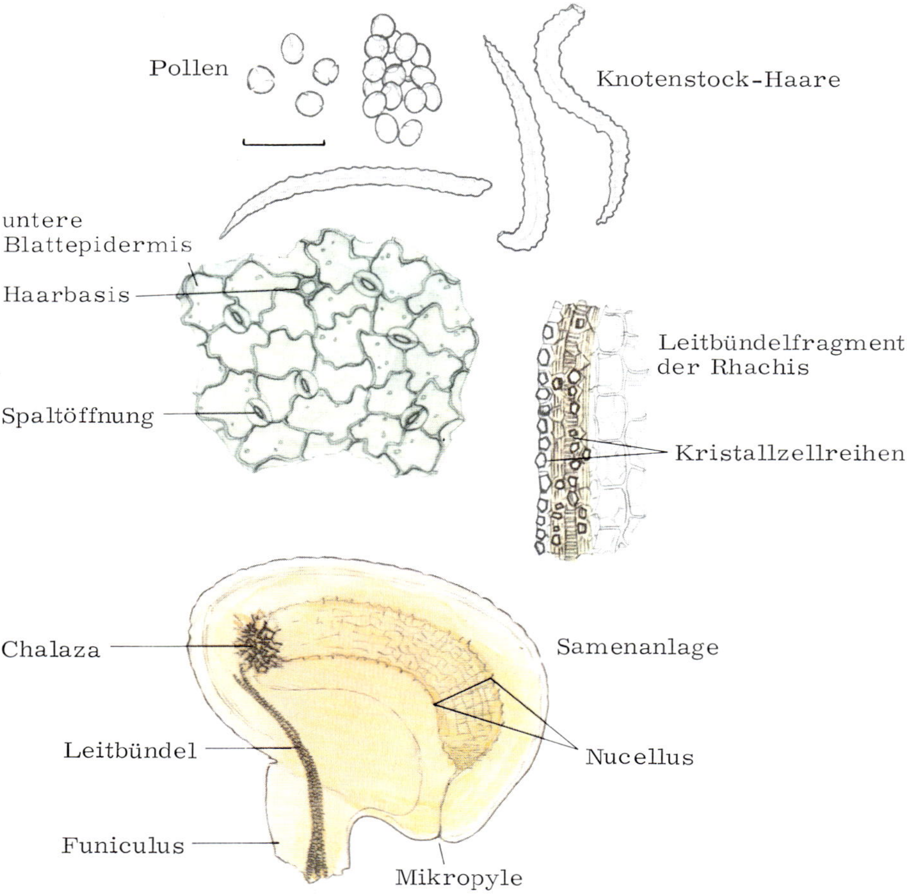
Pollen
Knotenstock-Haare
untere
Blattepidermis
Haarbasis
Spaltöffnung
Leitbündelfragment
der Rhachis
Kristallzellreihen
Chalaza
Samenanlage
Leitbündel
Nucellus
Funiculus
Mikropyle

Millefolii herba - Schafgarbenkraut

Arzneibücher:	DAB 1997, ÖAB 90, Ph Helv VII (Millefolii flos)
Stammpflanze:	*Achillea millefolium* L.
Familie:	Asteraceae

Chloralhydrat-Präp.:

Hellgelbe Sklerenchymfragmente, bandförmig gedreht, flach, aus gestreckten faserförmigen Zellen.

Haare mit 5 Basalzellen, dickwandig.

Konnektivzipfel einzellschichtig mit kleinzelligem Randsaum.

Filamentbasis mit gitterartig angeordneten Zellen.

Große und kleine Pollen tricolpat. Kleine Pollen oft noch als Paket zusammenhaftend.

Kleine Oxalatdrusen mit sehr spitzen Kristallen in Blatt-, Stengel- und Blütenfragmenten.

Corollenfragmente mit papillöser Epidermis als Hauptbestandteile.

Ohne Bild: Blattfragmente mit Nerven. Stomata anomocytisch und anisocytisch, selten zu erkennen. Ganze Blattzipfel sind oft erhalten.

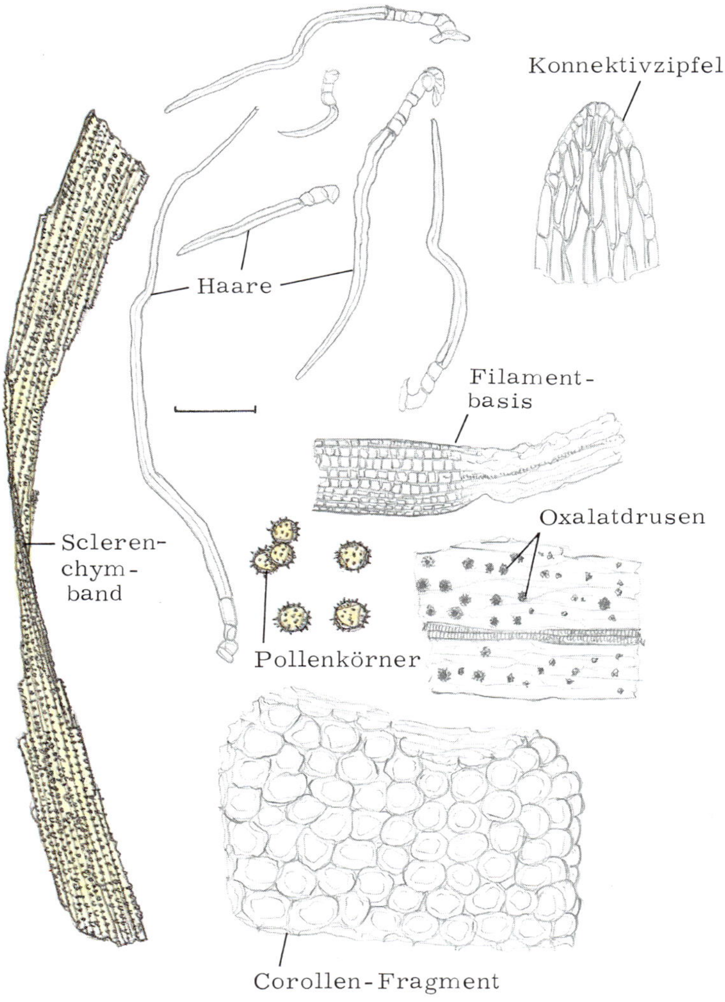
Konnektivzipfel
Haare
Filament-
basis
Oxalatdrusen
Scleren-
chym-
band
Pollenkörner
Corollen-Fragment

Passiflorae herba - Passionsblumenkraut

Arzneibücher:	DAB 1997; Ph Helv VII
Stammpflanze:	*Passiflora incarnata* L.
Familie:	Passifloraceae

Chloralhydrat-Päp.:

Auffallend grosse triporate Pollen mit wabiger Exine. Porendeckel mit Randwulst, manchmal abgelöst.

Blattnerven oft mit knotigen Schlußzellen und ringförmigen Wandverdickungen.

Oxalatdrusen.

Anomocytische Stomata in der unteren Blattepidermis.

Einzellige Sichelhaare.

Samenschalenepidermis braunwandig mit Plasmodesmen.

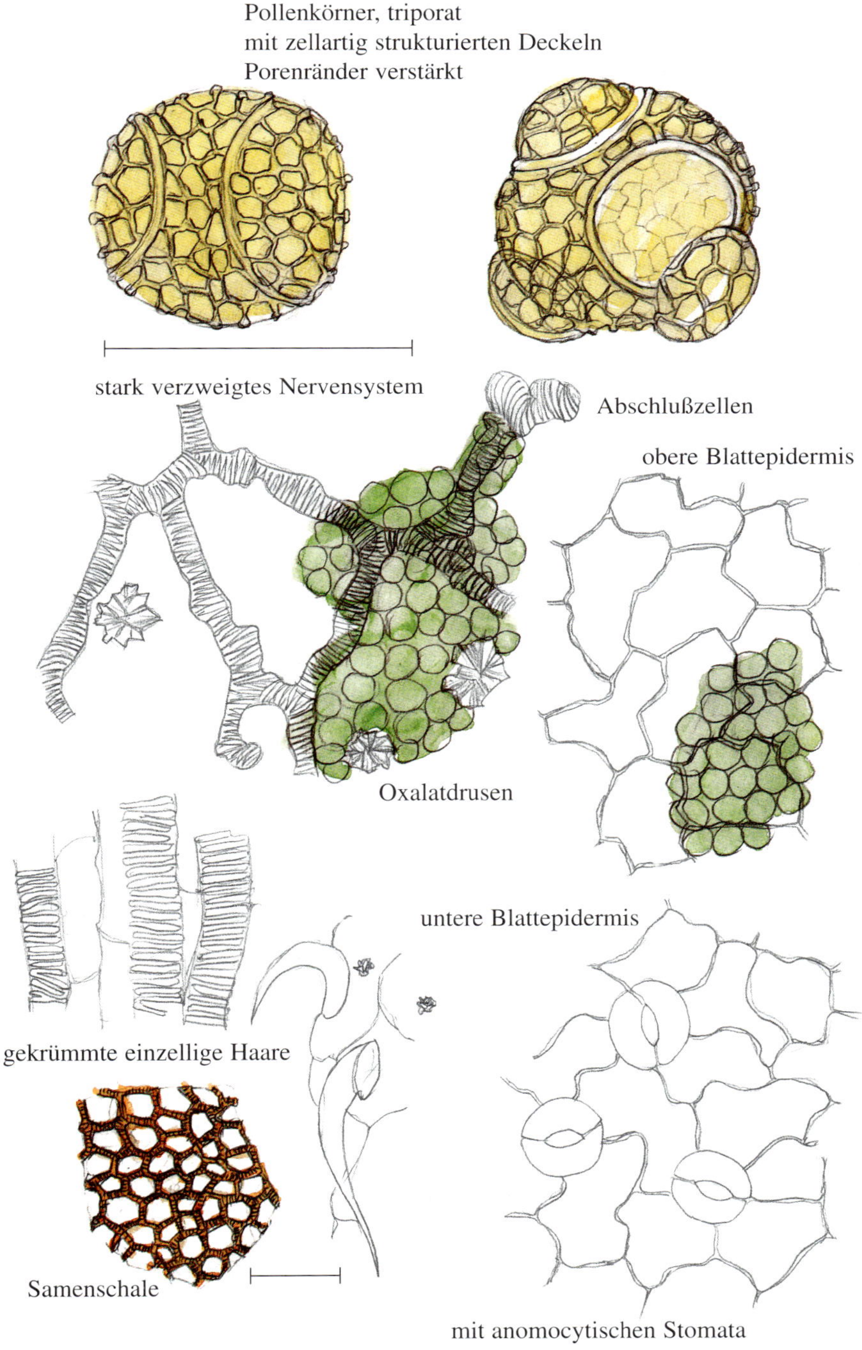
Pollenkörner, triporat
mit zellartig strukturierten Deckeln
Porenränder verstärkt
stark verzweigtes Nervensystem
Abschlußzellen
obere Blattepidermis
Oxalatdrusen
untere Blattepidermis
gekrümmte einzellige Haare
Samenschale
mit anomocytischen Stomata

Plantaginis lanceolatae herba - Spitzwegerichkraut

Arzneibücher: DAB 1997, ÖAB 90, Ph Helv VII (Plantaginis lanceolatae folium)

Stammpflanze: *Plantago lanceolata* L.

Familie: Plantaginaceae

Chloralhydrat-präp.: Zahlreiche Haarfragmente: Dickwandige Spießhaare mit dünnwandiger Sockelzelle. Mehrzellige Cilienhaare aus dem Blütenstand, durch überlappende Verwachsung der hyalinen Haarzellen schräg gegliedert. Haarbasis aus wenigen flachen Sockelzellen.

Pollen dünnwandig, biporat.

Blattoberseite mit ~~para~~diacytischen Stomata und Haarabbruchstellen. Dünnwandige Palisadenzellen, meist 4 pro Epidermiszelle.

Untere Blattepidermis mit ~~para~~diacytischen Stomata, Epidermiszellen kantig-polygonal.

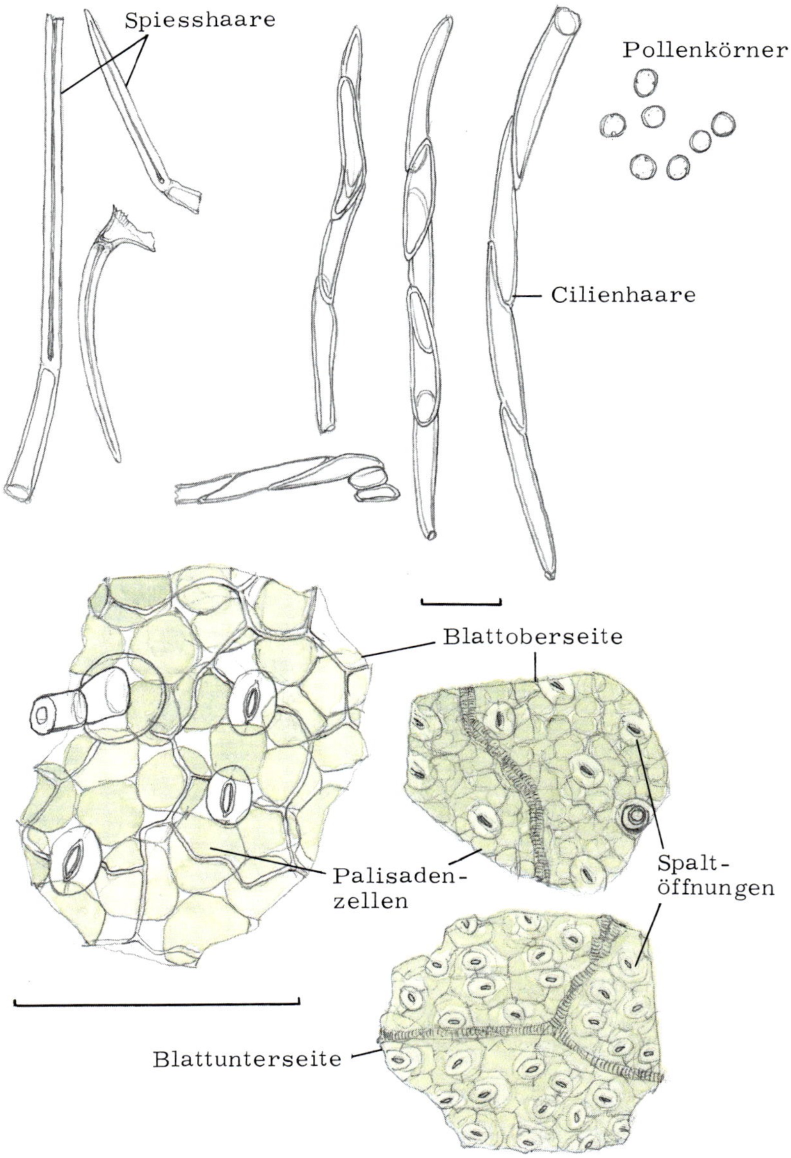
Spiesshaare
Pollenkörner
Cilienhaare
Blattoberseite
Palisaden-
zellen
Spalt-
öffnungen
Blattunterseite

Polygoni avicularis herba - Vogelknöterichkraut

Arzneibücher:	ÖAB 90, DAC 86
Stammpflanze:	*Polygonum aviculare* L.
Familie:	Polygonaceae
Chloralhydrat-Präp.:	Oxalatdrusen verschiedener Größe. Tricolpate Pollenkörner. Dicht verzweigtes Nervennetz der Blätter. Epidermiszellen der Samenschale mit dunklen Wandsepten.

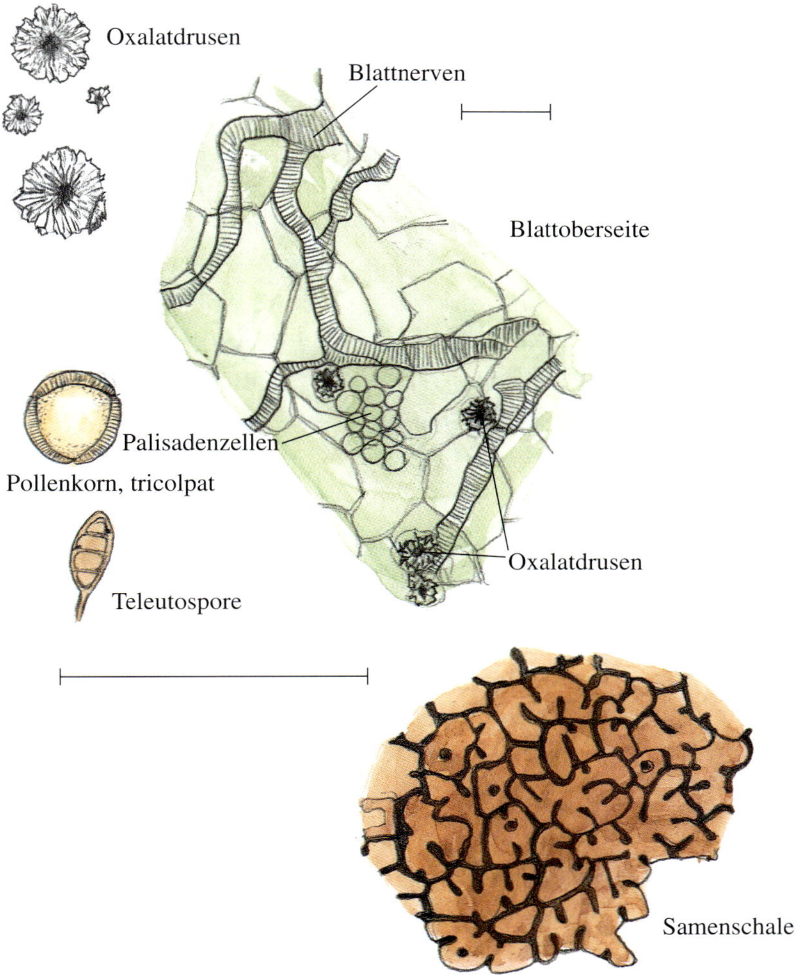
Oxalatdrusen
Blattnerven
Blattoberseite
Palisadenzellen
Pollenkorn, tricolpat
Oxalatdrusen
Teleutospore
Samenschale

Pulmonariae herba - Lungenkraut

Arzneibücher:	DAB 1997
Stammpflanze:	*Pulmonaria officinalis* L.
Familie:	Boraginaceae

Chloralhydrat-Präp.: Viele abgebrochene oder zerbrochene Haare mit trompetenartig erweiterter Basis (Trompetenzellen) und rotbraunem Inhalt.

Blattfragmente mit Haarbasen auf Ober- und Unterseite. In den größeren Haarbasen kristalline oder körnige Kalkkörper (Cystolithen), die von Essigsäure aufgelöst werden.

Obere Epidermis wellig-buchtig, schlecht über den Palisadenzellen (8-9 pro Epidermiszelle) zu erkennen.

Untere Blattepidermis polygonal bis wellig-buchtig.
Stomata anomocytisch. Das lakunare Schwammparenchym ist olivgrün mit großen Interzellularen.

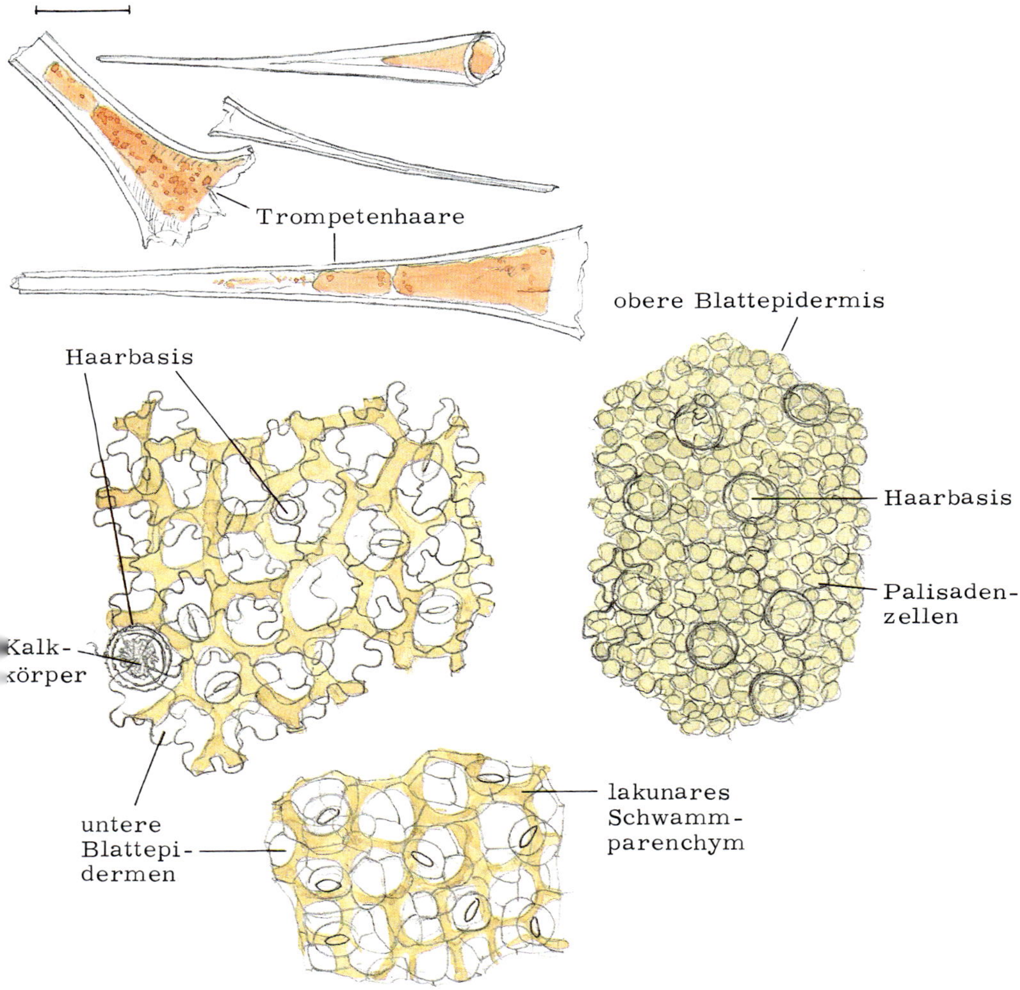
Trompetenhaare
obere Blattepidermis
Haarbasis
Haarbasis
Palisaden-
zellen
Kalk-
körper
untere
Blattepi-
dermen
lakunares
Schwamm-
parenchym

Rutae herba - Rautenkraut

Arzneibücher:	DAC 86
Stammpflanze:	*Ruta graveolens* L.
Familie:	Rutaceae
Chloralhydrat-Präp.:	Obere Blattepidermis aus polygonalen Zellen, vereinzelt mit einer Oxalatdruse. Blattunterseite mit anomocytischen Stomata und eingesenkten Spalten. Sekretbehälter zwischen den Palisadenzellen, mit doppeltem Epithel.
Geruch:	Aromatisch.
Geschmack:	Säuerlich.

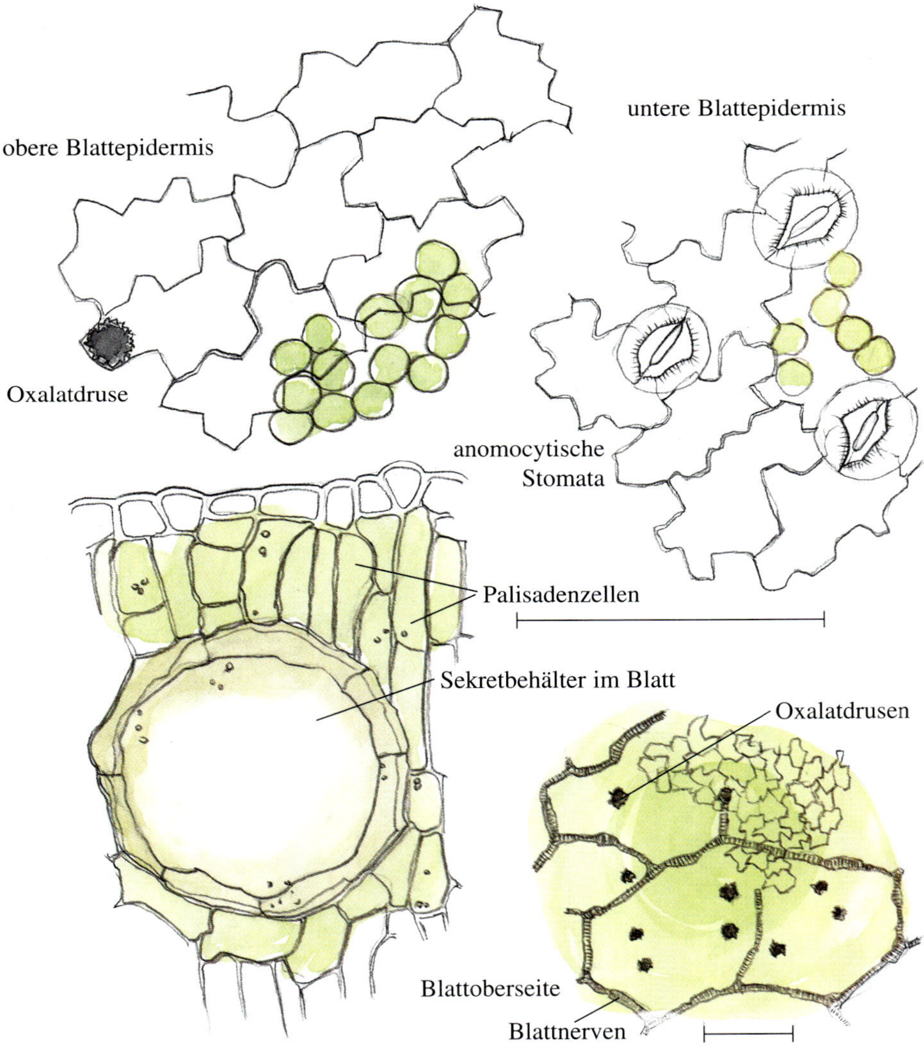
obere Blattepidermis
untere Blattepidermis
Oxalatdruse
anomocytische Stomata
Palisadenzellen
Sekretbehälter im Blatt
Oxalatdrusen
Blattoberseite
Blattnerven

Sarothamni scoparii herba - Besenginsterkraut

Arzneibücher:	DAC 86
Stammpflanze:	*Cytisus scoparius* (L.) LINK
Familie:	Fabaceae
Chloralhydrat-Präp.:	Einzellige, schwach gekrümmte und kurze, gedrängt stehende Deckhaare. Steinzellen, gelblich, zu kleinen Gruppen verwachsen. Endothecium-Fragmente. Pollen mit 3 Austrittsspalten (tricolpat). Untere Blattepidermis mit getüpfelten knotigen Wänden. Schwammparenchym mit großen Interzellularen durchschimmernd, offenbar ohne Spaltöffnungen. Obere Blattepidermis polygonal, glattwandig. Anomocytische Stomata. Palisadenparenchym dichtgepackt, mit luftgefüllten Interzellularen.

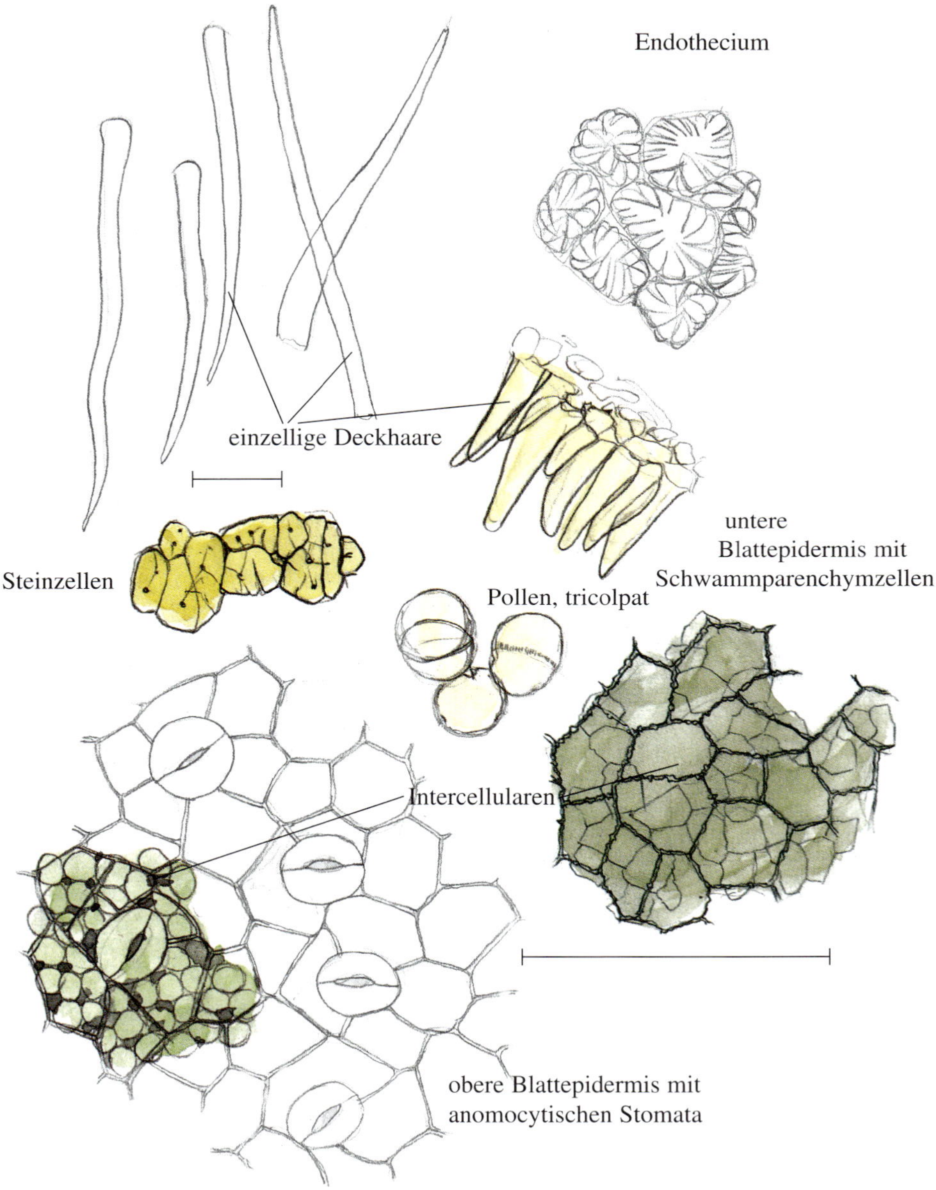
Endothecium
einzellige Deckhaare
Steinzellen
untere
Blattepidermis mit
Schwammparenchymzellen
Pollen, tricolpat
Intercellularen
obere Blattepidermis mit
anomocytischen Stomata

Serpylli herba - Quendelkraut

Arzneibücher:	DAB 1997
Stammpflanze:	*Thymus serpyllum* L. s.l.
Familie:	Lamiaceae
Chloralhydrat-Präp.:	Fruchtwandepidermis braun-ocker mit braunen Tröpfchen, wellig-buchtige Wände. Obere Blattepidermis wellig-isodiametrisch, ohne Stomata. Größenverhältnis Palisadenzellen zu Epidermiszelle: 2:1. Untere Blattepidermis mit wellig-buchtigen Zellwänden, diacytische Stomata. Beidseitig Drüsenschuppen mit 12 Drüsenzellen, 4 mittlere, 8 äußere. Kniehaare. Spießhaare mit gestrichelter Cuticula und Oxalatnädelchen an den Querwänden. Selten 6-8-zellige Wimperhaare am Blattgrund. Pollen hexacolpat. Stengelepidermis mit Cuticularstreifung. Stomata diacytisch.
Geruch:	Würzig.

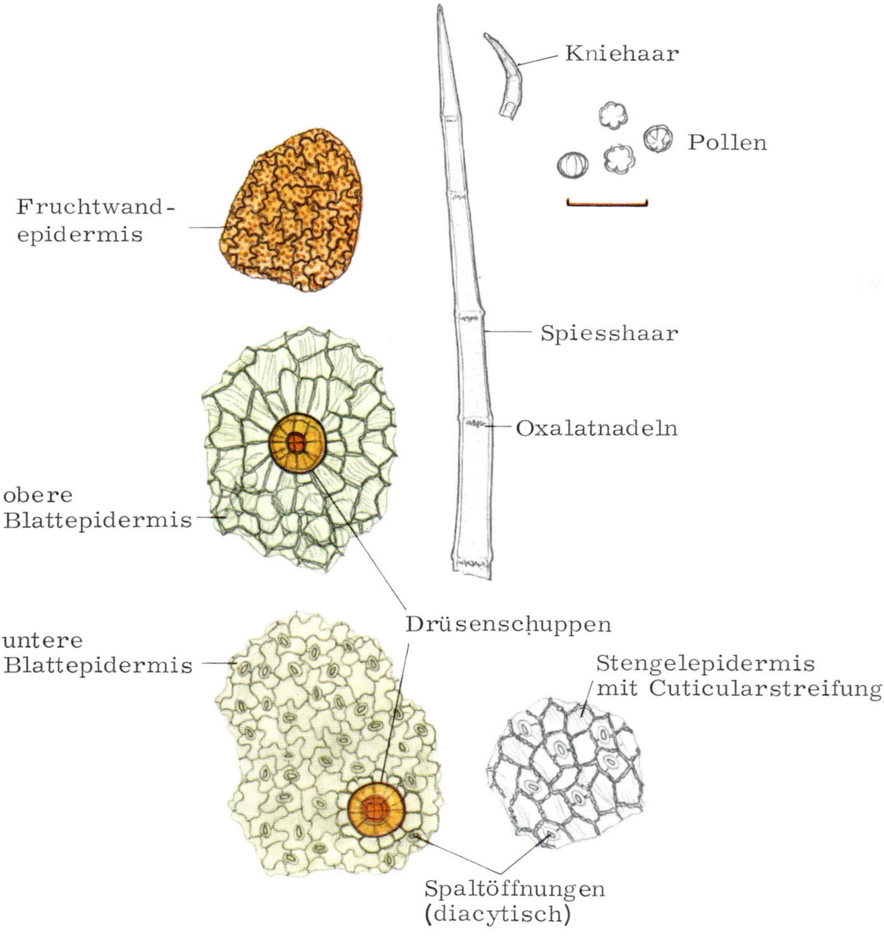
Kniehaar
Pollen
Fruchtwand-
epidermis
Spiesshaar
Oxalatnadeln
obere
Blattepidermis
Drüsenschuppen
untere
Blattepidermis
Stengelepidermis
mit Cuticularstreifung
Spaltöffnungen
(diacytisch)

Solidaginis herba - Goldrutenkraut

Arzneibücher:	DAB 1997
Stammpflanze:	*Solidago canadensis* L., *Solidago gigantea* AIT. und Hybriden.
Familie:	Asteraceae
Chloralhydrat-Präp.:	Pollen triporat, mit stacheliger Exine. Pappusborsten mit gezähnter Oberfläche. Obere Blattepidermis aus polygonalen Zellen, über den Nerven gestreckt. Palisadenzellen, 4-5 pro Epidermiszelle, vielfach mit rotem Inhaltskörper. Blattfragm. mit großen Sekretzellen im Mesophyll, bes. über den Nervenverzweigungen, dunkelgrau mit körnigem Inhalt oder zimtbraun. Stomata nur in der unteren Epidermis, anisocytisch. Vereinzelt kurze Gliederhaare mit kollabierter Endzelle. Hüllkelchepidermis mit Zwillingshaaren.
Geruch:	Fehlt.
Geschmack:	Bitter, würzig.
Verwechslungen:	Blattfragmente und Pollen der drei offizinellen Solidago-Arten sehr ähnlich.

Solidaginis virgaureae herba - Echtes Goldrutenkraut

Arzneibücher:	DAB 1997
Stammpflanze:	*Solidago virgaurea* L.
Familie:	Asteraceae
Chloralhydrat-Präp.:	s. oben

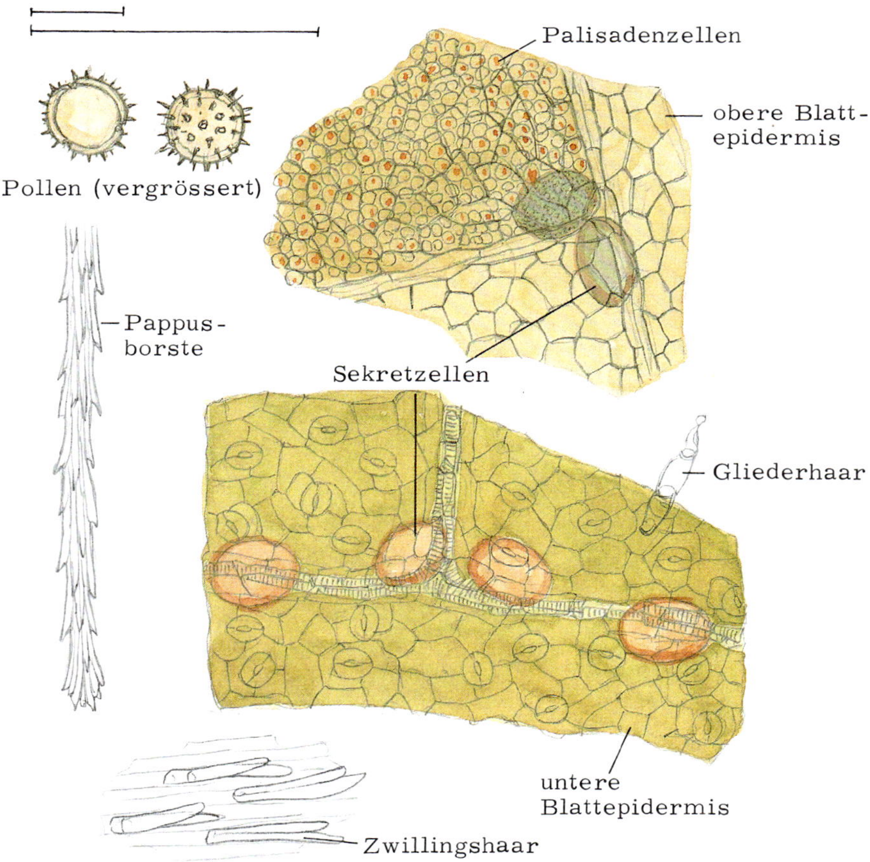
Pollen (vergrössert)
Palisadenzellen
obere Blatt-
epidermis
Pappus-
borste
Sekretzellen
Gliederhaar
untere
Blattepidermis
Zwillingshaar

Taraxaci herba cum radice - Löwenzahn

Arzneibücher: DAC 86, ÖAB 90 (Radix Taraxaci)
Stammpflanze: *Taraxacum officinale* WIGGERS
Familie: Asteraceae

Wasser-Präparat: Stärke fehlt, dafür Inulinschollen.

Chloralhydrat-Präp.: Kalt - Kantige Inulinschollen.

Rosa bis kirschrot gefärbte Blattrippenfragmente.

Aufgekocht - Korkfragmente, großzellig aber unregelmäßig angeordnet, mit braunroten dünnen Wänden und braunwandiger Epidermis.

Fragmente aus gestreckten Parenchymzellen und verzweigte Milchröhren mit rotbraunem Inhalt.

Fragmente mit Schrauben- und Ringgefäßen.

Blattfragmente bräunlich mit Nervennetz und deutlichen Bündelscheidenzellen.

Untere Blattepidermis mit durchscheinendem lakunaren Schwammparenchym. Zellen kantig-buchtig, Zellwände knotig getüpfelt. Stomata anomocytisch.

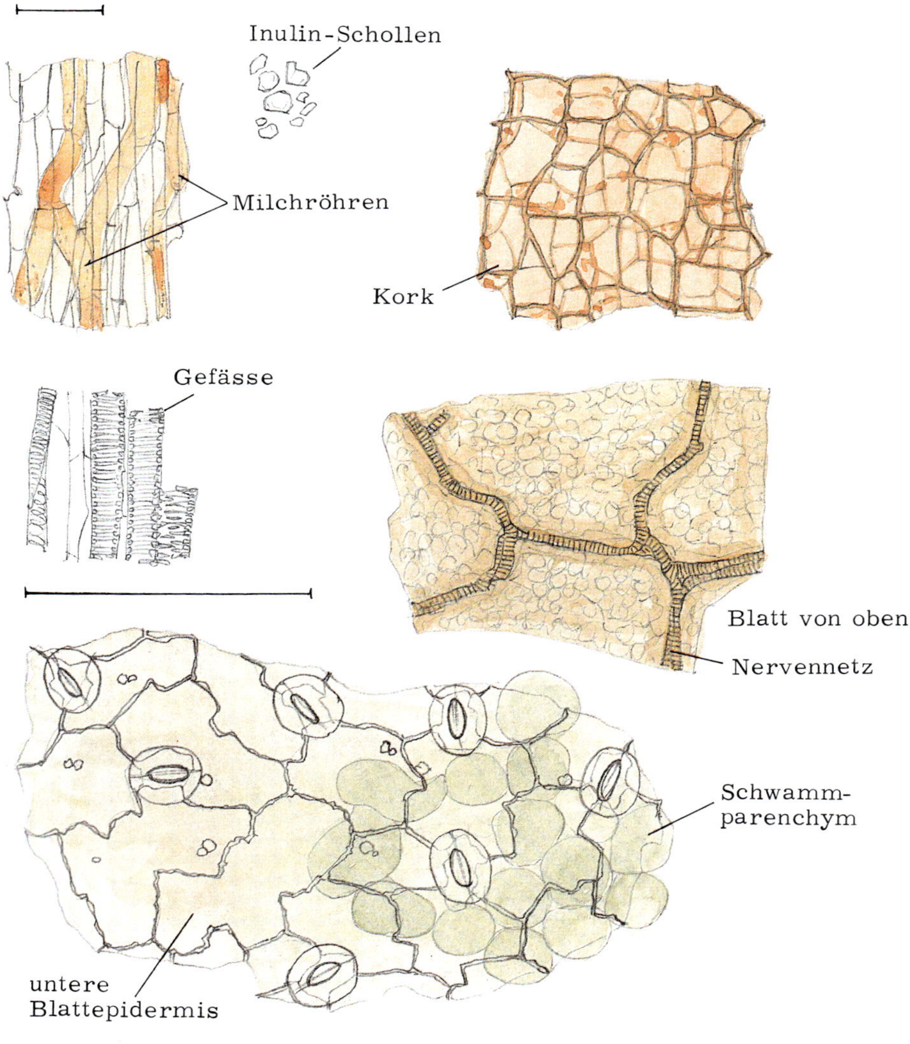
Inulin-Schollen
Milchröhren
Kork
Gefässe
Blatt von oben
Nervennetz
Schwamm-
parenchym
untere
Blattepidermis

Teucrii herba - Teucriumkraut (Gamander)

Arzneibücher:	ÖAB 90
Stammpflanze:	*Teucrium marum* L., *T. montanum* L., *T. polium* L.
Familie:	Lamiaceae
Achtung:	Deklariertes Pflanzenmaterial ist nicht im Handel. Dafür wird *Teucrium scorodonia* L., der Salbei-Gamander, geliefert; er ist hier dargestellt).
Wasser-Präparat:	Stärke fehlt.
Chloralhydrat-Präp.:	Geknickte Gliederhaare.
	Eckzahnhaare neben gestielten und ungestielten Drüsenhaaren auf der Rippenepidermis.
	Obere Blattepidermiszellen groß, darunter liegendes Palisadenparenchym mit einzelnen Inhaltskörpern. Drüsenschuppen auf der unteren Blattepidermis.
	Untere Blattepidermis mit paracytischen Stomata.
	Pollen tricolpat.

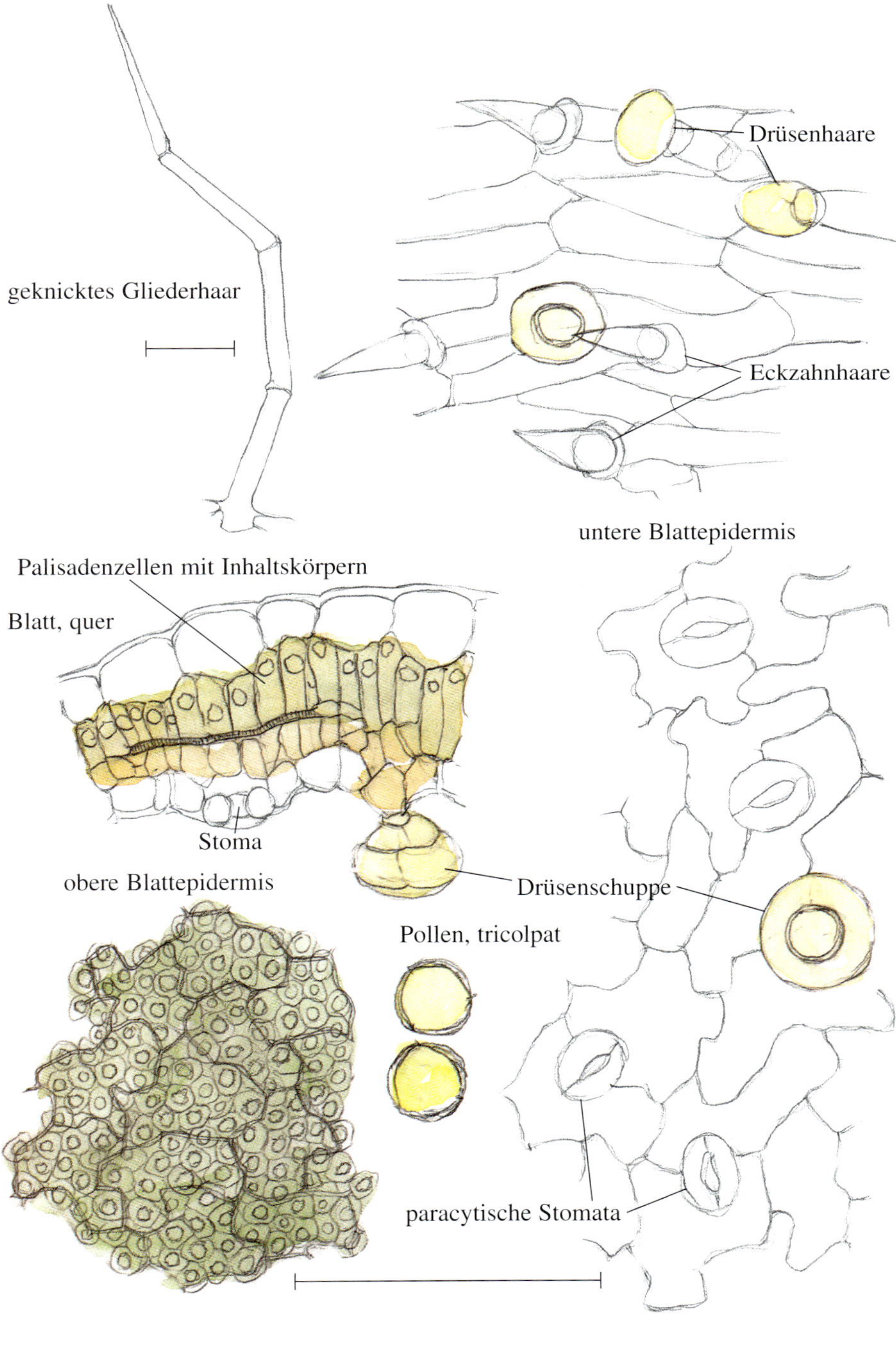
Drüsenhaare
geknicktes Gliederhaar
Eckzahnhaare
untere Blattepidermis
Palisadenzellen mit Inhaltskörpern
Blatt, quer
Stoma
obere Blattepidermis
Drüsenschuppe
Pollen, tricolpat
paracytische Stomata

Thymi herba - Thymian

Arzneibücher:	DAB 1997, ÖAB 90, Ph Helv VII, Ph Eur
Stammpflanze:	*Thymus vulgaris* L., *T. zygis* L.
Familie:	Lamiaceae
Chloralhydrat-Präp.:	Kniehaare, zweizellig. Spießhaare mit feinpunktierter Cuticula Pollen hexacolpat. Rippenfragmente dicht mit Eckzahnhaaren besetzt. Obere Blattepidermis sehr kleinzellig, mit Eckzahnhaaren besetzt. Im Haarinnern Oxalatsand, Zellinhalt bräunlich. Drüsenschuppen mit 12 Drüsenzellen, 8 äußere, 4 mittlere. Drüsensekret oft dottergelb gefärbt.
Geruch:	Würzig.

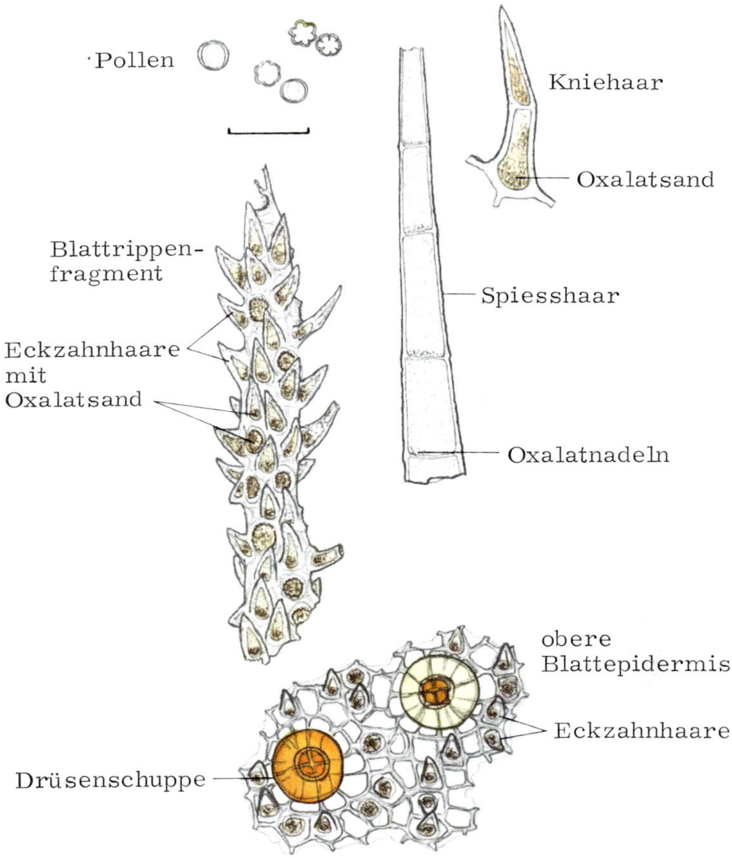
Pollen
Kniehaar
Oxalatsand
Blattrippen-
fragment
Spiesshaar
Eckzahnhaare
mit
Oxalatsand
Oxalatnadeln
obere
Blattepidermis
Eckzahnhaare
Drüsenschuppe

Verbenae herba - Eisenkraut

Arzneibücher:	DAC 86
Stammpflanze:	*Verbena officinalis* L.
Familie:	Verbenaceae

Chloralhydrat-Präp.:

Lange, selten auch kürzere, dickwandige Spießhaare.

Drüsenhaare mit einzelligem Köpfchen.

Pollenkörner triporat, oft angekeimt.

Drüsenzellen mit Öl und körnigem Sekret, das oft ausgetreten ist.

Untere Blattepidermis mit anisocytischen Stomata und weit auseinander liegender Cuticularstreifung.

Testaepidermis fein punktiert mit einem Öltropfen in jeder Zelle.

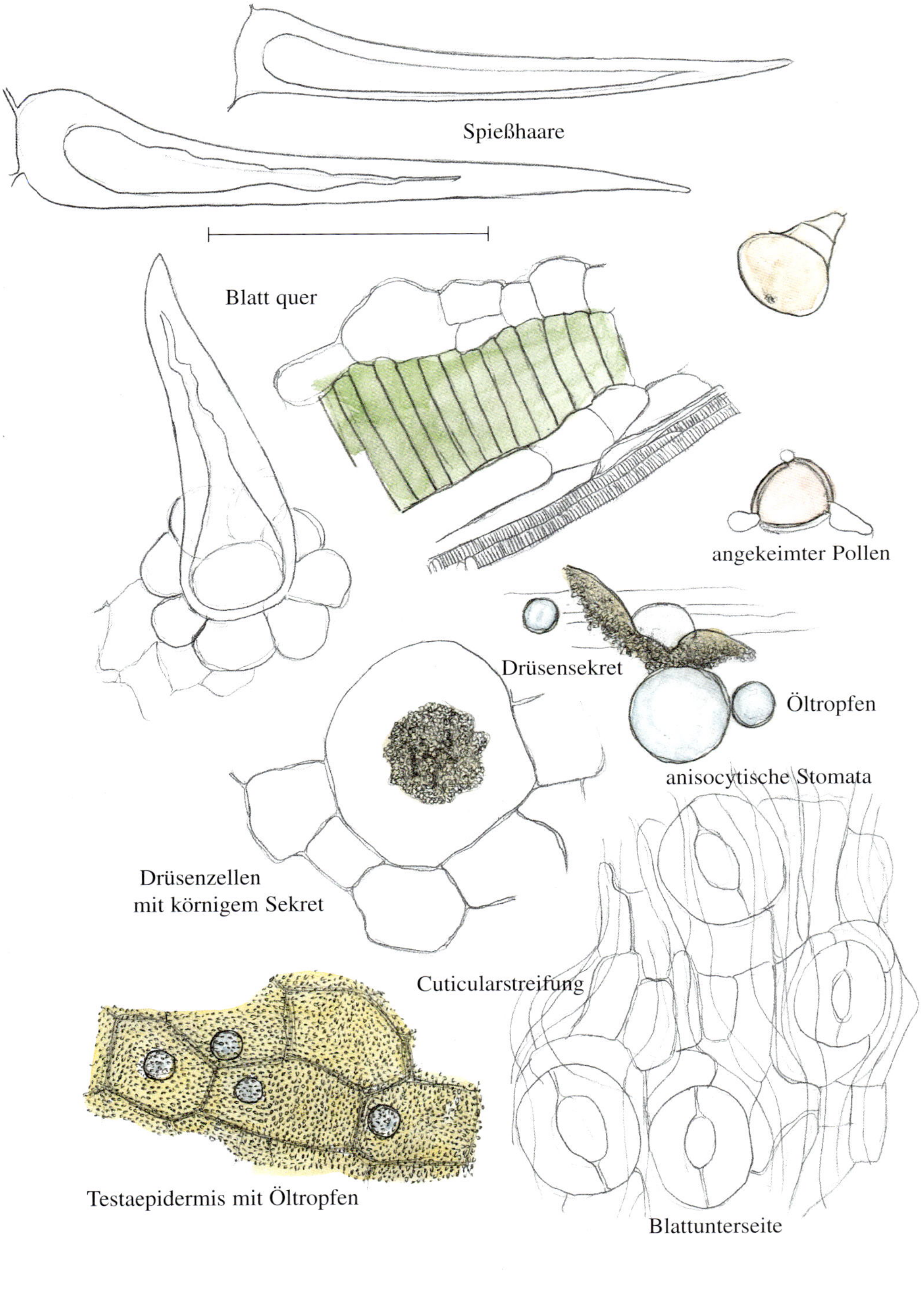
Spießhaare
Blatt quer
angekeimter Pollen
Drüsensekret
Öltropfen
anisocytische Stomata
Drüsenzellen
mit körnigem Sekret
Cuticularstreifung
Testaepidermis mit Öltropfen
Blattunterseite

Veronicae herba - Ehrenpreiskraut

Arzneibücher:	DAC 86
Stammpflanze:	*Veronica officinalis* L.
Familie:	Scrophulariaceae

Chloralhydrat-Präp.:

Peitschenhaare, Gliederhaare, Büschelhaare.

Endotheciumzellen rot gefärbt.

Pollenkörner mit 3 Spalten, gelblich.

Oxalatdrusen verschiedener Größe.

Obere Blattepidermis aus polygonalen Zellen.

Untere Blattepidermis aus gewellt-wandigen Zellen. Stomata anomocytisch. Blattnervengefäße mit ringförmigen Wandleisten.

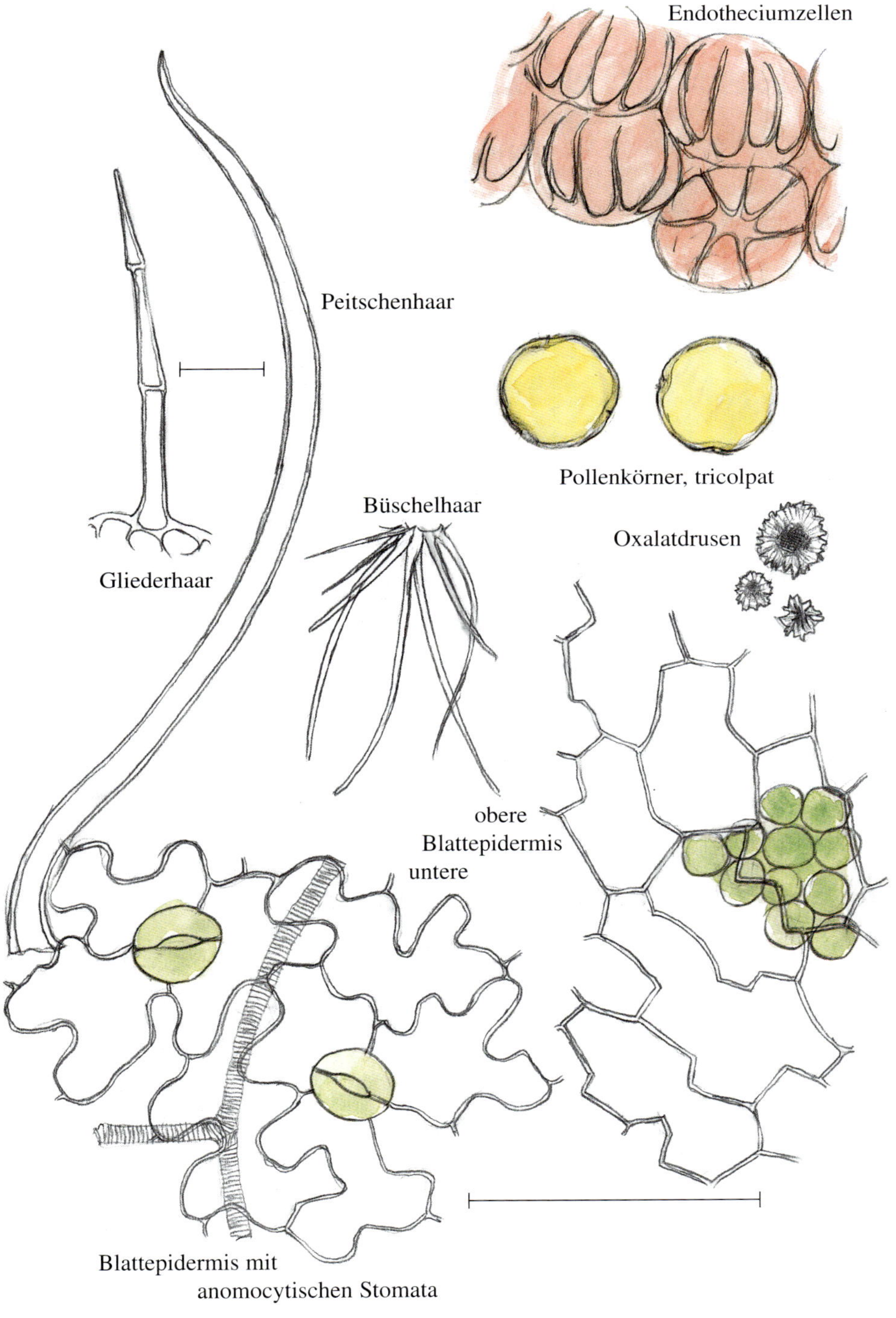
Endotheciumzellen
Peitschenhaar
Pollenkörner, tricolpat
Büschelhaar
Oxalatdrusen
Gliederhaar
obere
Blattepidermis
untere
Blattepidermis mit
anomocytischen Stomata

Violae tricoloris herba - Stiefmütterchenkraut

Arzneibücher:	ÖAB 90, DAC 86
Stammpflanze:	*Viola tricolor* L.
Familie:	Violaceae

Chloralhydrat -Präp.: Obere Epidermis mit großen Schleimzellen, die hell erscheinen. Stomata anisocytisch. Oxalatdrusen im Mesophyll.

Epidermis der Blattrippe mit einzelligen Kegelhaaren, deren Cuticula längs oder geringelt (circular) gestreift ist.

Pollen groß, pentacolpat (bei ssp. *arvensis*), oder tetracolpat (bei ssp. *vulgaris*).

Unreife gelbe Samen mit Caruncula, total. Samenanlage durchschimmernd, anatrope Raphe mit braunem Leitbündel.

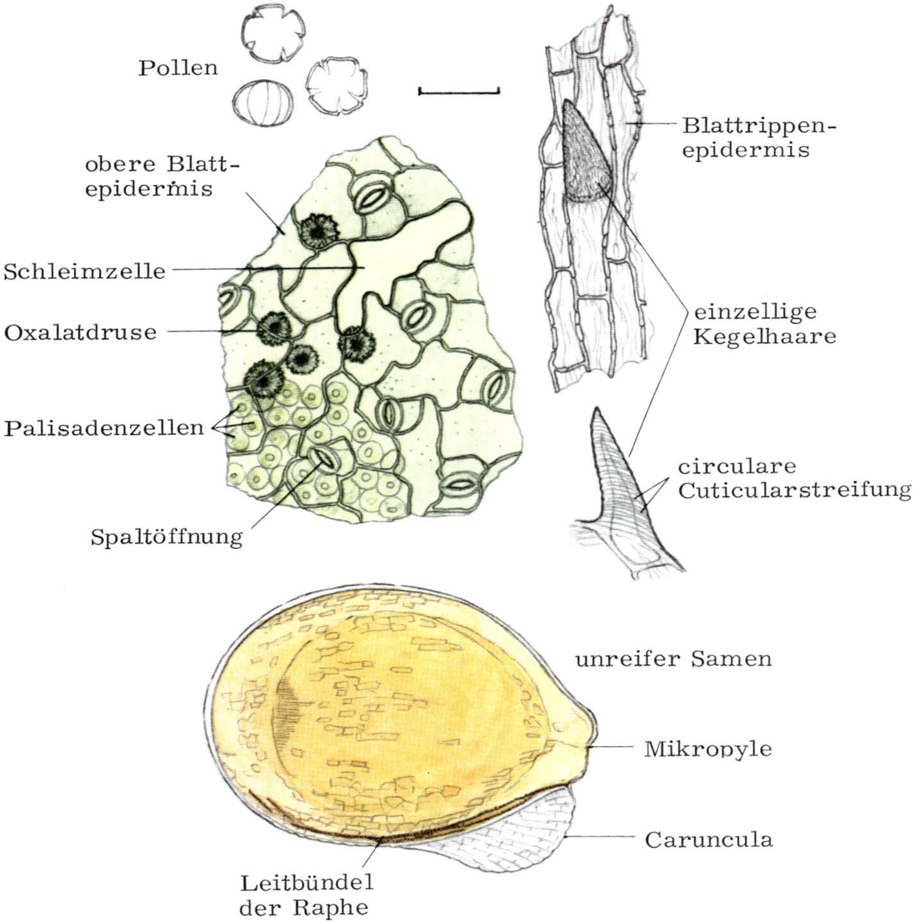
Pollen
obere Blatt-
epidermis
Schleimzelle
Oxalatdruse
Palisadenzellen
Spaltöffnung
Blattrippen-
epidermis
einzellige
Kegelhaare
circulare
Cuticularstreifung
unreifer Samen
Mikropyle
Caruncula
Leitbündel
der Raphe

Visci herba - Mistelkraut

Arzneibücher:	DAB 1997
Stammpflanze:	*Viscum album* L.
Familie:	Loranthaceae

Wasser-Präparat:	Stärkekörner unterschiedlicher Größe, einzeln.
Chloralhydrat-Präp.:	Pollenkörner triporat mit stacheliger Exine. Im Innern oft mit einem lichtbrechenden Körper.
	Blattfragmente mit polygonaler Epidermis. Im Mesophyll feingezackte Oxalatdrusen.
	Stomata paracytisch, in Stengelfragmenten eingesenkt. Epidermiszellen mit Lipidtropfen.
	Steinzellgruppen.
	Stengelepidermis papillös.

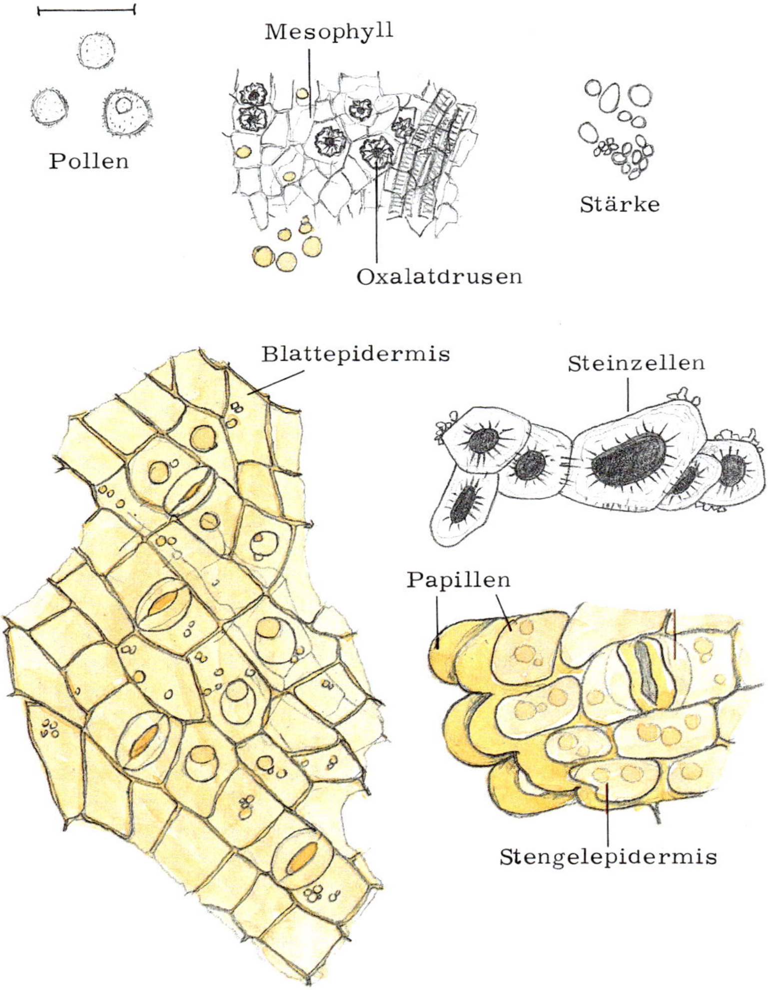
Pollen
Mesophyll
Oxalatdrusen
Stärke
Blattepidermis
Steinzellen
Papillen
Stengelepidermis

Althaeae folium - Eibischblätter

Arzneibücher:	ÖAB 90, DAC 86
Stammpflanze:	*Althaea officinalis* L.
Familie:	Malvaceae

Chloralhydrat-Präp.: Epidermiszellen beide Blattseiten polygonal, meist anisocytische, in der unteren Epidermis gelegentlich paracytische Stomata. Grössenverhältnis Epidermis- zu Palisadenzellen = 1:2.

Zahlreiche verholzte Sternhaare, 1-5 zellig, oder Haarfragmente.

Schleimhaare mit Köpfchen aus 4 Zellen, die zu zweit übereinander liegen, gestielt.

Nerven mit Ringgefäßen, im Mesophyll Oxalatdrusen.

Sehr große Pollenkörner mit stacheliger Exine.

Teleutosporen von *Puccinia malvacearum*. (größere Mengen unzulässig !)

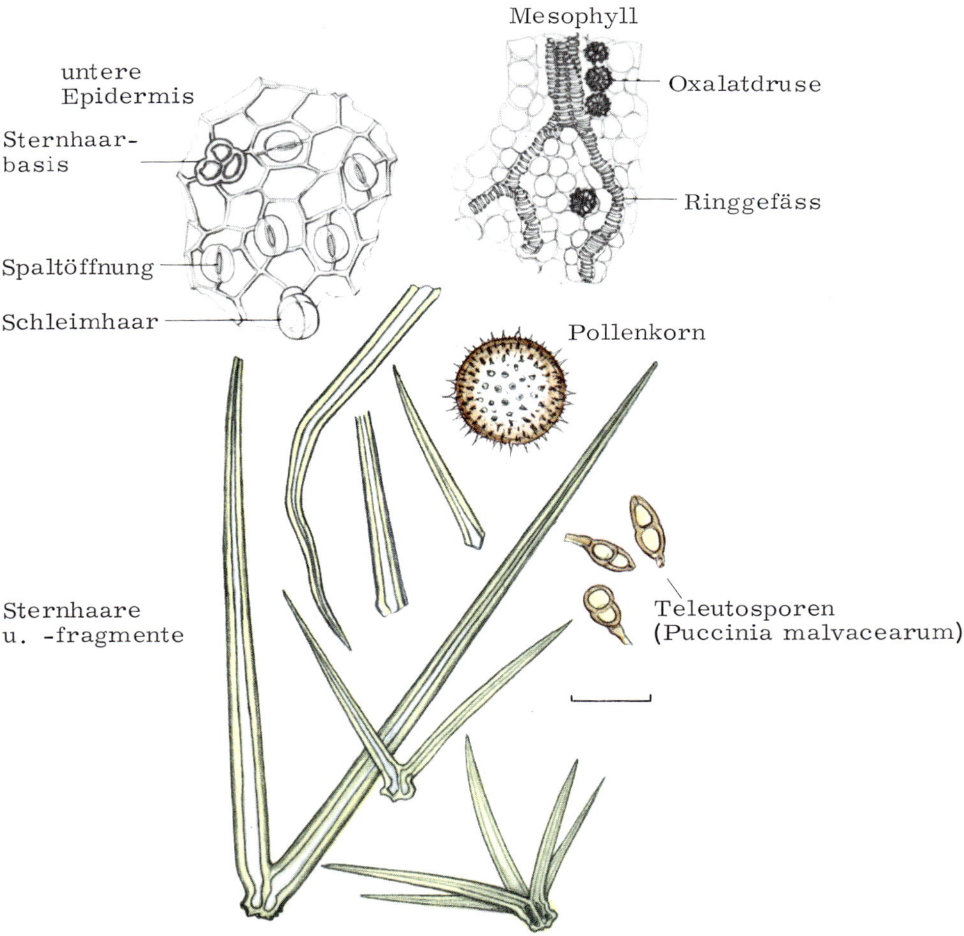
Mesophyll
untere
Epidermis
Oxalatdruse
Sternhaar-
basis
Ringgefäss
Spaltöffnung
Schleimhaar
Pollenkorn
Sternhaare
u. -fragmente
Teleutosporen
(Puccinia malvacearum)

Belladonnae folium - Belladonnablätter

Arzneibücher:	DAB 1997, ÖAB 90, Ph Helv VII, Ph Eur
Stammpflanze:	*Atropa belladonna* L.
Familie:	Solanaceae

Chloralhydrat-Präp.: Blattfragmente mit auffallenden, schwarzen Oxalatsandzellen.

Obere Blattepidermis wellig-buchtig, mit wenigen anisocytischen Stomata, 3-5 Nebenzellen. Cuticularstreifung von den Schließzellen ausgehend. Dunkelgrünes Palisadenparenchym, 5 Palisadenzellen : 1 Epidermiszelle. Nerven von hellen Bündelscheidenzellen gesäumt.

Untere Blattepidermis aus stark gewellten Zellen mit zahlreichen anisocytischen Stomata. Schwammparenchym schwach durchscheinend. Nervenenden etwas verdickt. Oxalatsandzellen.

Ockerbraune Stücke der Testaepidermis mit dunkelbrauner Mittellamelle und wulstförmig-gekerbten Wandverdickungen. Tüpfel in Aufsicht punktförmig.

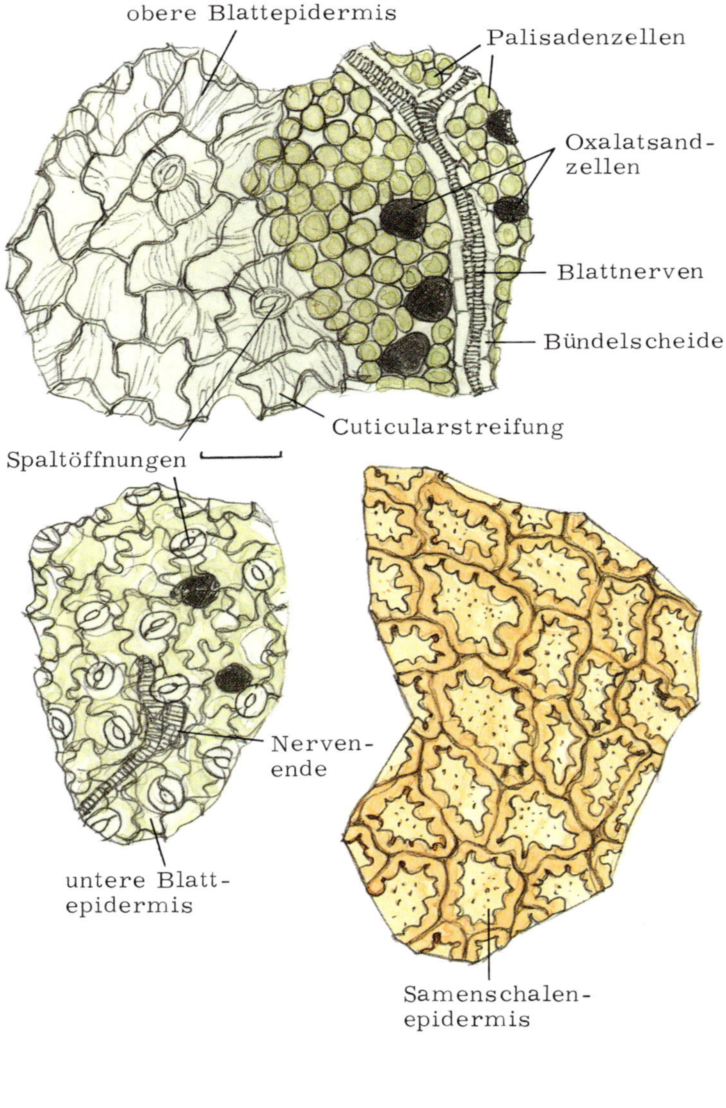
obere Blattepidermis
Palisadenzellen
Oxalatsand-
zellen
Blattnerven
Bündelscheide
Cuticularstreifung
Spaltöffnungen
Nerven-
ende
untere Blatt-
epidermis
Samenschalen-
epidermis

Betulae folium - Birkenblätter

Arzneibücher:	DAB 1997, ÖAB 90, Ph Helv VII
Stammpflanze:	*Betula pendula* ROTH (Syn. *Betula verrucosa* EHRHART), *Betula pubescens* EHRHART
Familie:	Betulaceae
Chloralhydrat-Präp.:	Obere Blattepidermiszellen polygonal-isodiametrisch, ohne Stomata. Drüsenschuppen meist über Nerven. Größenverhältnis Epidermis- zu Palisadenzellen = 1 : 11. Untere Epidermis schwach gewellt, isodiametrisch. Stomata anomocytisch. Längs der braunen Nerven Oxalatkristalle. Verbreitet dunkle Oxalatdrusen im Mesophyll. Innere Zellen der Drüsenschuppen mit verkorkten Wänden.

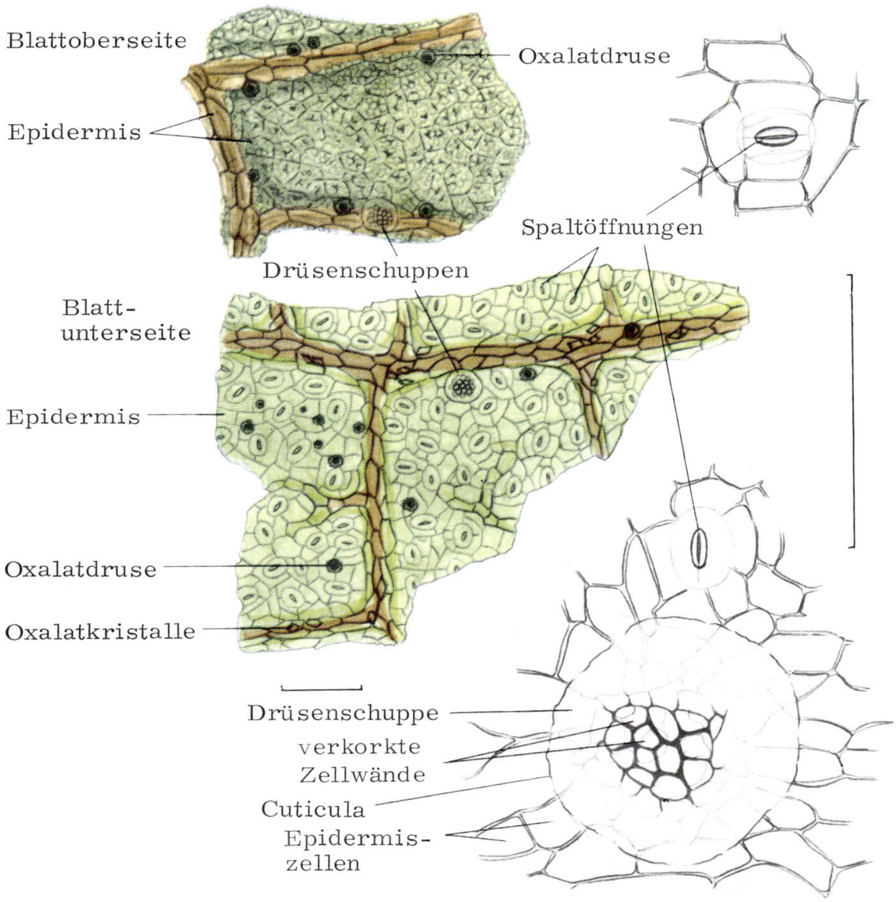

Blattoberseite
Oxalatdruse
Epidermis
Spaltöffnungen
Drüsenschuppen
Blatt-
unterseite
Epidermis
Oxalatdruse
Oxalatkristalle
Drüsenschuppe
verkorkte
Zellwände
Cuticula
Epidermis-
zellen

Boldo folium - Boldoblätter

Arzneibücher:	Ph Helv VII, DAC 86
Stammpflanze:	*Peumus boldus* MOLINA
Familie:	Monimiaceae
Chloralhydrat-Präp.:	Blattoberseite zeigt durchschimmernde, kugelige Drüsenzellen an der Palisadenschicht.
	Einzellige Deckhaare mit schraubig-eingerissener Cuticula. Büschelhaare.
	Blattnerven mit chlorophyllfreien Bündelscheidenzellen.
	Blattunterseite mit Drüsenschuppen, an deren Basis die Epidermiszellen schwarz (lufthaltig) erscheinen.
	Eingesenkte Stomata mit 4 (5) Nebenzellen.
Geruch:	Unangenehm, leicht aromatisch.
Geschmack:	"Nach Zahnarzt".

Blatt quer mit
Drüsenzellen im Mesophyll

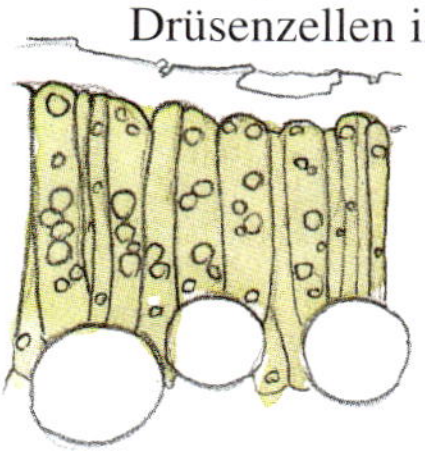

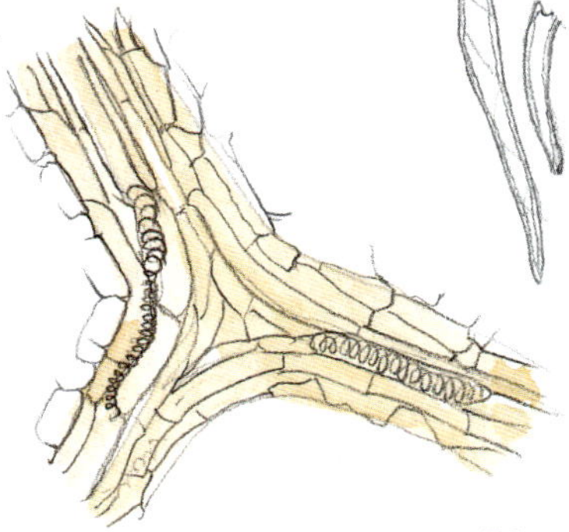

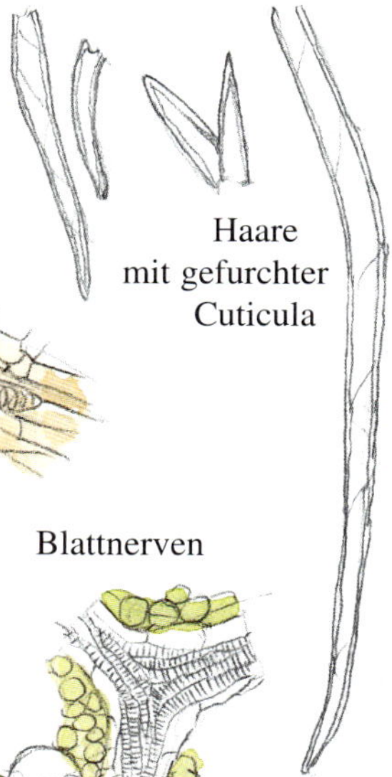

Haare
mit gefurchter
Cuticula

Büschelhaar

Blattnerven

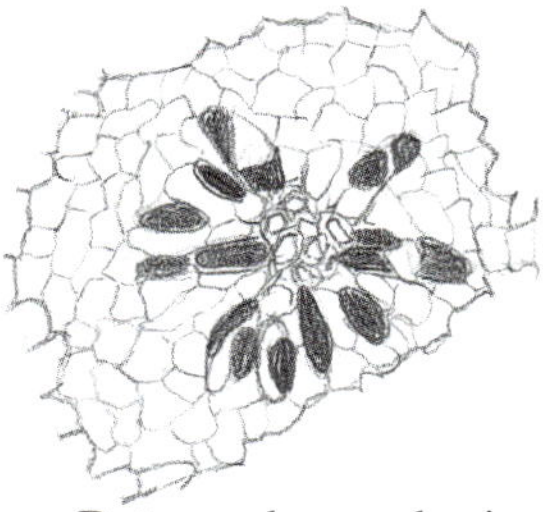

Drüsenschuppenbasis
mit verdickten und
lufthaltigen Epidermiszellen

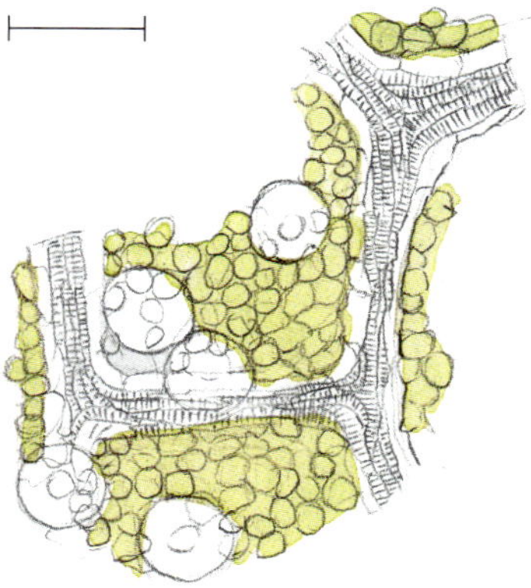

Blattfragment mit Palisadenzellen,
und Drüsenzellen

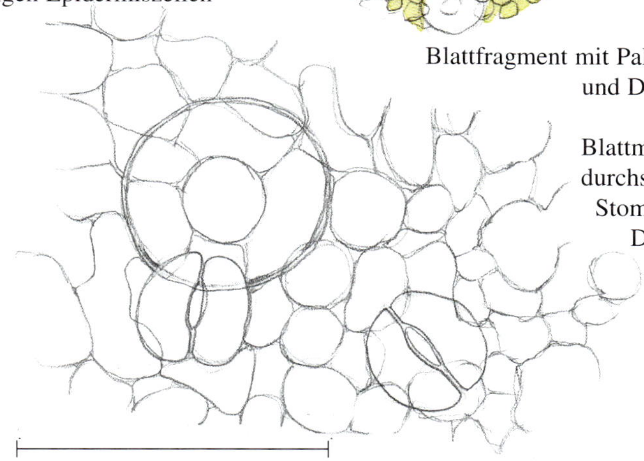

Blattmesophyll mit
durchscheinenden
Stomata und
Drüsenschuppe

Crataegi folium cum flore - Weißdornblätter mit Blüten

Arzneibücher:	DAB 1997, ÖAB 90, Ph Helv VII
Stammpflanze:	*Crataegus monogyna* JACQ. emend. LINDM. *Crataegus laevigata* (POIRET) DC (Syn. *C. oxyacantha* L.)
Familie:	Rosaceae

Chloralhydrat-Präp.: Kalt - Endothecium rot.

Untere Epidermis kleinzellig. Durchscheinende Oxalatdrusen im Mesophyll und in der unteren Epidermis.

Untere Corollensubepidermis mit Zellwandsepten.

Einzellige gekrümmte Haare aus dem Achsenbecher, teilweise mit schraubigem Cuticularriss.

Pollen abgerundet dreieckig, tricolpat.

Crataegi flos - Weißdornblüten

Arzneibücher:	DAC 86
Stammpflanze:	*Crataegus monogyna* JACQ. emend. LIND., *C. laevigata* (POIRET) DC
Familie:	Rosaceae

Chloralhydrat-Präp.: s. oben

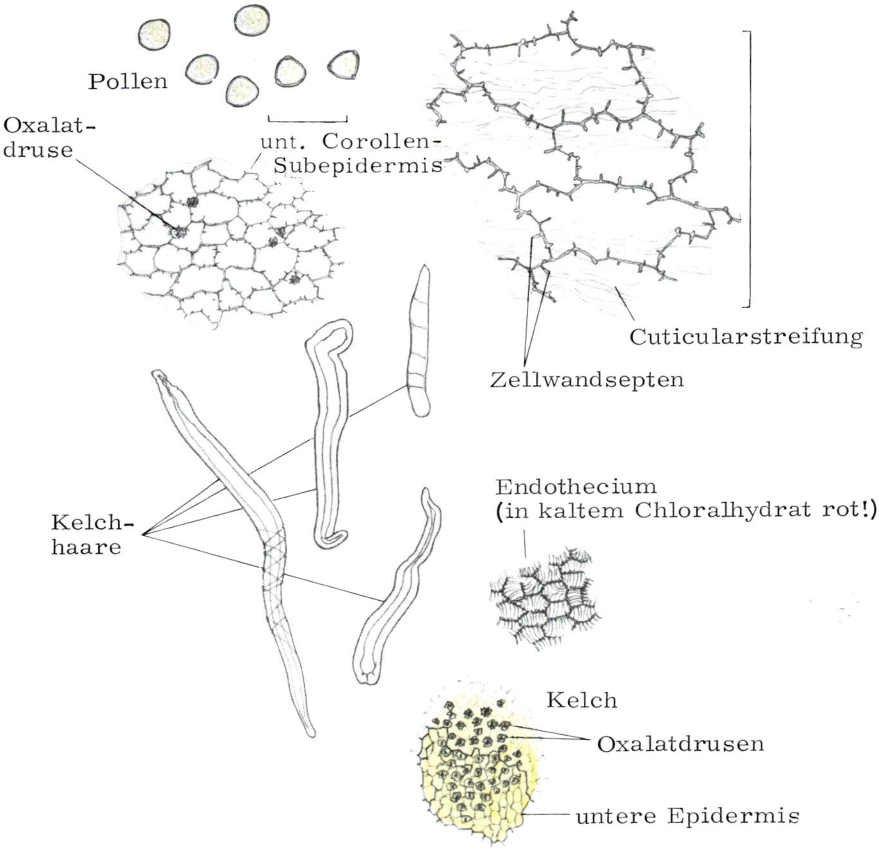
Pollen
Oxalat-
druse
unt. Corollen-
Subepidermis
Cuticularstreifung
Zellwandsepten
Kelch-
haare
Endothecium
(in kaltem Chloralhydrat rot!)
Kelch
Oxalatdrusen
untere Epidermis

Digitalis lanatae folium - Digitalis-lanata-Blätter

Arzneibücher:	DAB 1997, ÖAB 90
Stammpflanze:	*Digitalis lanata* EHRHART
Familie:	Scrophulariaceae

Chloralhydrat-Präp.: Grüne und braune Blattstücke.

Obere Epidermis bei ausgewachsenen Blättern kantig-buchtig, bei jungen Blättern isodiametrisch-polygonal. 2-3 Palisadenzellen pro Epidermiszelle. Spaltöffnungen anomocytisch, Cuticularstreifung zu den Stomata gerichtet.

Untere Epidermiszellen kantig-buchtig. Zellecken mit "Ellenbogen"-Verdickungen, (Tüpfelfeld-Begrenzungen). Stomata anomocytisch. Schließzellen mit ringförmig angeordneter Cuticularstreifung.

Kleine Drüsenhaare mit 2-zelligem Köpfchen.

Im Blattquerschnitt 2-3 Lagen Palisadenzellen.

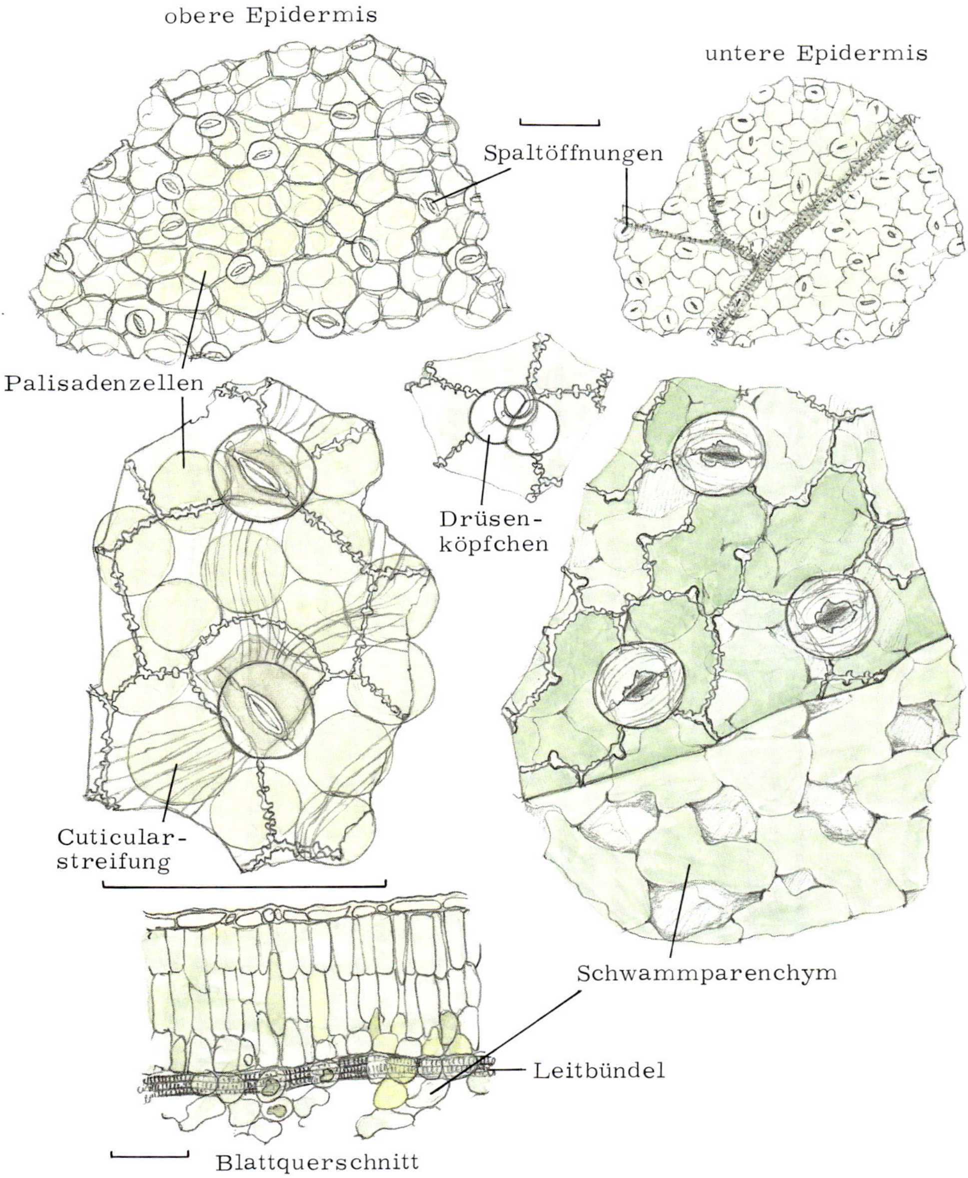
obere Epidermis
untere Epidermis
Spaltöffnungen
Palisadenzellen
Drüsen-
köpfchen
Cuticular-
streifung
Schwammparenchym
Leitbündel
Blattquerschnitt

Digitalis purpureae folium - Digitalis-purpurea-Blätter

Arzneibücher:	DAB 1997, ÖAB 90, Ph Helv VII, Ph Eur
Stammpflanze:	*Digitalis purpurea* L.
Familie:	Scrophulariaceae

Chloralhydrat-Präp.: Obere Epidermis isodiametrisch-polygonal, dünnwandig, kaum sichtbar getüpfelt. Vereinzelt anomocytische Stomata. Größenverhältnis obere Epidermis- zu Palisadenzellen = 1:3. Palisadenzellen meist mit Lipidtropfen.

Untere Epidermis kantig-buchtig, dünnwandig. Große Haarbasen. Anomocytische Stomata.

Haare 4-6-gliedrig mit punktierter Cuticula, Endzelle mit abgerundeter Spitze. Haarglieder häufig rechtwinkelig zueinander kollabiert.

Drüsenhaare gestielt, mit zweizelligem Köpfchen.

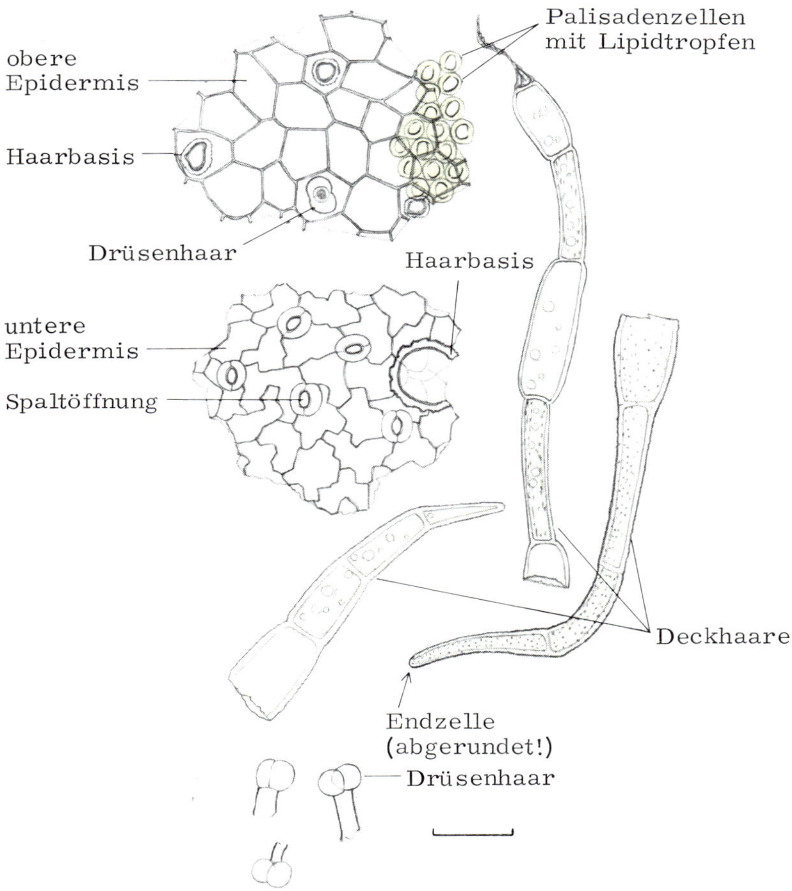
Palisadenzellen
mit Lipidtropfen
obere
Epidermis
Haarbasis
Drüsenhaar
Haarbasis
untere
Epidermis
Spaltöffnung
Deckhaare
Endzelle
(abgerundet!)
Drüsenhaar

Eucalypti folium - Eucalyptusblätter

Arzneibücher:	DAB 1997
Stammpflanze:	*Eucalyptus globulus* LABILL.
Familie:	Myrtaceae
Wasser-Präparat:	Stärke fehlt.
Chloralhydrat-Präp.:	Blattfragmente zuweilen mit dicker, bräunlich gefärbter Epidermisaußenwand. Im Blattinnern große Sekretbehälter, rot gefärbtes Sekret, luftgefüllte (schwarze) Interzellularspalten und 2-3 Lagen Sekretionsepithel. Blattunterseite mit polygonalen Epidermiszellen unterschiedlicher Wanddicke. Stomata anomocytisch, mit Eisodialöffnung, die am Rand Cuticularzähnelung zeigt. In Leitbündelnähe dickwandige Fasern, meist gebündelt und Schichten von Oxalatkristallzellen.
Geruch:	Nach Eucalyptusöl.

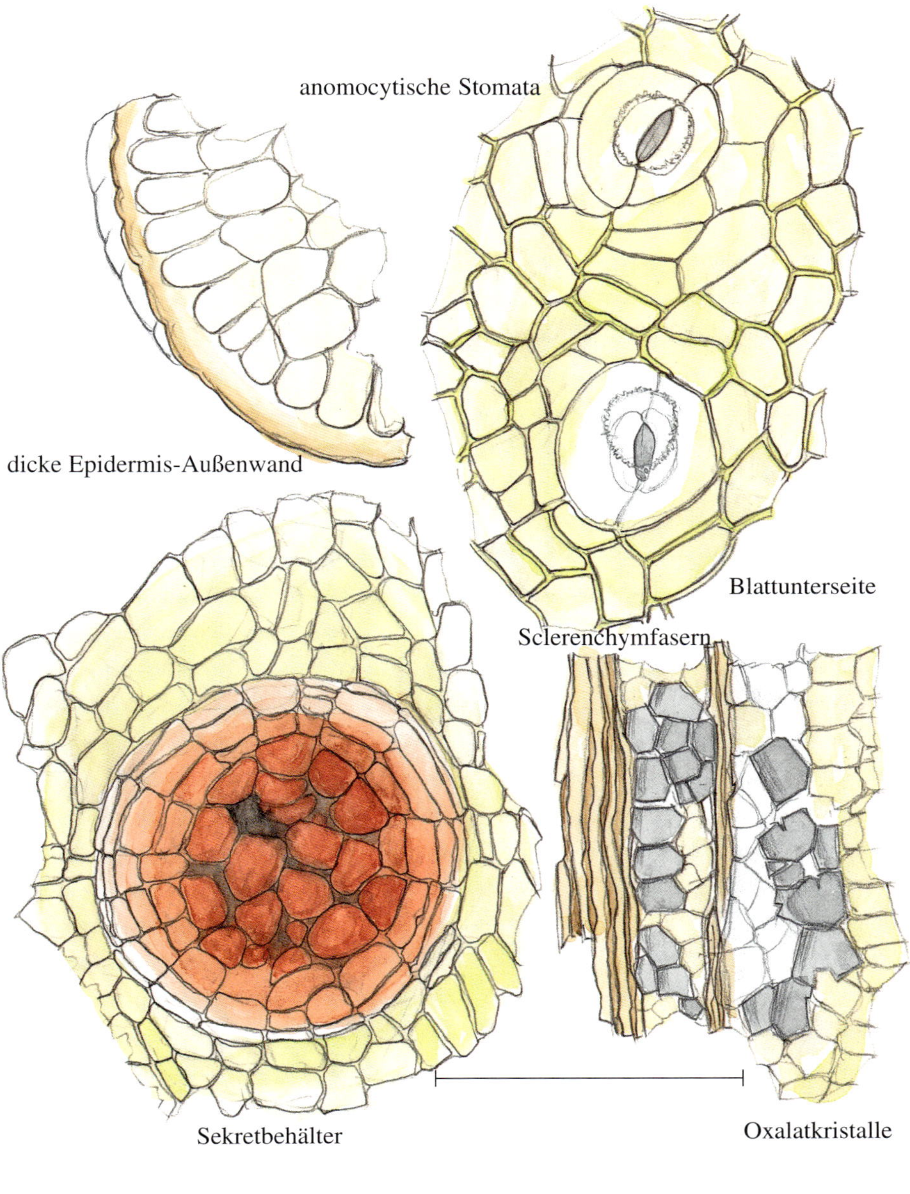
anomocytische Stomata
dicke Epidermis-Außenwand
Blattunterseite
Sclerenchymfasern
Sekretbehälter
Oxalatkristalle

Farfarae folium - Huflattichblätter

Arzneibücher:	DAB 1997, ÖAB 90 (Folium Tussilaginis)
Stammpflanze:	*Tussilago farfara* L.
Familie:	Asteraceae
Chloralhydrat-Präp.:	Obere Epidermis aus isodiametrisch-polygonalen Zellen mit gestreifter Cuticula. Größenverhältnis obere Epidermis- zu Palisadenzellen = 1:1.5.
	Untere Epidermis stets zerstört, da praktisch jede Epidermiszelle ein Wollhaar bildet.
	Wollhaare sehr lang mit schraubig aufgerissener Cuticula.
	Palisadenzellen mit Inulin in Form federiger, unregelmäßig-klumpiger oder rosettiger Sphärite.
Besonderheit:	Haare vereinigen sich beim Pulverisieren zu "Watte".

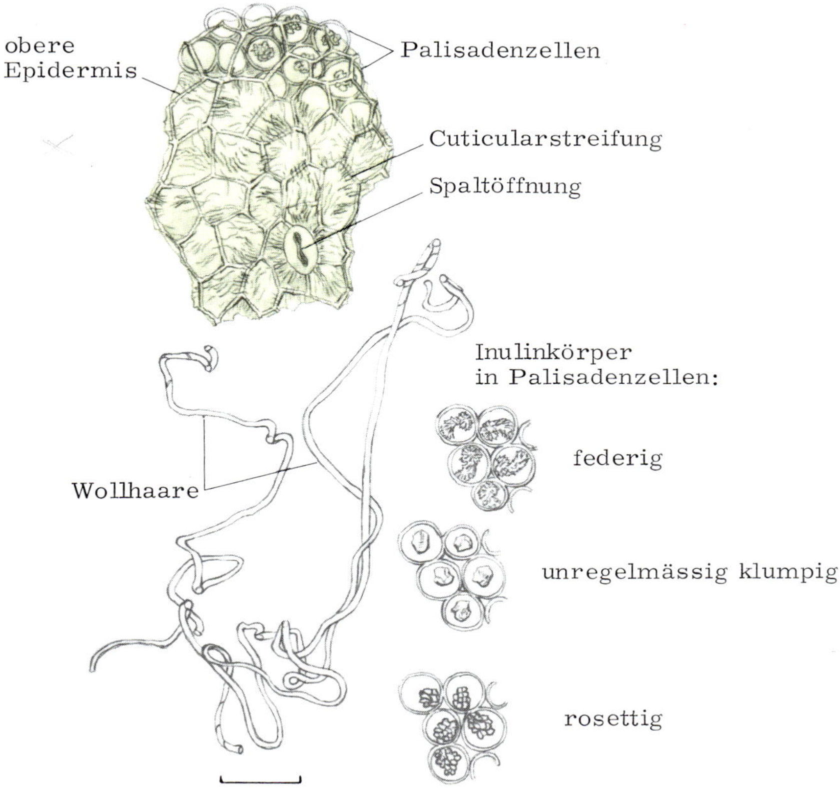
obere
Epidermis
Palisadenzellen
Cuticularstreifung
Spaltöffnung
Inulinkörper
in Palisadenzellen:
federig
Wollhaare
unregelmässig klumpig
rosettig

Fragariae folium - Erdbeerblätter

Arzneibücher:	DAC 86
Stammpflanze:	*Fragaria vesca* L., *F. moschata* WEST., *F. viridis* WEST., *F.* x *ananassa* DUCHESNE
Familie:	Rosaceae
Chloralhydrat-Präp.:	Lange, teils wellig gekrümmte Deckhaare, dickwandig. Obere Blattepidermis aus knotig getüpfelten, polygonalen Zellen. Untere Blattepidermis mit kleinen anomocytischen Stomata. Nerven von Oxalatdrusen und Oxalatkristallen gesäumt.
Geruch:	Leicht tabakartig.
Geschmack:	Säuerlich.

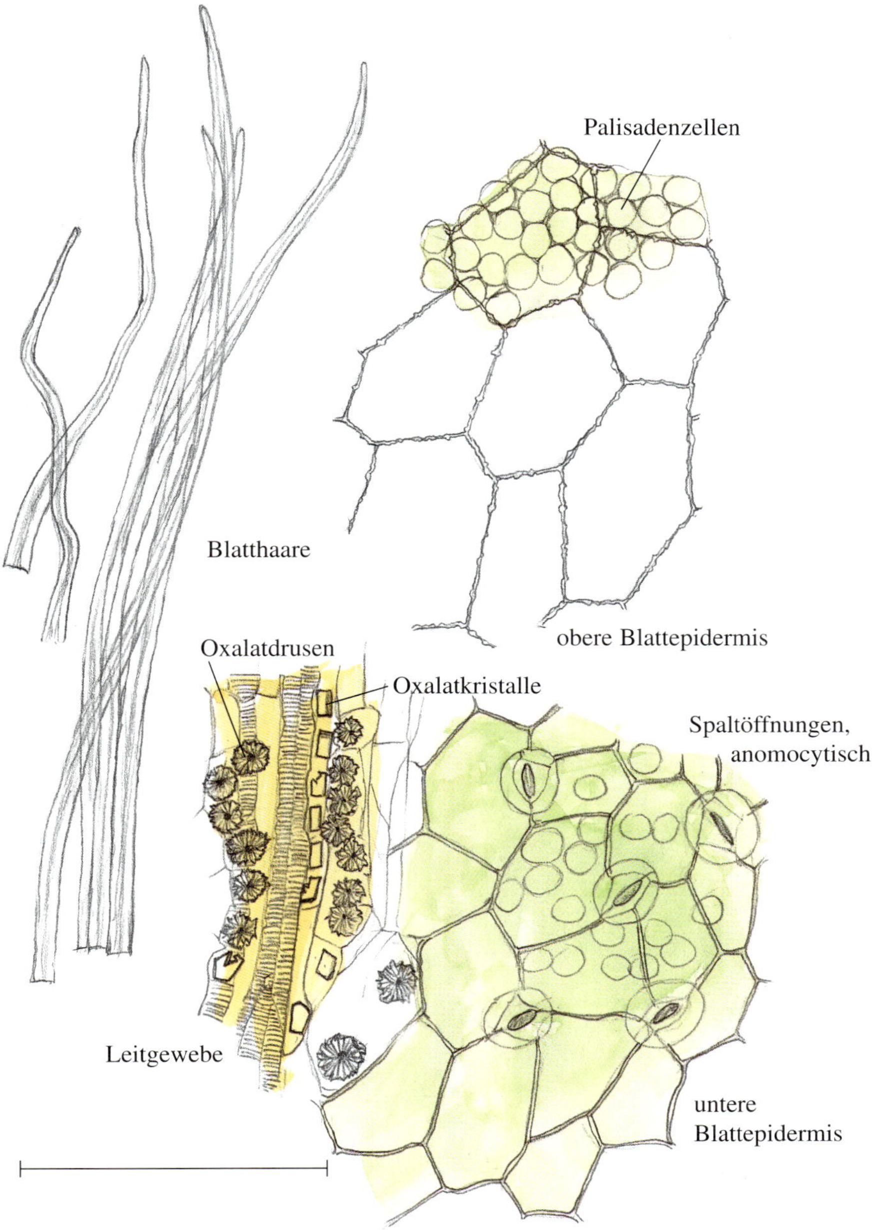
Palisadenzellen
Blatthaare
obere Blattepidermis
Oxalatdrusen
Oxalatkristalle
Spaltöffnungen, anomocytisch
Leitgewebe
untere Blattepidermis

Hamamelidis folium - Hamamelisblätter

Arzneibücher:	DAB 1997, ÖAB 90, Ph Helv VII, Ph Eur
Stammpflanze:	*Hamamelis virginiana* L.
Familie:	Hamamelidaceae
Wasser-Präparat:	Färbung mit Eisen-III-chlorid → Gerbstoffe.
Chloralhydrat-Präp.:	Büschelhaare der Blattoberseite.

Grünbraune Blattfragmente. Blattepidermen nur bei starker Vergrößerung zu erkennen.

Palisaden- und Schwammparenchym gut zu unterscheiden. Letzteres mit hell erscheinenden Interzellularen. Palisaden : Epidermiszellen = 4 : 1. Nerven und Adern dunkel, mit Oxalatkristallzellen; bei Adern zusätzlich Sclerenchymfasern.

Nur eine Palisadenschicht im Blattquerschnitt.

Stomata nur in der unteren Epidermis, anisocytisch.

Blattsclereiden mit geschichteter Wand, schwach violett gefärbt.

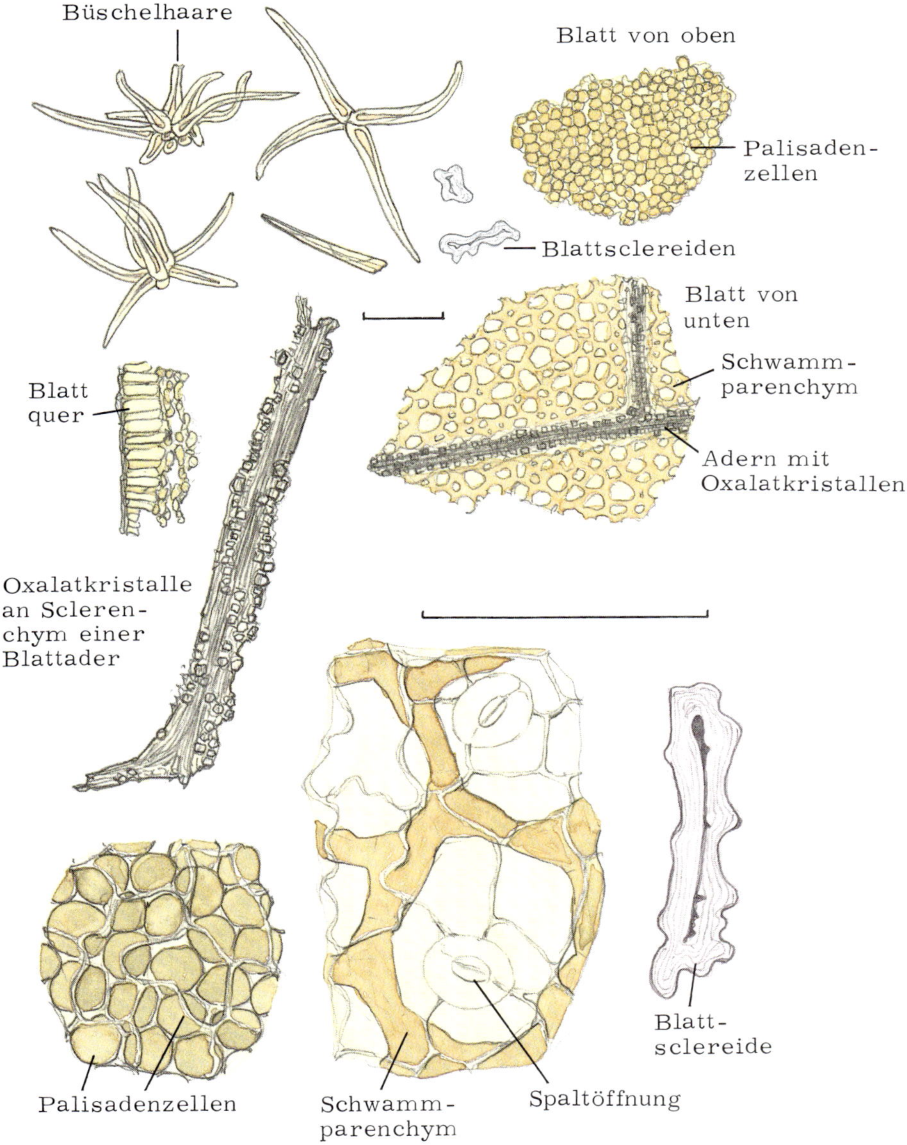
Büschelhaare
Blatt von oben
Palisaden-
zellen
Blattsclereiden
Blatt von
unten
Schwamm-
parenchym
Adern mit
Oxalatkristallen
Blatt
quer
Oxalatkristalle
an Scleren-
chym einer
Blattader
Palisadenzellen
Schwamm-
parenchym
Spaltöffnung
Blatt-
sclereide

Hederae helicis folium - Efeublätter

Arzneibücher:	DAC 86
Stammpflanze:	*Hedera helix* L.
Familie:	Araliaceae
Chloralhydrat-Präp.:	Sternhaare des Blattstiels und Bruchstücke, dickwandig. In Blattquerschnitten untere Epidermis meist fehlend. Oxalatdrusen im Palisadengewebe (3-schichtig, kurzzellig). Blattstielepidermis mit isodiametrischen Zellen, getüpfelt, mit Collenchym unterlegt. Angeschnittene Harzkanäle mit ausgetretenem körnigen Harz (braun), innerhalb des Kanals orangegelb. Obere Epidermis wellig-buchtig, ohne Stomata. 2 Palisadenzellen pro Epidermiszelle Untere Epidermis mit vielen anomocytischen Stomata, schwache zirkulare Cuticular-Streifung um die Spaltöffnungen.

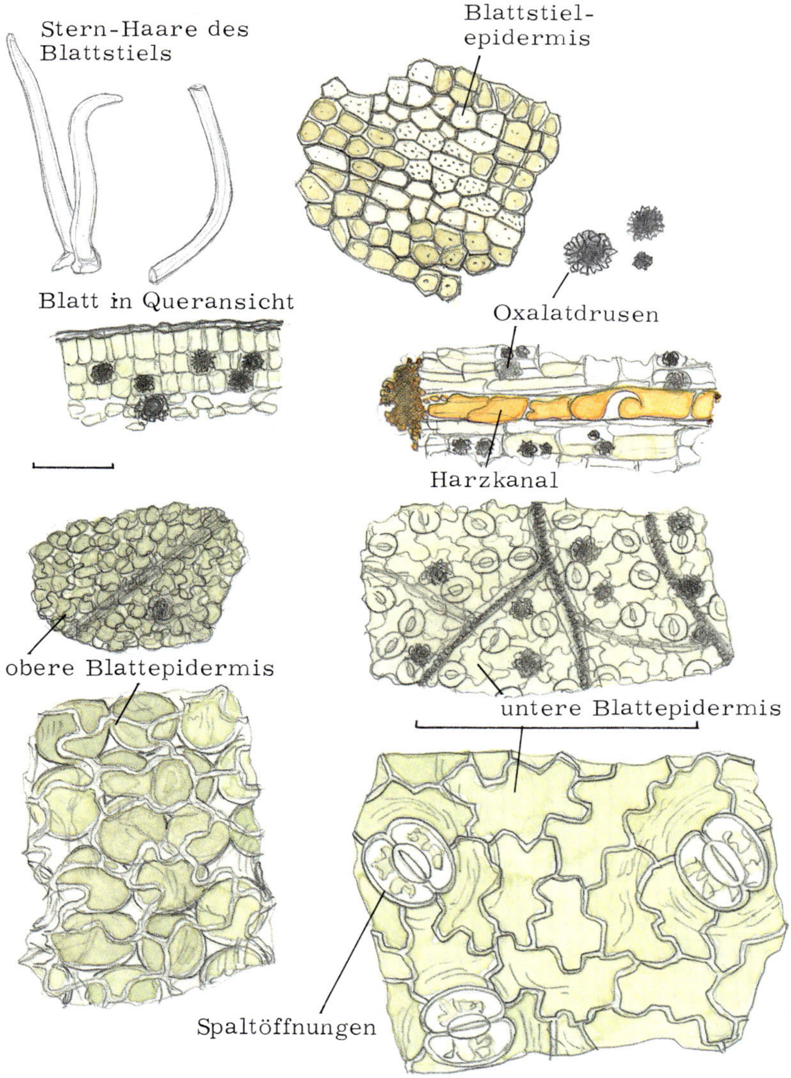
Stern-Haare des Blattstiels
Blattstiel-epidermis
Blatt in Queransicht
Oxalatdrusen
Harzkanal
obere Blattepidermis
untere Blattepidermis
Spaltöffnungen

Hyoscyami folium - Hyoscyamusblätter

Arzneibücher:	DAB 1997, ÖAB 90, Ph Helv VII, Ph Eur
Stammpflanze:	*Hyoscyamus niger* L.
Familie:	Solanaceae
Chloralhydrat-Präp.:	Mesophyll mit Oxalatkristallen in Trichterzellen. Nerven mit heller Bündelscheide, Ringgefäße. Gelegentlich kleine Oxalatdrusen im Mesophyll. Wenige dünnwandige Gliederhaare, 3-4-zellig. Mehrzellige Köpfchen von Drüsenhaaren. Viele Pollenkörner, tricolpat, mit fein gekörnter Exine, oft mit hervorgewölbter Intine. Obere Epidermis mit anisocytischen Stomata, 3 Nebenzellen. Größenverhältnis obere Epidermis : Palisadenzellen = 1 : 6.

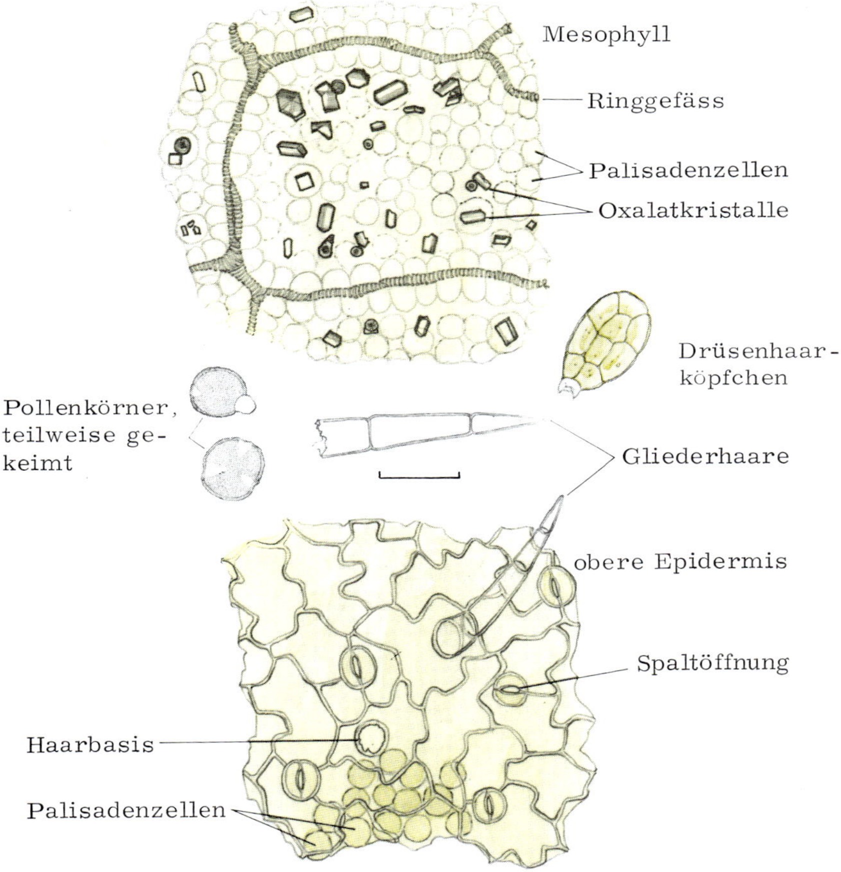
Mesophyll
Ringgefäss
Palisadenzellen
Oxalatkristalle
Drüsenhaar-
köpfchen
Pollenkörner,
teilweise ge-
keimt
Gliederhaare
obere Epidermis
Spaltöffnung
Haarbasis
Palisadenzellen

Juglandis folium - Walnußblätter

Arzneibücher:	DAC 86
Stammpflanze:	*Juglans regia* L.
Familie:	Juglandaceae
Droge:	Fiederblätter ohne Rachis
Chloralhydrat-Präp.:	Haarbüschel in Achseln der Nerven, dickwandig gelb mit braunem Zellinhalt und schraubigem Trocknungsriss der Cuticula an der Haarspitze. Obere Epidermis sehr zart, nur über den braungelben Nerven mit isodiametrisch-polygonalen Oxalatdrusen unterschiedlicher Größe im Mesophyll. Blattnerven 2.Ordnung rechtwinkelig an diejenigen 1.Ordnung angefügt. Untere Epidermis aus isodiametrisch-polygonalen Zellen, Stomata anomocytisch. Drusenzellreihen entlang der Nerven. Selten Drüsenschuppen mit Zentralzelle.

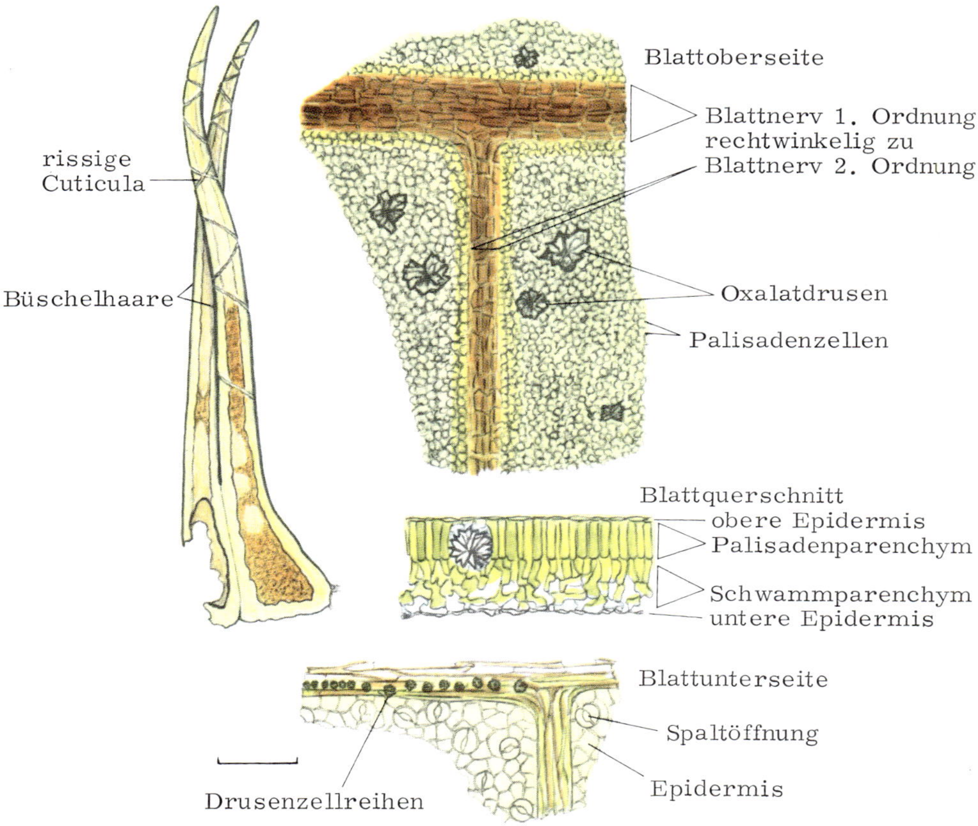
Blattoberseite
Blattnerv 1. Ordnung
rechtwinkelig zu
Blattnerv 2. Ordnung
rissige
Cuticula
Büschelhaare
Oxalatdrusen
Palisadenzellen
Blattquerschnitt
obere Epidermis
Palisadenparenchym
Schwammparenchym
untere Epidermis
Blattunterseite
Spaltöffnung
Epidermis
Drusenzellreihen

Malvae folium - Malvenblätter

Arzneibücher:	ÖAB 90, Ph Helv VII
Stammpflanze:	*Malva sylvestris* L., *M. neglecta* WALLR.
Familie:	Malvaceae
Chloralhydrat-Präp.:	Obere Epidermiszellen wellig-buchtig, mit anomocytischen Stomata. Schleimzellen einzeln, selten. 3 Palisadenzellen pro Epidermiszelle. Schleimhaare mit 5-, selten 4-zelligem Köpfchen, kurz gestielt.

Mesophyll mit Oxalatdrusen. Nervenleitbündel mit Parenchymscheide, Ringgefäße.

Große Pollenkörner mit stacheliger Exine.

Sternhaare meist nur einzellig als Spießhaare.

Teleutosporenlager von *Puccinia malvacearum* selten.

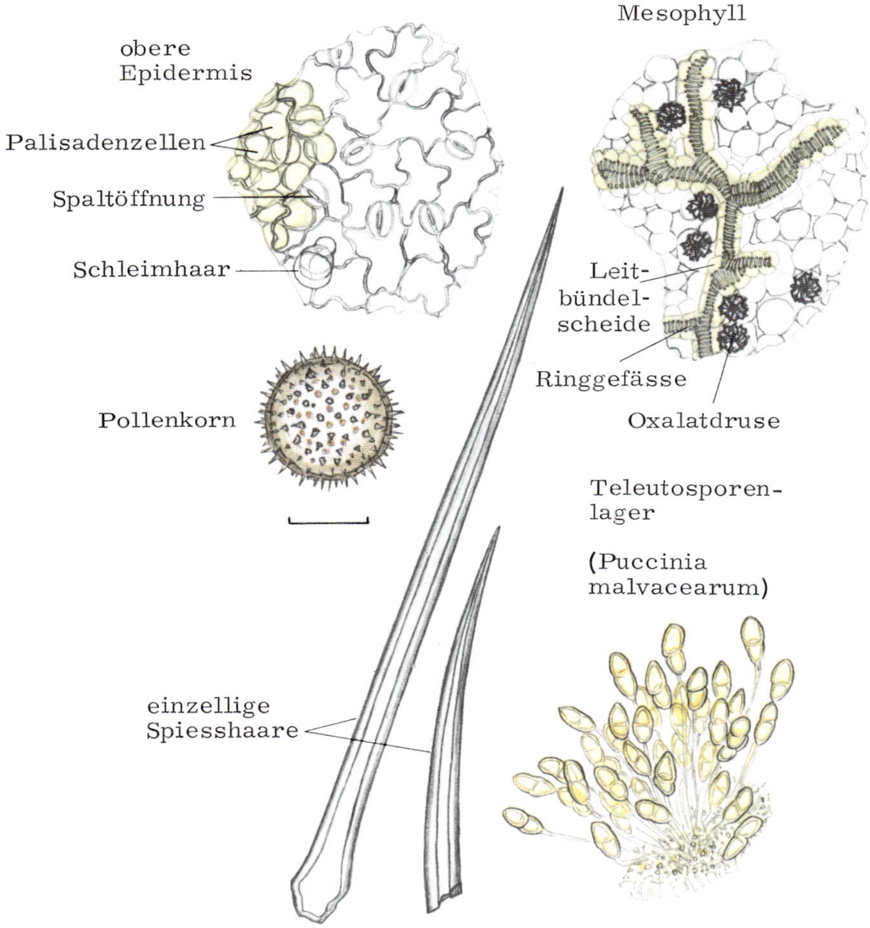
Mesophyll
obere
Epidermis
Palisadenzellen
Spaltöffnung
Schleimhaar
Leit-
bündel-
scheide
Ringgefässe
Pollenkorn
Oxalatdruse
Teleutosporen-
lager
(Puccinia
malvacearum)
einzellige
Spiesshaare

Mate folium tostum - Geröstete Mateblätter

Arzneibücher: Ph Helv VII, DAC 86
Stammpflanze: *Ilex paraguariensis* St.Hil.
Familie: Aquifoliaceae

Chloralhydrat-Präp.: Mesophyllgewebe mit großen, gleichförmigen Interzellularen, kantig begrenzt, Zellen gelb oder ocker, bei geröstetem Material braun. Im Mesophyll Oxalatdrusen, Steinzellen und Öltropfen.

Nerven von dickwandigen getüpfelten Zellen begleitet.

Spaltöffnungen ober- und unterseits anomocytisch, oft mit zweitem Kranz von Nebenzellen.

Obere Epidermiszellen mit Oxalatkriställchen.

Epidermis von jungen Blättern zeigt Cuticularrisse.

Geruch: Das Pulver der gerösteten Droge riecht aromatisch.

Mate folium viride - Grüne Mateblätter

Arzneibücher: Ph Helv VII, DAC 86
Stammpflanze: *Ilex paraguariensis* St.Hil.
Familie: Aquifoliaceae

Chloralhydrat-Präp.: s. oben

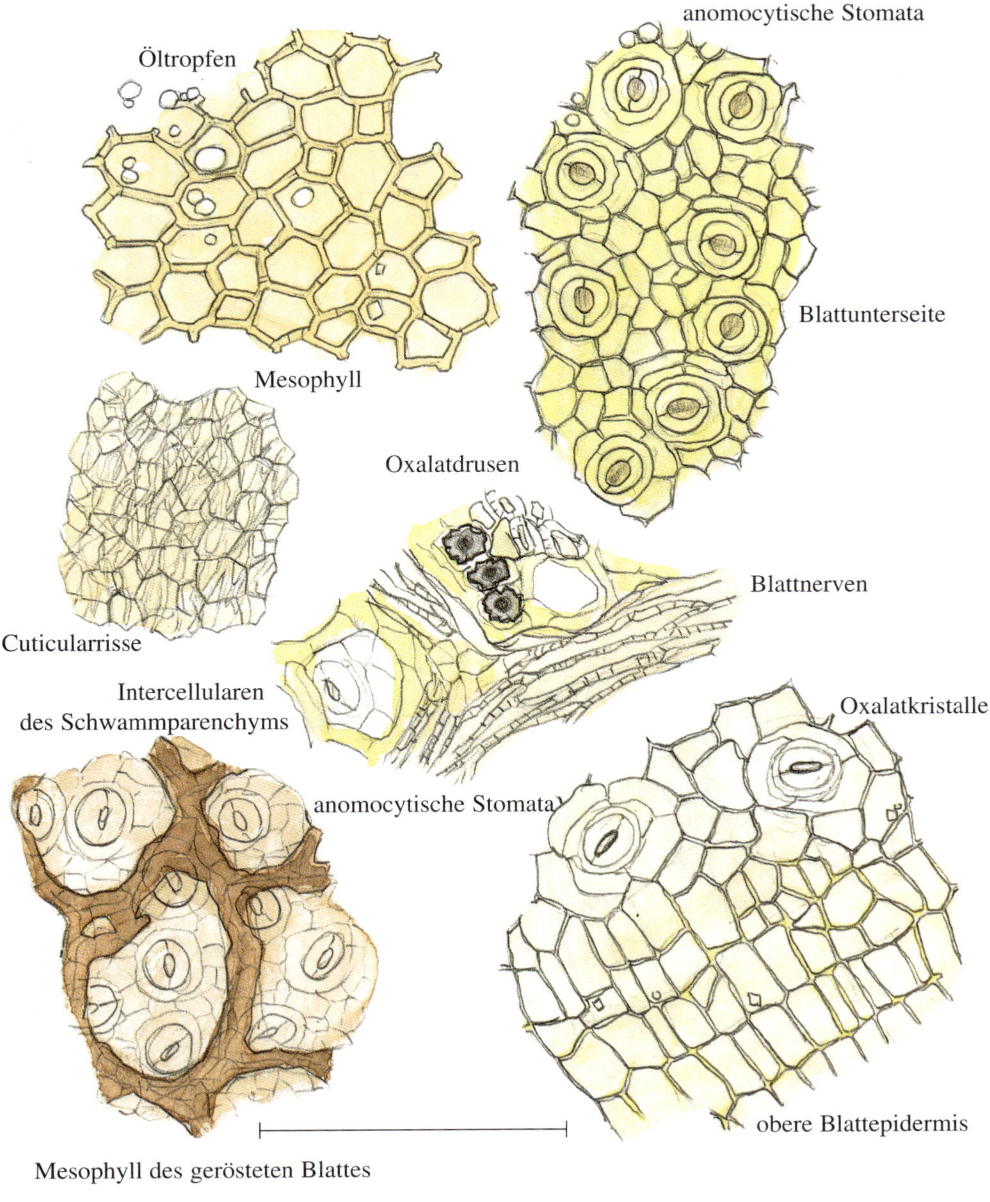
anomocytische Stomata
Öltropfen
Blattunterseite
Mesophyll
Oxalatdrusen
Blattnerven
Cuticularrisse
Intercellularen
des Schwammparenchyms
Oxalatkristalle
anomocytische Stomata
obere Blattepidermis
Mesophyll des gerösteten Blattes

Melissae folium - Melissenblätter

Arzneibücher:	DAB 1997, ÖAB 90, Ph Helv VII
Stammpflanze:	*Melissa officinalis* L.
Familie:	Lamiaceae
Chloralhydrat-Präp:	Untere Epidermis stark wellig-buchtig. Diacytische Stomata. Obere Epidermis mit stark wellig-buchtigen Wänden. Eckzahnhaare. Diacytische Stomata. 22 Palisadenzellen pro Epidermiszelle. Epidermis über den Nerven stark getüpfelt. Eckzahnhaare, Drüsenschuppen mit 8 Drüsenzellen. Drüsenköpfchen kurz gestielt, einzellig. Gliederhaare 2-5zellig, mit fein-warziger Cuticula.
Geruch:	Beim Zerreiben Zitronengeruch.

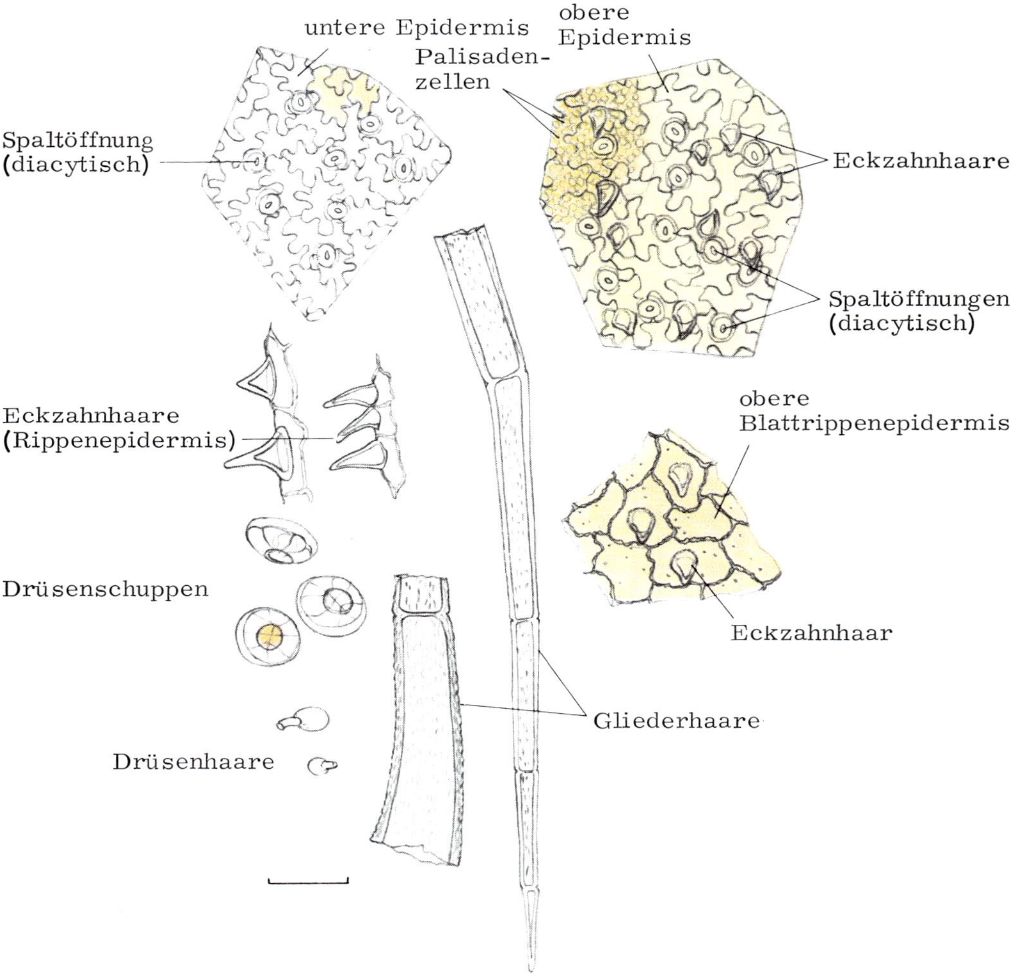
untere Epidermis
obere Epidermis
Palisadenzellen
Spaltöffnung (diacytisch)
Eckzahnhaare
Spaltöffnungen (diacytisch)
Eckzahnhaare (Rippenepidermis)
obere Blattrippenepidermis
Drüsenschuppen
Eckzahnhaar
Gliederhaare
Drüsenhaare

Menthae piperitae folium - Pfefferminzblätter

Arzneibücher:	DAB 1997, ÖAB 90, Ph Helv VII, Ph Eur
Stammpflanze:	*Mentha x piperita* L.
Familie:	Lamiaceae
Chloralhydrat-Präp.:	Obere Epidermis kantig-buchtig, stark getüpfelt. 4 Palisadenzellen pro Epidermiszelle. Drüsenschuppen mit 8 Drüsenzellen. Keine Stomata.
	Untere Epidermis wellig-buchtig. Diacytische Stomata.
	Drüsenköpfchen einzellig, kurz gestielt. Palisadenzellen mit Lipidtropfen oder/und Hesperidin-Sphäriten.
	Gliederhaare 1-2- oder 3-8 zellig mit gestrichelter Cuticula. Haarglieder schwach konkav eingezogen.
Geruch:	Nach Pfefferminze.
Geschmack:	Kühlend.

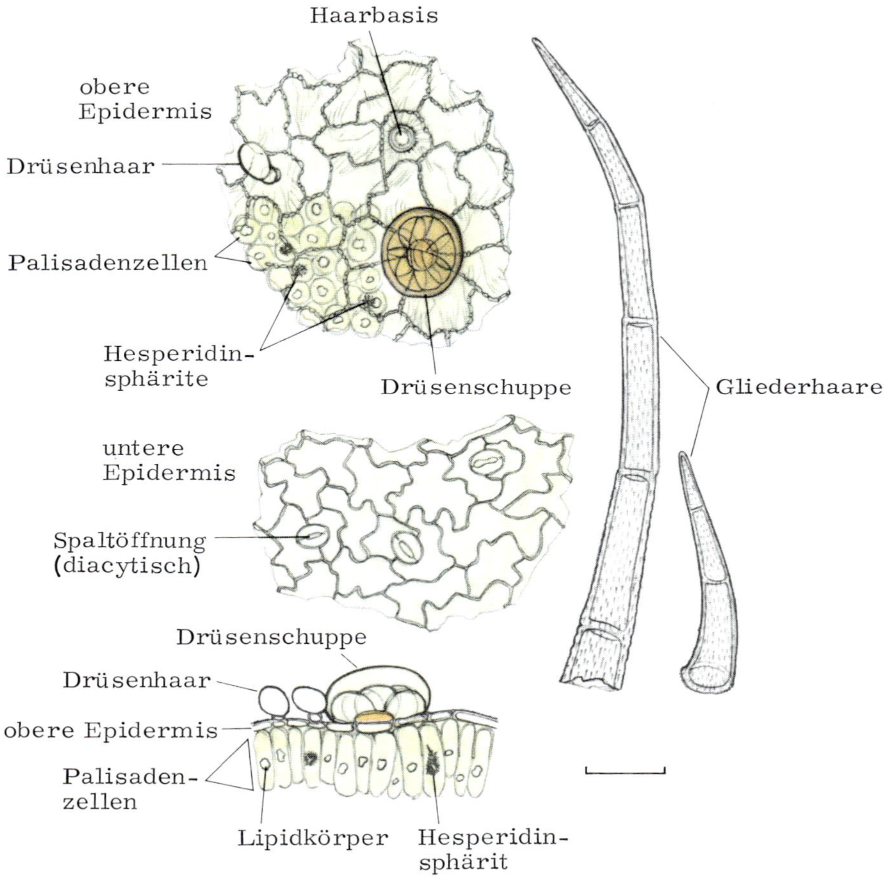
Haarbasis
obere Epidermis
Drüsenhaar
Palisadenzellen
Hesperidin-sphärite
Drüsenschuppe
Gliederhaare
untere Epidermis
Spaltöffnung (diacytisch)
Drüsenschuppe
Drüsenhaar
obere Epidermis
Palisaden-zellen
Lipidkörper
Hesperidin-sphärit

Myrtilli folium - Heidelbeerblätter

Arzneibücher:	EB 6
Stammpflanze:	*Vaccinium myrtillus* L.
Familie:	Ericaceae
Chloralhydrat-Präp.:	Leitbündel der Nerven dicht mit Kristallzellen (Oxalat) belegt. Vereinzelt Drüsenhaare an den Adern. Obere Blattepidermis kantig-buchtig. 7-8 Palisadenzellen pro Epidermiszelle. Untere Blattepidermis wellig-buchtig, über den Adern gestreckt-polygonal. Paracytische Stomata.
Geruch:	Fehlt.
Geschmack:	Fehlt anfangs, später kratzend.

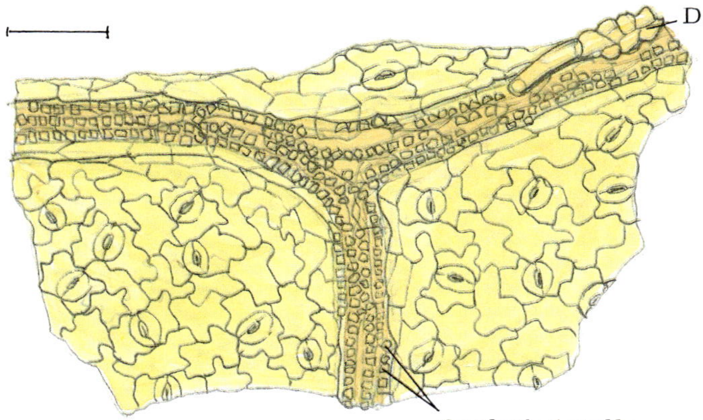
Drüsenhaar
Blattoberseite
Oxalatkristalle

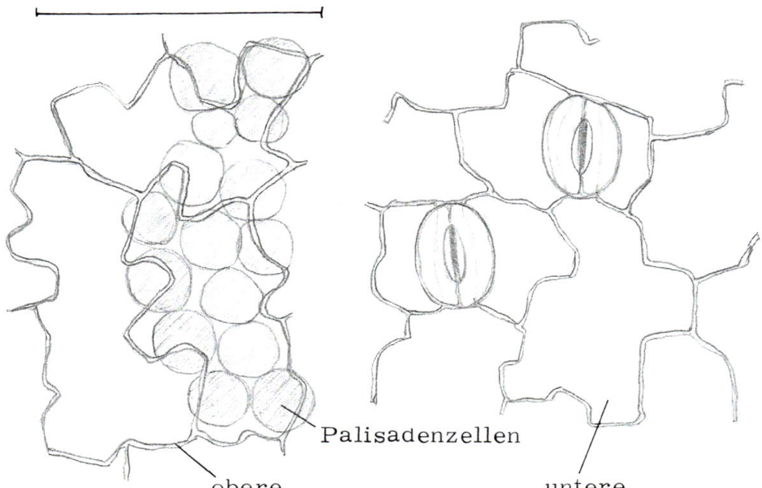
Palisadenzellen
obere
Blattepidermis
untere

Orthosiphonis folium - Orthosiphonblätter

Arzneibücher:	DAB 1997, Ph Helv VII
Stammpflanze:	*Orthosiphon aristatus* (BLUME) MIQUEL, (Syn. *O. spicatus* (THUN.) BACKER), *O. stamineus* BENTH.
Familie:	Lamiaceae
Chloralhydrat-Präp.:	Gliederhaare 1-5zellig, die größeren mit Cuticular-Strichelung. Blattstücke von grüner bis brauner Färbung. Obere Epidermis ohne Spaltöffnungen. Drüsenschuppen mit 4 Sekretzellen, auf beiden Blattseiten. Sekret oft in braunen Tröpfchen. Untere Epidermis mit diacytischen Stomata.

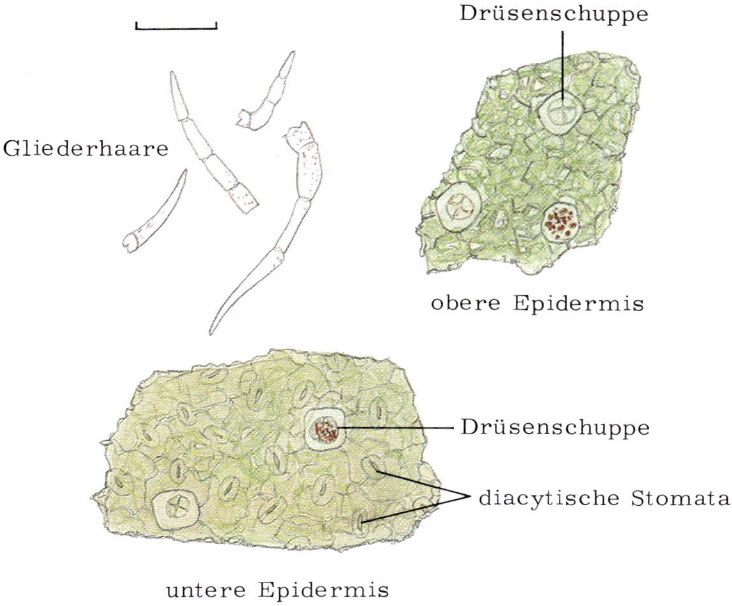
Drüsenschuppe
Gliederhaare
obere Epidermis
Drüsenschuppe
diacytische Stomata
untere Epidermis

Rosmarini folium - Rosmarinblätter

Arzneibücher:	ÖAB 90, Ph Helv VII, DAC 86
Stammpflanze:	*Rosmarinus officinalis* L.
Familie:	Lamiaceae

Chloralhydrat-Präp.: Sternhaare, deren Fragmente und sehr krumme, gebüschelte Haare.

Etagenhaare und einzellige krumme Haare der Blattunterseite.

Obere Epidermis isodiametrisch, dickwandig, mit Cuticula, in Aufsicht weiß. Im Blattquerschnitt erscheint unter der oberen Epidermis ein hypodermales, weißes, ein-bis zweischichtiges Blattcollenchym. Die Epidermis-Außenwand ist oft abgerissen, sie ist auf der Innenseite fein gezähnt. Palisadenparenchym einschichtig.

Schwammparenchym und untere Blattepidermis fast immer fehlend. Fast jede untere Epidermiszelle ist Basis eines Haares. Stomata diacytisch, selten zu sehen.

Sehr viele Drüsenschuppen frei oder mit Haaren verklebt. Die Drüsenschuppen enthalten gelbes Sekret innerhalb der Cuticularhülle.

Geruch: Im Wasserdampf riecht das Pulver würzig bis weihrauchartig.

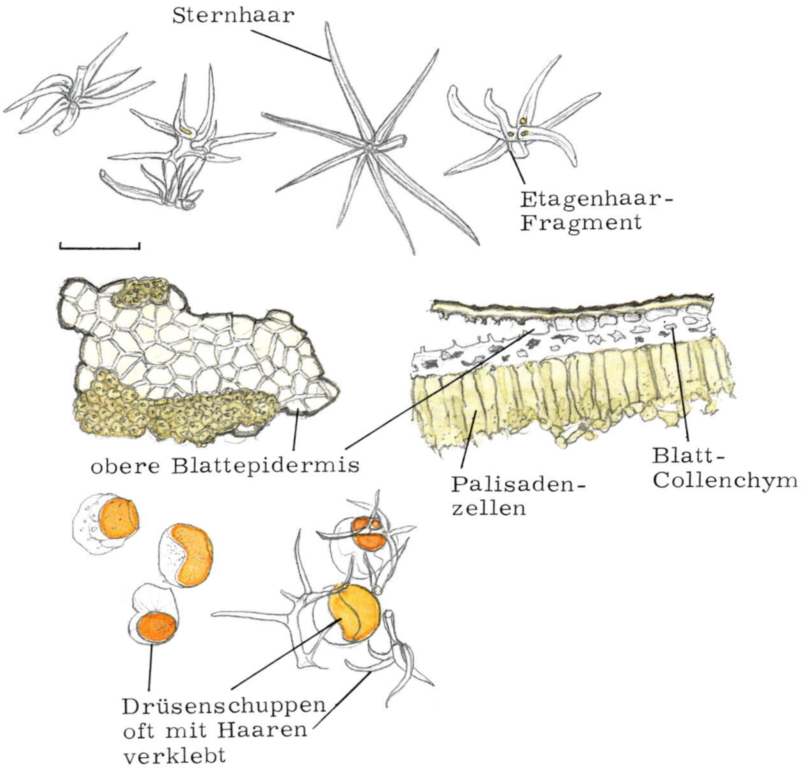
Sternhaar
Etagenhaar-
Fragment
obere Blattepidermis
Palisaden-
zellen
Blatt-
Collenchym
Drüsenschuppen
oft mit Haaren
verklebt

Rubi fruticosi folium - Brombeerblätter

Arzneibücher:	DAC 86
Stammpflanze:	*Rubus fruticosus* L.
Familie:	Rosaceae

Chloralhydrat-Präp.: Blattquerschnitt oft mit doppelter Palisadenschicht.

Obere Blattepidermis aus großen polygonalen Zellen, deren Wände (durch Tüpfelung) geschlängelt erscheinen. Vereinzelt dickwandige Spießhaare. Palisadenzellen klein, aber variabel im Verhältnis zu den Epidermiszellen. Etwa 25 Palisadenzellen : 1 Epidermiszelle. Nerven gelblich durchscheinend.

Im Mesophyll Oxalatdrusen.

Untere Epidermis kantig-buchtig. Stomata anomocytisch.

Zahlreiche einzellige, leicht gekrümmte Haare mit dicker Wand. Haaroberfläche der längeren Haare oft schraubig eingerissen.

Kleine Drüsenhaare mit birnenförmiger Köpfchenzelle und mehrzelligem dünnen Stiel.

Behaarte Brombeerblätter zeigen zahlreiche Büschelhaare mit 6-7 Haarzellen.

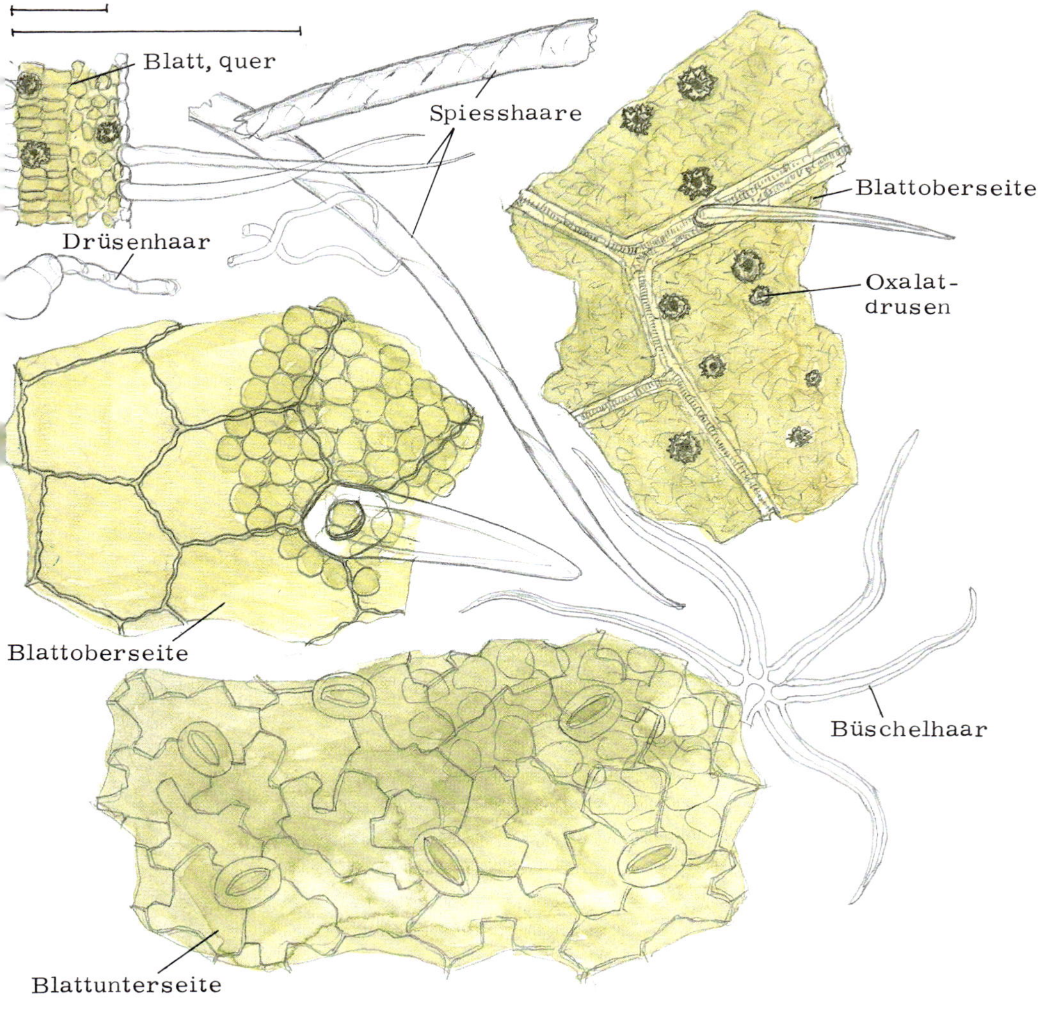
Blatt, quer
Spiesshaare
Blattoberseite
Drüsenhaar
Oxalat-
drusen
Blattoberseite
Büschelhaar
Blattunterseite

Rubi idaei folium - Himbeerblätter

Arzneibücher:	DAC 86
Stammpflanze:	*Rubus idaeus* L.
Familie:	Rosaceae

Chloralhydrat-Präp.:

Obere Blattepidermiszellen polygonal. Palisadenzellen mit kleinen luftgefüllten (schwarz) Interzellularen. Oxalatdrusen zwischen Palisadenzellen.

Untere Blattepidermis dicht mit dickwandigen Kniehaaren oder deren Abbruchstellen bedeckt. Stomata anomocytisch. Schließzellen dünnwandig mit geringem Kontrast.

Wollhaare dünn, meist zu "Filz"-ballen vereinigt.

Vereinzelt Peitschenhaare.

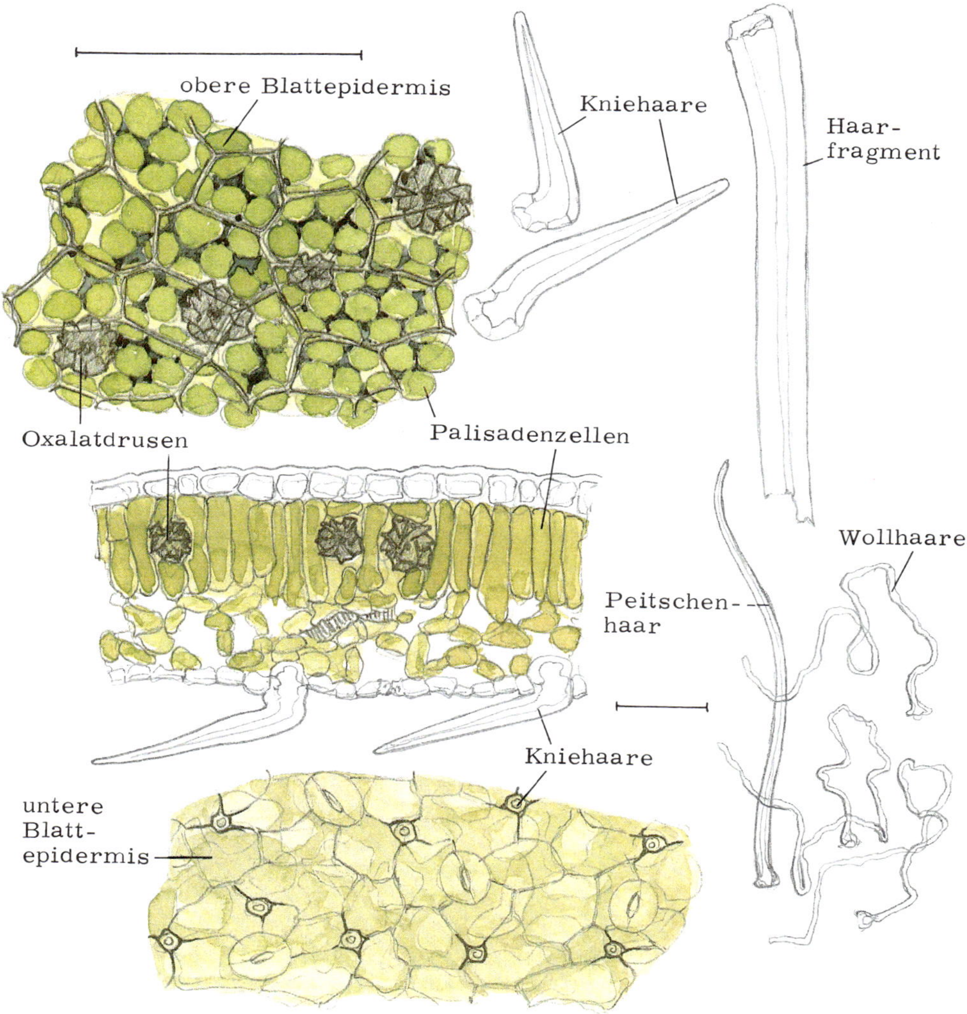
obere Blattepidermis
Kniehaare
Haar-
fragment
Oxalatdrusen
Palisadenzellen
Wollhaare
Peitschen-
haar
Kniehaare
untere
Blatt-
epidermis

Salviae folium - Salbeiblätter

Arzneibücher:	DAB 1997, ÖAB 90, Ph Helv VII
Stammpflanze:	*Salvia officinalis* L.
Familie:	Lamiaceae
Chloralhydrat-Präp.:	Obere Blattepidermiszellen polygonal mit wenigen diacytischen Stomata. Größenverhältnis obere Epidermiszelle : Palisadenzelle = 1 : 2. Untere Epidermis aus abgerundet-isodiametrischen Zellen dicht mit Haaren besetzt. Diacytische Stomata. Deckhaare mit dickwandiger Basalzelle, mit einem Verhältnis Länge : Breite = 3-4 : 1 beträgt. Gestielte Drüsenhaare, meist mit winzigem Köpfchen. Drüsenschuppen selten, mit 8 Drüsenzellen. Sekret stark lichtbrechend, meist ausgelaufen.
Geruch:	Würzig.

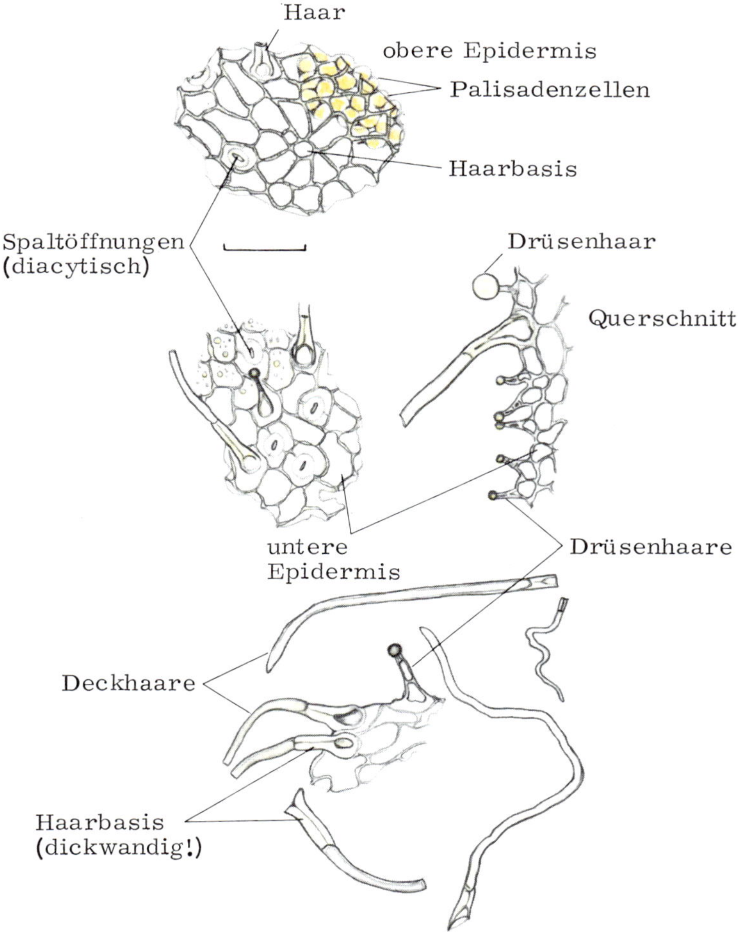
Haar
obere Epidermis
Palisadenzellen
Haarbasis
Spaltöffnungen (diacytisch)
Drüsenhaar
Querschnitt
untere Epidermis
Drüsenhaare
Deckhaare
Haarbasis (dickwandig!)

Salviae trilobae folium - Dreilappiger Salbei

Arzneibücher:	DAB 1997, Ph Helv VII
Stammpflanze:	*Salvia triloba* L.fil.
Familie:	Lamiaceae
Chloralhydrat-Präp.:	Sehr viele Haare auf beiden Epidermen:
	Untere Blattepidermis mit diacytischen Stomata.
	Obere Blattepidermis polygonal-zellig mit weißlichen Wänden.
	Wollhaare (Deckhaare) mit dickwandiger Basalzelle, deren Länge : Breite = 8,5 : 1 beträgt.
	Gliederhaare, meist aus 2-3 Zellen, schwach geknickt, an den Querwänden oft Oxalatnädelchen.
	Gelb bis braunrote Drüsenschuppen (8 Drüsenzellen) reichlich vorhanden.
	Kleine Drüsenhaare aus Stiel- und Köpfchenzelle.
Verunreinigung:	Gelegentlich Kiefernpollen.

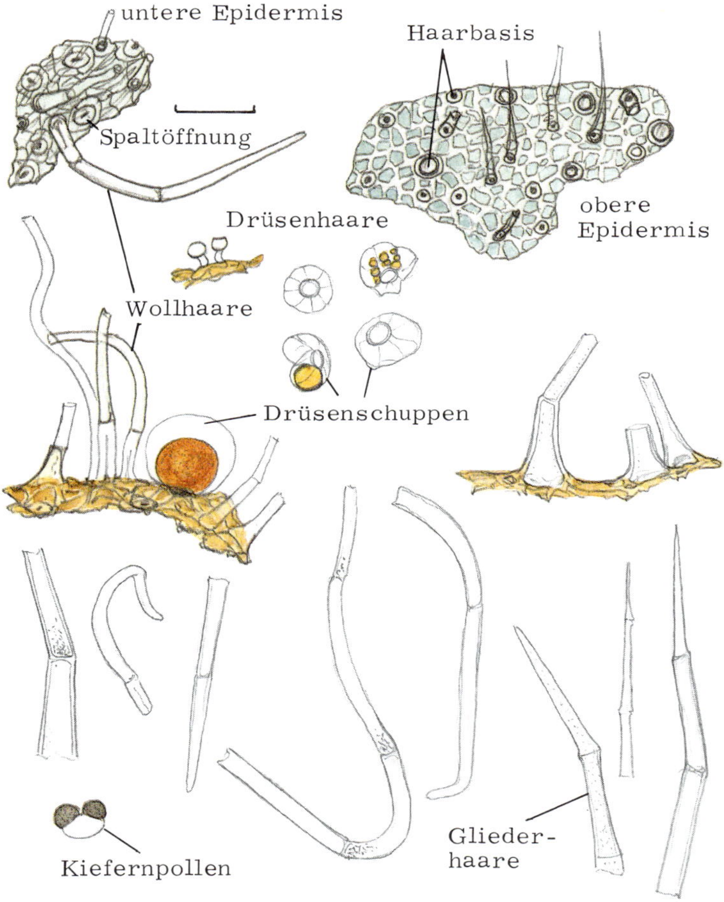
untere Epidermis
Haarbasis
Spaltöffnung
obere
Epidermis
Drüsenhaare
Wollhaare
Drüsenschuppen
Kiefernpollen
Glieder-
haare

Sennae folium - Sennesblätter

Arzneibücher: DAB 1997, ÖAB 90, Ph Helv VII, Ph Eur
Stammpflanze: *Cassia angustifolia* VAHL, *C.senna* L.
Familie: Caesalpiniaceae

Droge: Fiederblätter ohne Rachis.

Chloralhydrat-Präp.: Obere Epidermis mit paracytischen Stomata, Nerven und Adern mit Kristallzellreihen.

Querschnittsansicht des Blattes häufig im Pulver, [2x Palisadenparenchym → isobilateral.] Epidermen gleichgestaltet, isodiametrisch-polygonal, mit Doppelzellen (Schleimzellen). Stomata paracytisch. Untere Palisadenzellen mit gewellten Längswänden. Oxalatdrusen in Begleitung der Nerven.

Einzellige Kniehaare mit warziger Cuticula.

Nachweis: Sehr schwache orangerote Färbung mit 5%iger Kalilauge → kaum freie Anthrachinone.

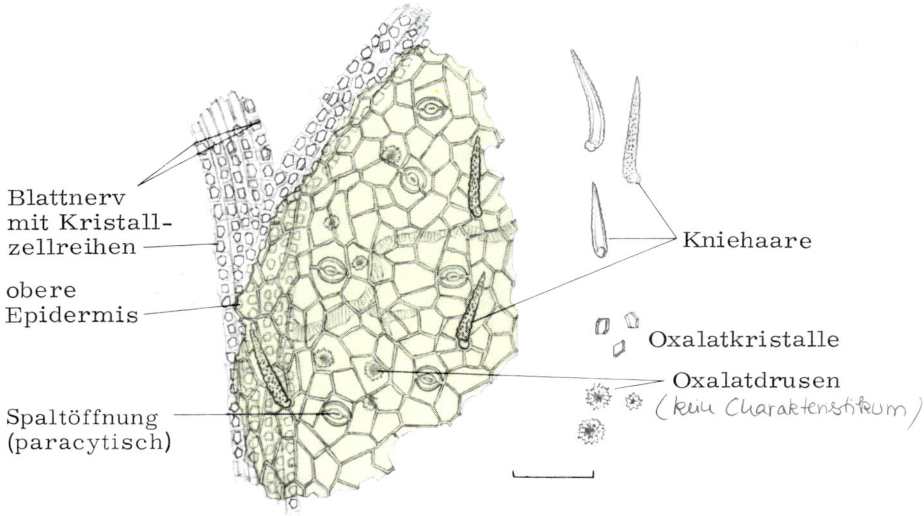
Blattnerv
mit Kristall-
zellreihen
obere
Epidermis
Spaltöffnung
(paracytisch)
Kniehaare
Oxalatkristalle
Oxalatdrusen
(kein Charakteristikum)

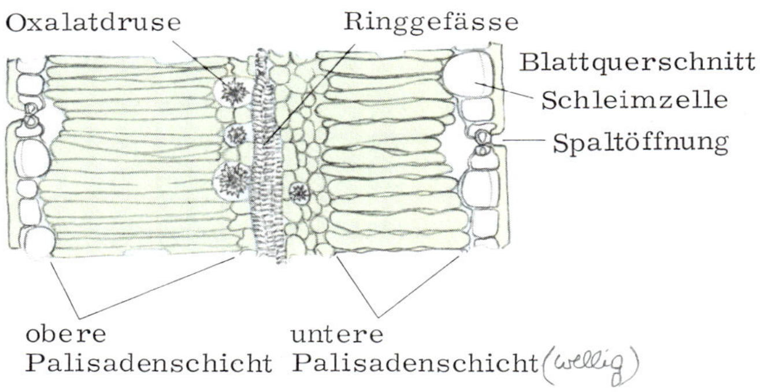
Oxalatdruse
Ringgefässe
Blattquerschnitt
Schleimzelle
Spaltöffnung
obere
Palisadenschicht
untere
Palisadenschicht (wellig)

Stramonii folium - Stramoniumblätter

Arzneibücher:	DAB 1997, ÖAB 90, Ph Helv VII, Ph Eur
Stammpflanze:	*Datura stramonium* L.
Familie:	Solanaceae

Chloralhydrat-Präp.:

Blattfragmente mit auffallend gleichmäßigem Muster von Oxalatdrusen in den Intercostalfeldern. Drusengröße verschieden, jedoch innerhalb eines Blattfragmentes gleich. Einzelkristalle selten. Blattnerven mit heller Bündelscheide.

Obere Epidermis fast isodiametrisch mit anisocytischen Stomata, mit 3 Nebenzellen. 4 Palisadenzellen pro Epidermiszelle.

Oxalatdrusen zwischen Palisadenschicht und Schwammparenchym.

Untere Epidermis kantig-buchtig mit vielen anisocytischen Stomata.

Zerbrochene Gliederhaare mit streifig-grubiger Oberfläche.

Drüsenhaare mit mehrzelligem birnförmigem Köpfchen und einer Stielzelle.

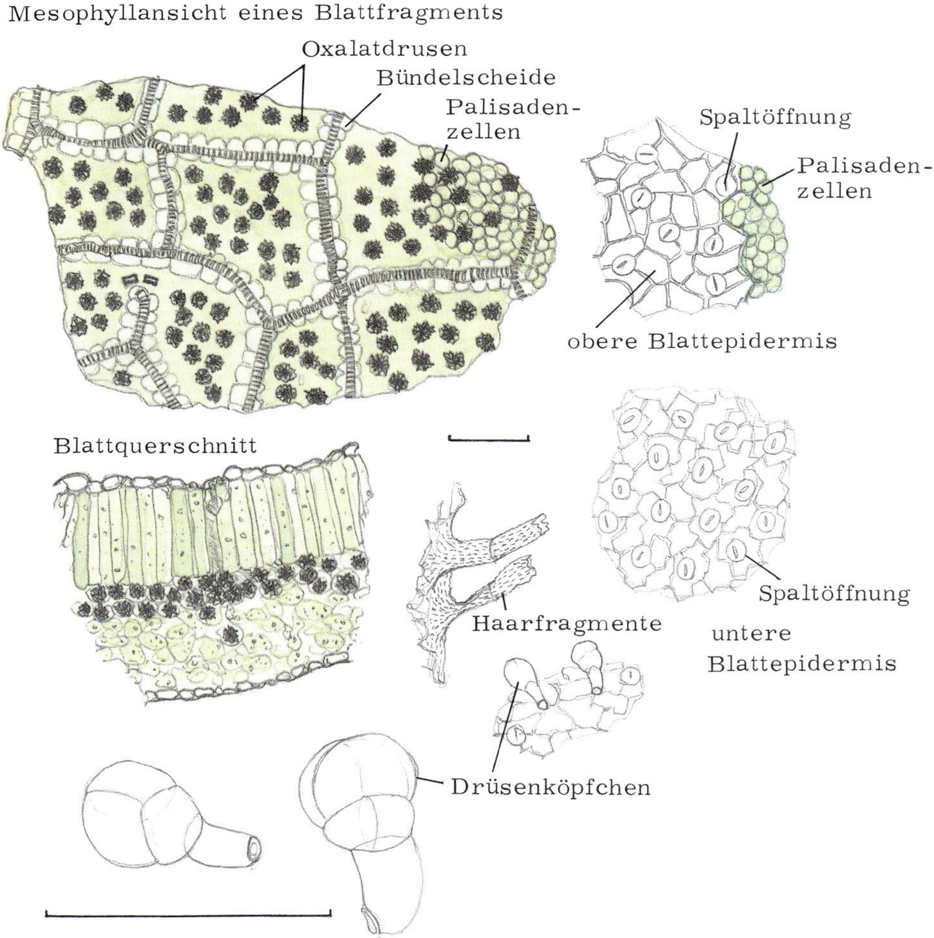
Mesophyllansicht eines Blattfragments
Oxalatdrusen
Bündelscheide
Palisaden-
zellen
Spaltöffnung
Palisaden-
zellen
obere Blattepidermis
Blattquerschnitt
Haarfragmente
Spaltöffnung
untere
Blattepidermis
Drüsenköpfchen

Trifolii fibrini folium - Bitterkleeblätter

Arzneibücher:	ÖAB 90 (Folium Menyanthis), DAC 86
Stammpflanze:	*Menyanthes trifoliata* L.
Familie:	Menyanthaceae

Chloralhydrat-Präp.: Obere Epidermis isodiametrisch-polygonal, Stomata vereinzelt, anomocytisch. 2 Palisadenzellen pro Epidermiszelle. Cuticularstreifung.

Untere Epidermis kleinzellig, isodiametrisch-polygonal bis wellig-buchtig. Stomata eingesenkt, anomocytisch.

Schwammparenchym als Sternparenchym mit runden Interzellularen unterschiedlicher Größe.

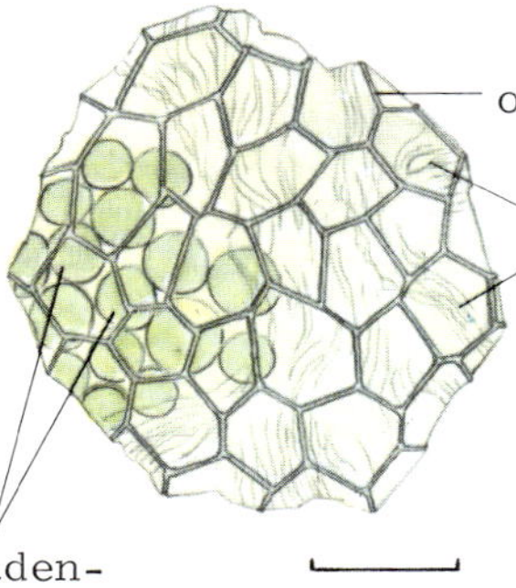
obere Epidermis
Cuticular-
streifung
Palisaden-
zellen

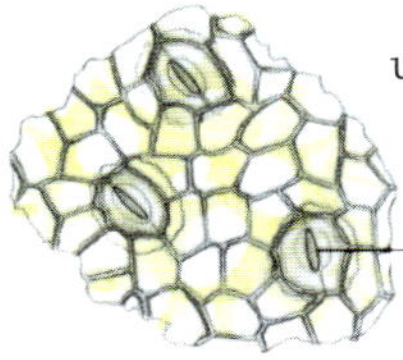
untere Epidermis
Spaltöffnung
(eingesenkt)

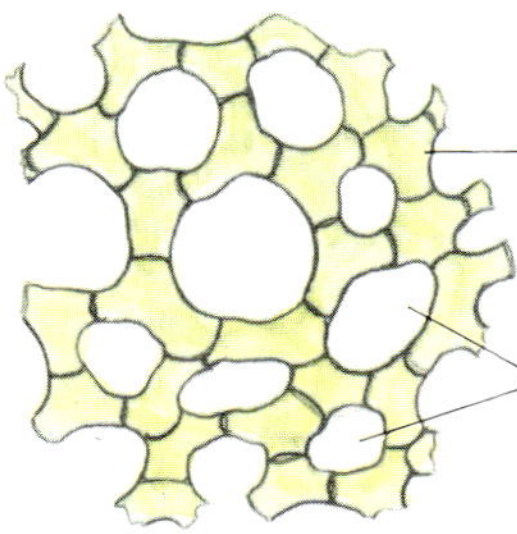
Schwammparenchym
Intercellularen

Urticae folium - Brennesselblätter

Arzneibücher:	DAB 1997, Ph Helv VII (Urticae herba)
Stammpflanze:	*Urtica dioica* L., *U. urens* L.
Familie:	Urticaceae
Chloralhydrat-Präp.:	Epidermis der Blattoberseite gewellt-polygonal. Nerven durchscheinend. Zahlreiche Lithocysten mit buckeligem Cystolith. 5 Palisadenzellen pro Epidermiszelle.
	Untere Blattepidermis kantig-buchtig. Anomocytische Stomata. Lakunares Schwammparenchym.
	Brennhaare (von *U. dioica*) selten, immer zerbrochen, mit ampullenförmiger Haarbasis.
	Gekrümmte Spießhaare mit retortenförmiger Basis.
Besonderheit:	Dunkelgrünes Pulver.

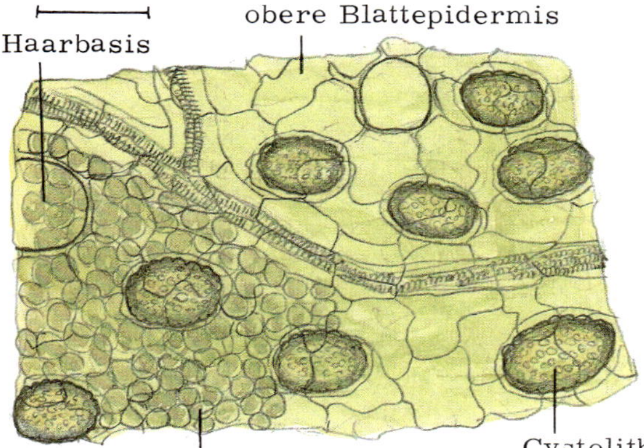
obere Blattepidermis
Haarbasis
Palisaden-
zellen
Cystolith

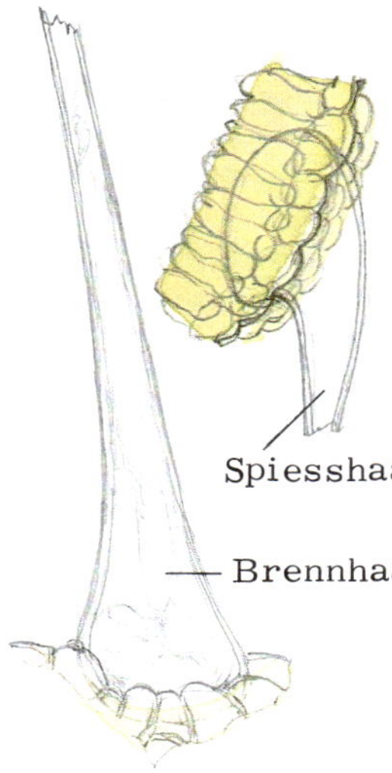
Spiesshaar
Brennhaar

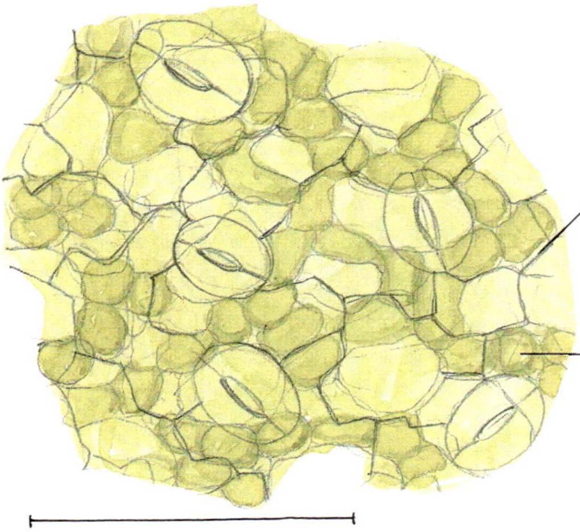
untere
Blattepidermis
lakunares
Schwamm-
parenchym

Uvae ursi folium - Bärentraubenblätter

Arzneibücher:	DAB 1997, ÖAB 90, Ph Helv VII
Stammpflanze:	*Arctostaphylos uva-ursi* (L.) SPRENGEL
Familie:	Ericaceae

Chloralhydrat-Präp.: Obere Epidermis isodiametrisch-polygonal, dickwandig mit Rissen in Cuticula und Außenwand. Lipidtropfen. Keine Stomata. Größenverhältnis obere Epidermiszellen : Palisadenzellen = 1 : 1.5. Dreifache Palisadenschicht.

Untere Epidermis isodiametrisch-polygonal, Zellen kleiner als oberseits. Anomocytische Stomata mit bis zu 11 Nebenzellen und großen Vorhöfen.

Mittelrippe mit Fasertracheiden. Oxalatkristalle im angrenzenden Mesophyll.

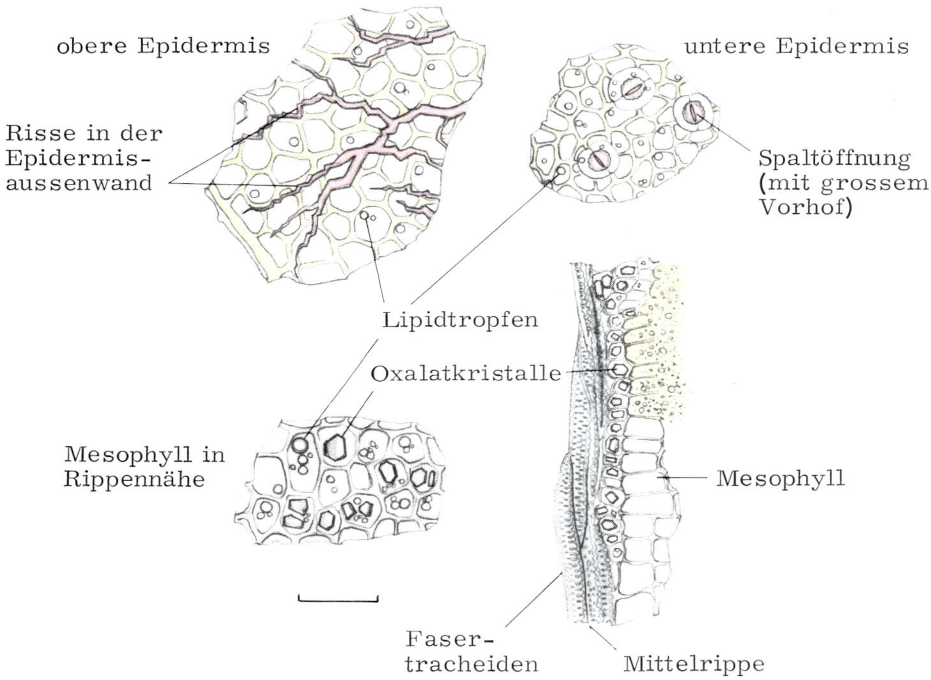
obere Epidermis
untere Epidermis
Risse in der Epidermis-aussenwand
Spaltöffnung (mit grossem Vorhof)
Lipidtropfen
Oxalatkristalle
Mesophyll in Rippennähe
Mesophyll
Faser-tracheiden
Mittelrippe

Vitis idaeae folium - Preiselbeerblätter

Arzneibücher:	ÖAB 90
Stammpflanze:	*Vaccinium vitis-idaea* L.
Familie:	Ericaceae
Chloralhydrat-Präp.:	Blattoberseite aus polygonalen Zellen. 3-4 Palisadenzellen pro Epidermiszelle.
	Untere Blattepidermis mit anomocytischen Stomata. Zellwände buckelig getüpfelt.
	Dunkle Blattnerven mit dickwandigen Faserelementen.
Geruch:	Schwach aromatisch.
Geschmack:	Leicht bitter.

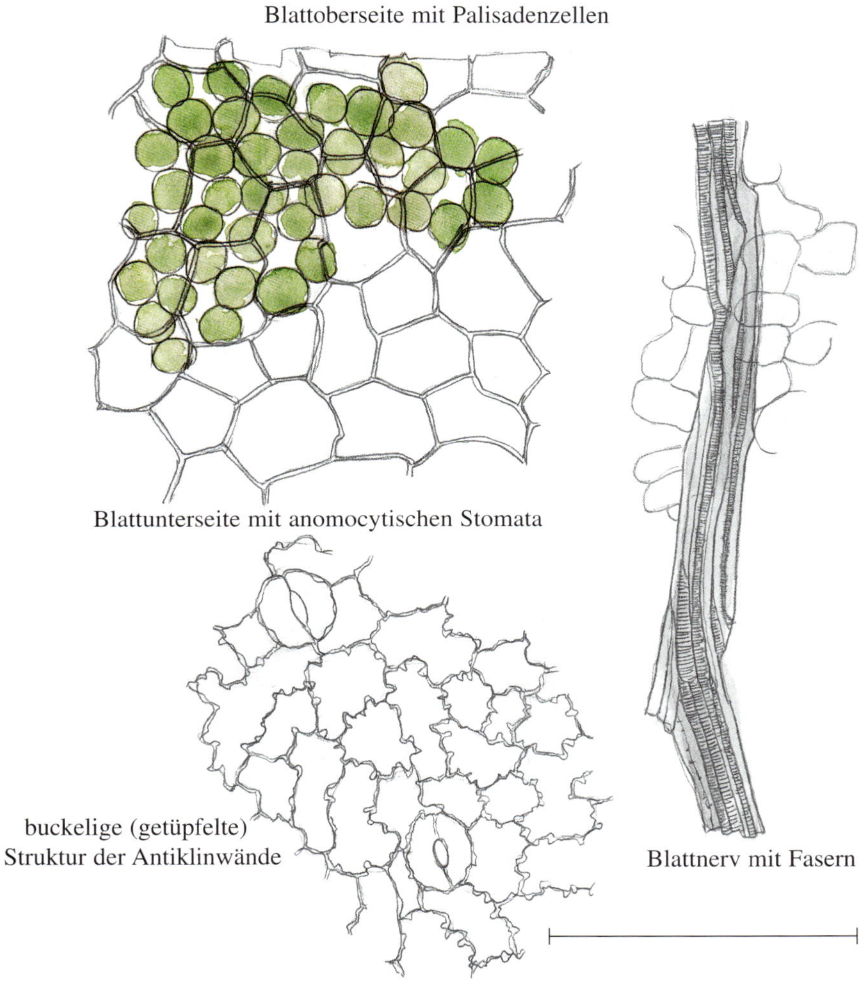
Blattoberseite mit Palisadenzellen
Blattunterseite mit anomocytischen Stomata
buckelige (getüpfelte)
Struktur der Antiklinwände
Blattnerv mit Fasern

Arnicae flos - Arnikablüten

Arzneibücher:	DAB 1997, ÖAB 90, Ph Helv VII
Stammpflanze:	*Arnica montana* L.
Familie:	Asteraceae

Chloralhydrat-Präp.: Pappus borstig, vielzellig.

Pollen tricolpat, Exine stachelig.

Zwillingshaare, gemeinsame Wand getüpfelt.

Fruchtwandfragmente mit subepidermalen Interzellularmassen von gelbem bis braunschwarzem Phytomelan.

Corollenepidermis isodiametrisch-polygonal, mit gelben Lipidtropfen, schwach papillös.

Fruchtknotenepidermis isodiametrisch-polygonal. Zahlreiche Drüsenhaare, gestielt, mit zweizelligem Köpfchen. Compositen-Drüsenschuppen selten.

Endothecium nur an den Querwänden verdickt.

Ohne Bild: Hüllkelchblätter mit welliger Epidermis. Anomocytische Stomata mit 4-6 Nebenzellen. Sternparenchym des Rezeptakulums. 2-5-zellige Gliederhaare.

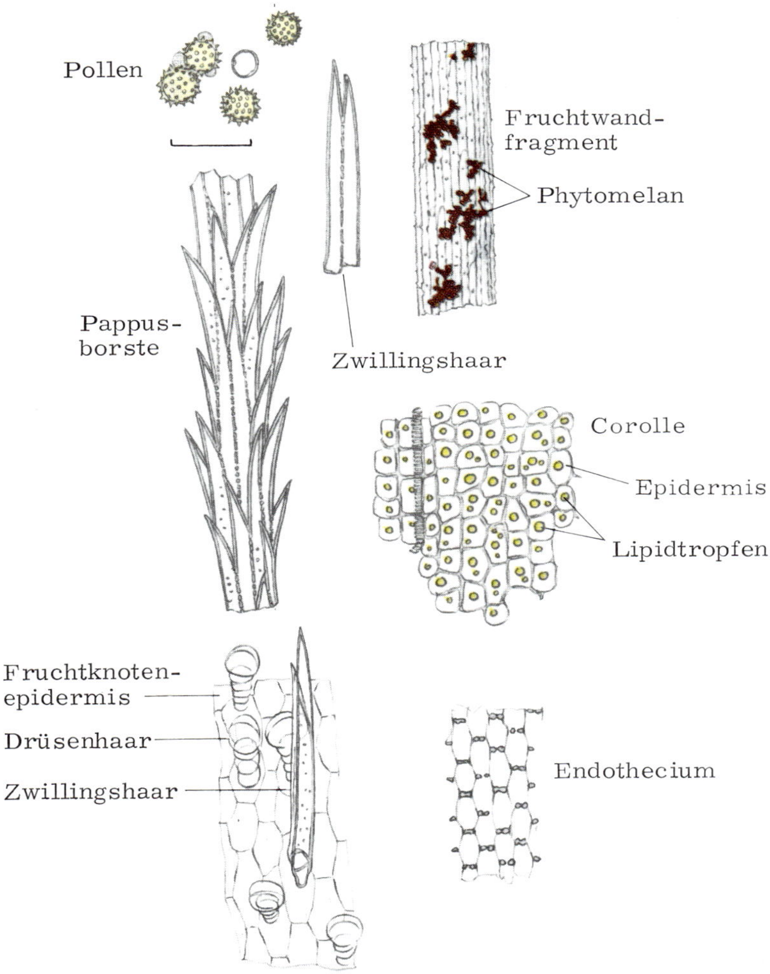
Pollen
Fruchtwand-
fragment
Phytomelan
Pappus-
borste
Zwillingshaar
Corolle
Epidermis
Lipidtropfen
Fruchtknoten-
epidermis
Drüsenhaar
Zwillingshaar
Endothecium

Aurantii flos - Orangenblüten

Arzneibücher:	ÖAB 90, Ph Helv VII
Stammpflanze:	*Citrus aurantium* L. ssp. *aurantium*
Familie:	Rutaceae
Wasser-Präparat:	Stärke fehlt.
Chloralhydrat-Präp.:	Pollen, tricolpat.
	Endothecium mit Wandleisten in regelmässigen Abständen.
	Blattfragmente mit Gefäßen und diacytischen Stomata. Die Epidermis enthält Oxalatkristalle.
	Corollenepidermis mit papillösen Wandausstülpungen und Cuticularstreifung, Papillenbasis als Ring zu erkennen.
Geruch:	Nach Orangen.
Geschmack:	Süßlicher Orangengeschmack.

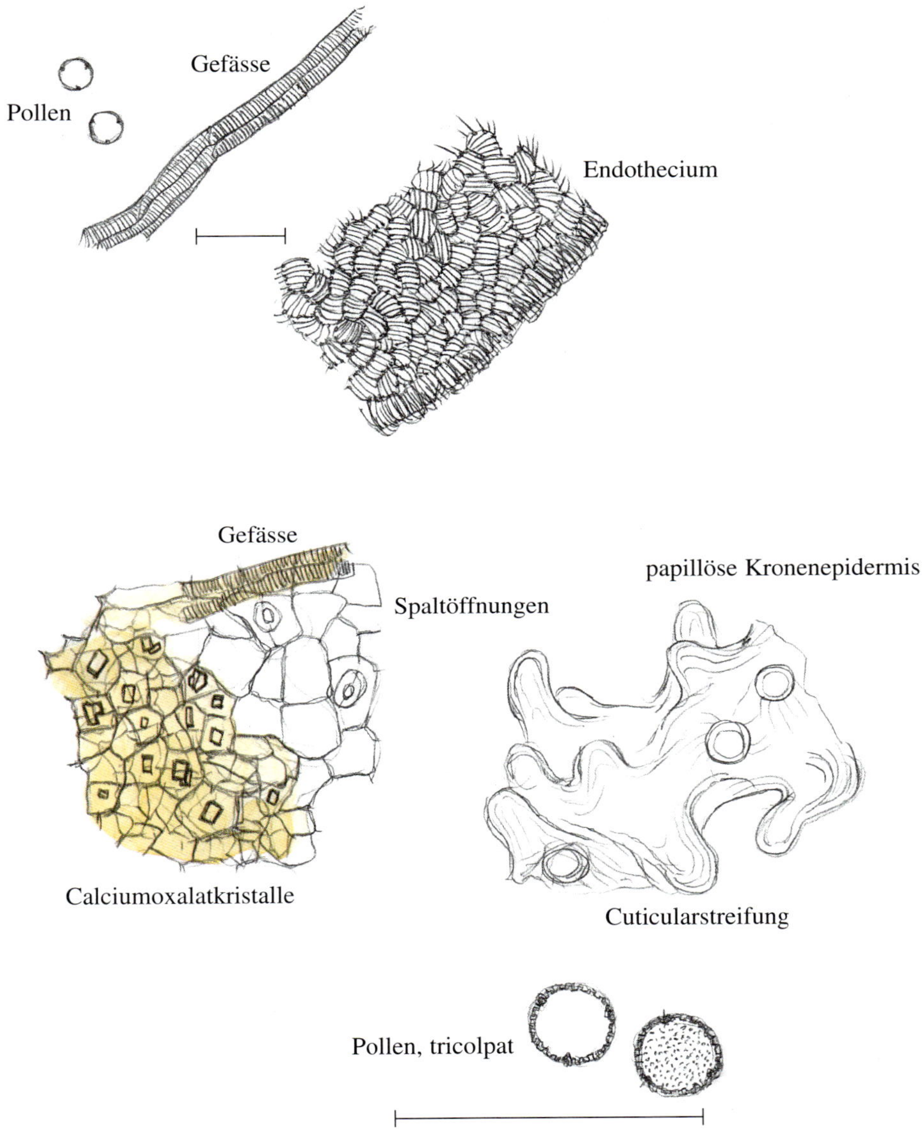
Gefässe
Pollen
Endothecium
Gefässe
papillöse Kronenepidermis
Spaltöffnungen
Calciumoxalatkristalle
Cuticularstreifung
Pollen, tricolpat

Calendulae flos - Ringelblumenblüten

Arzneibücher:	DAB 1997, Ph Helv VII
Stammpflanze:	*Calendula officinalis* L.
Familie:	Asteraceae

Chloralhydrat-Präp.:

Hauptsächlich Corollenfragmente mit langgestreckten Epidermiszellen und darunterliegenden runden, ovalen oder wurstförmigen, hellgelben Öltropfen.

Pollen zahlreich, grob-stachelig mit 3 Poren.

Narbenfragmente mit stark geriefter Epidermis-Außenwand.

Antherenfragmente meist mit Leitbündelabschnitten und angefügtem Endothecium, das nur an den Querwänden kurze Wandverdickungen aufweist.

Fragmente der Filamentbasis mit knotigen Zellecken.

Hüllkelchfragmente nicht grün, mit stark skulpturierter Epidermis, teils zahnartig hervortretende Zellen, meist in Zweizahl, teils dünnwandig mit zahlreichen Stomata, teils unregelmäßig geformt mit langgestreckten Sclereiden.

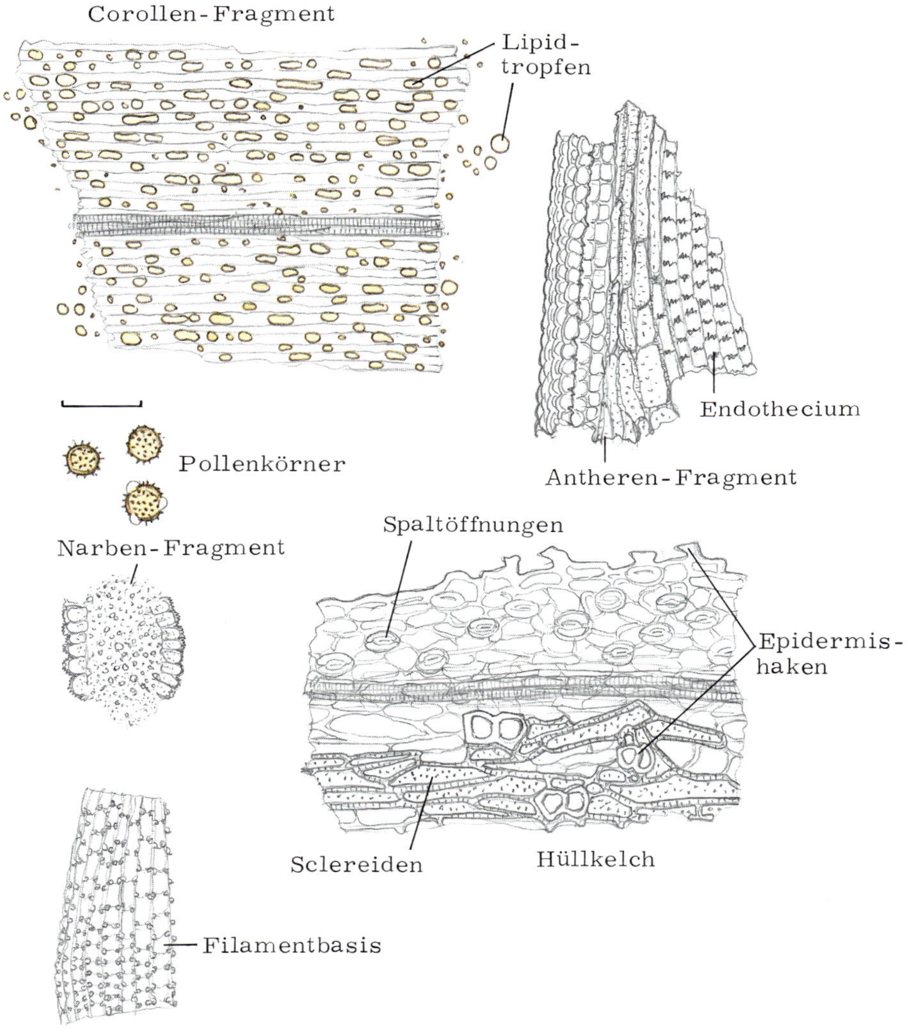
Corollen-Fragment
Lipid-
tropfen
Endothecium
Antheren-Fragment
Pollenkörner
Narben-Fragment
Spaltöffnungen
Epidermis-
haken
Sclereiden
Hüllkelch
Filamentbasis

Caryophylli flos - Gewürznelken

Arzneibücher:	DAB 1997, ÖAB 90, Ph Helv VII, Ph Eur
Stammpflanze:	*Syzygium aromaticum* (L.) MERR. et L.M. PERRY
Familie:	Myrtaceae
Chloralhydrat-Präp.:	Pollen rotbraun oder farblos, dreikantig, triporat. Fruchtknoten-Leitbündel mit sehr engen Schraubengefäßen, mit gestreckten Sclereiden belegt. Kelch-, Corollen- und Exokarpepidermis mit extrem verdickter cutinisierter Außenwand. Schizogene Sekreträume. Kleine Oxalatdrusen in Mesophyll und Mesokarp. Steinzellen von *Caryophylli stipes* als Beimengung.
Geruch:	Nach Nelken.

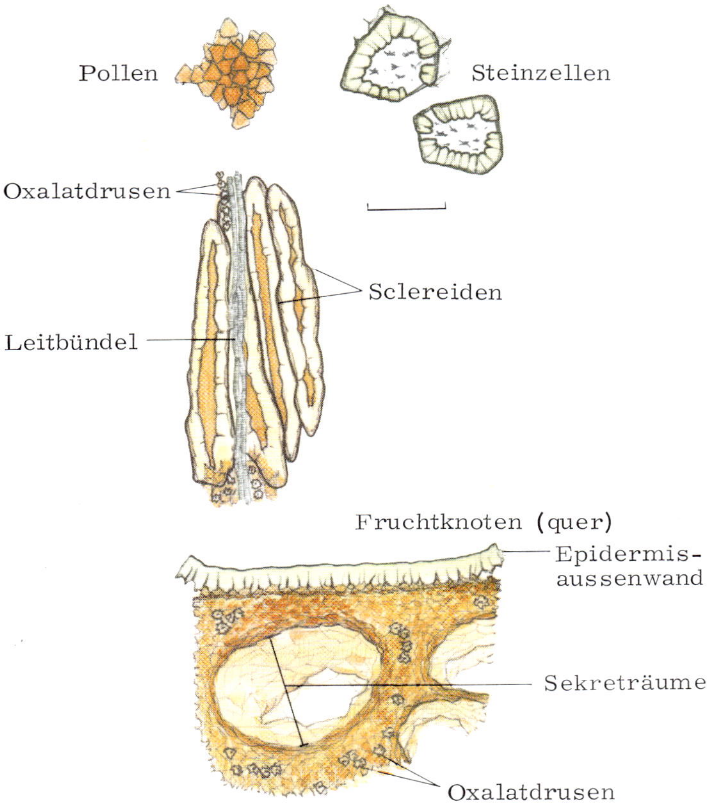
Pollen
Steinzellen
Oxalatdrusen
Sclereiden
Leitbündel
Fruchtknoten (quer)
Epidermis-
aussenwand
Sekreträume
Oxalatdrusen

Chamomillae romanae flos - Römische Kamille

Arzneibücher:	DAB 1997, ÖAB 90, Ph Helv VII, Ph Eur
Stammpflanze:	*Chamaemelum nobile* (L.) ALL. (Syn. *Anthemis nobilis* L.)
Familie:	Asteraceae
Chloralhydrat-Präp.:	Spreublattfragmente groß, spärlich mit langen Haaren besetzt. Zur Basis hin aus sclerenchymatisch verdickten, gestreckten Zellen. Haare einzeln, mit mehreren kurzen Stielzellen. Pollen mit stacheliger Exine, triporat. Corolle mit papillöser Epidermis. Selten Compositen-Drüsenschuppen

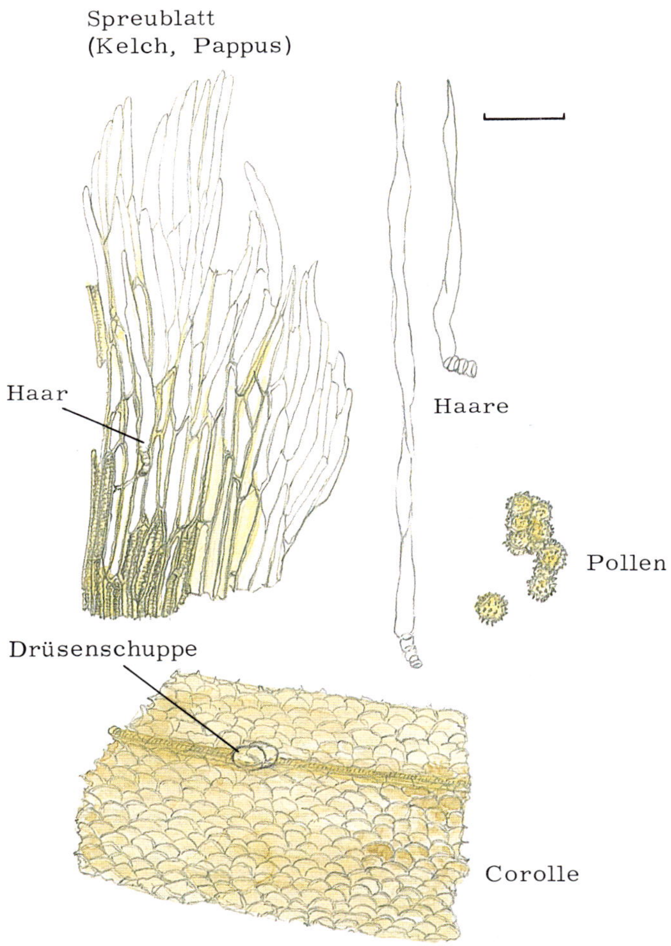
Spreublatt
(Kelch, Pappus)
Haar
Haare
Pollen
Drüsenschuppe
Corolle

Graminis flos - Heublumen

Arzneibücher:	Nicht offizinell.
Stammpflanze:	Diverse Poaceen
Droge:	Blütenstände verschiedener Gräser.
Chloralhydrat-Präp.:	Bestandteile farblos, je nach Herkunft anatomisch variabel.
	Pollenkörner glatt-rund, undeutlich triporat.
	Blattfragmente mit langen Epidermiszellen mit mäandrisch gewellten Wänden. Zellreihen von Kieselkurzzellen unterbrochen, die oft hakig emporgehoben, oder von einer weiteren Kurzelle begleitet sind. Parallel dazu Epidermiszellreihen, die von Stomatakomplexen unterbrochen sind. Schließzellen hantelförmig mit einem Paar Nebenzellen.
	Blattrand vielfach sägezahnartig behaart.
	Spelzen mit langgestreckten Hypodermiszellen. Epidermis meist kurzzellig, papillös.
Geruch :	Fehlt.
Geschmack:	Fehlt.

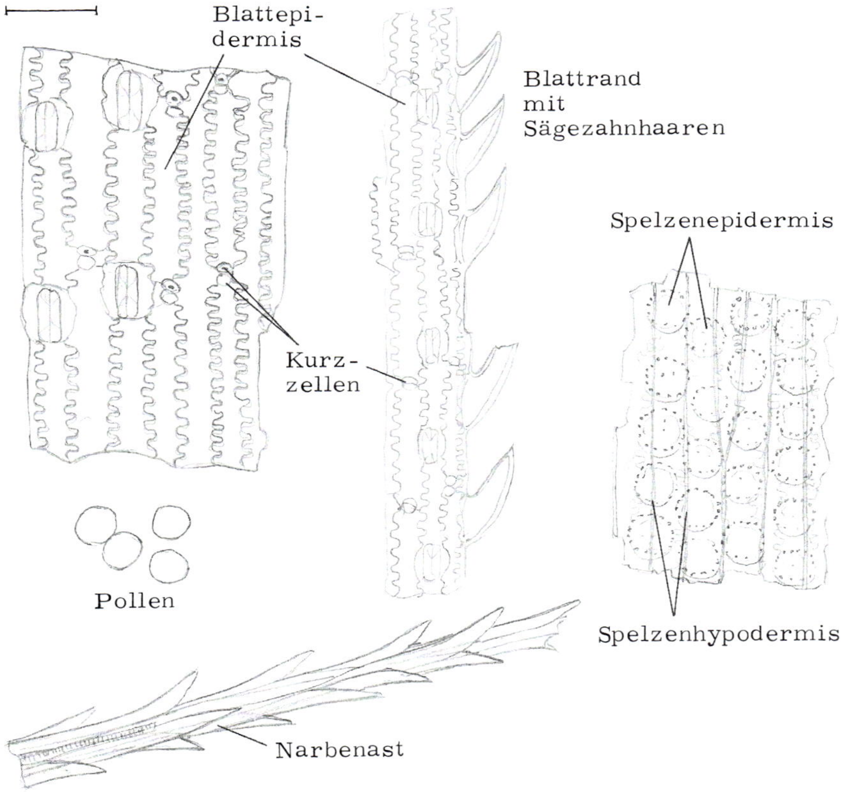
Blattepi-
dermis
Blattrand
mit
Sägezahnhaaren
Spelzenepidermis
Kurz-
zellen
Pollen
Spelzenhypodermis
Narbenast

Helichrysi flos - Gelbe Katzenpfötchenblüten

Arzneibücher:	Ph Helv VII
Stammpflanze:	*Helichrysum arenarium* (L.) MOENCH
Familie:	Asteraceae
Wasser-Präparat:	Stärke fehlt.
Chloralhydrat-Präp.:	Pollen gelblich, mit stacheliger Exine.
	Stempelfragmente mit papillöser Oberfläche.
	Steinzellring an der Corollenbasis.
	Wollhaare.
	Reihen von Eckzahnhaaren an der Corolle.
	Schuppenhaar-Fragmente.
	Antherenbruchstücke mit Pollen.
Geruch:	Nach Würze.
Geschmack:	Fehlt.

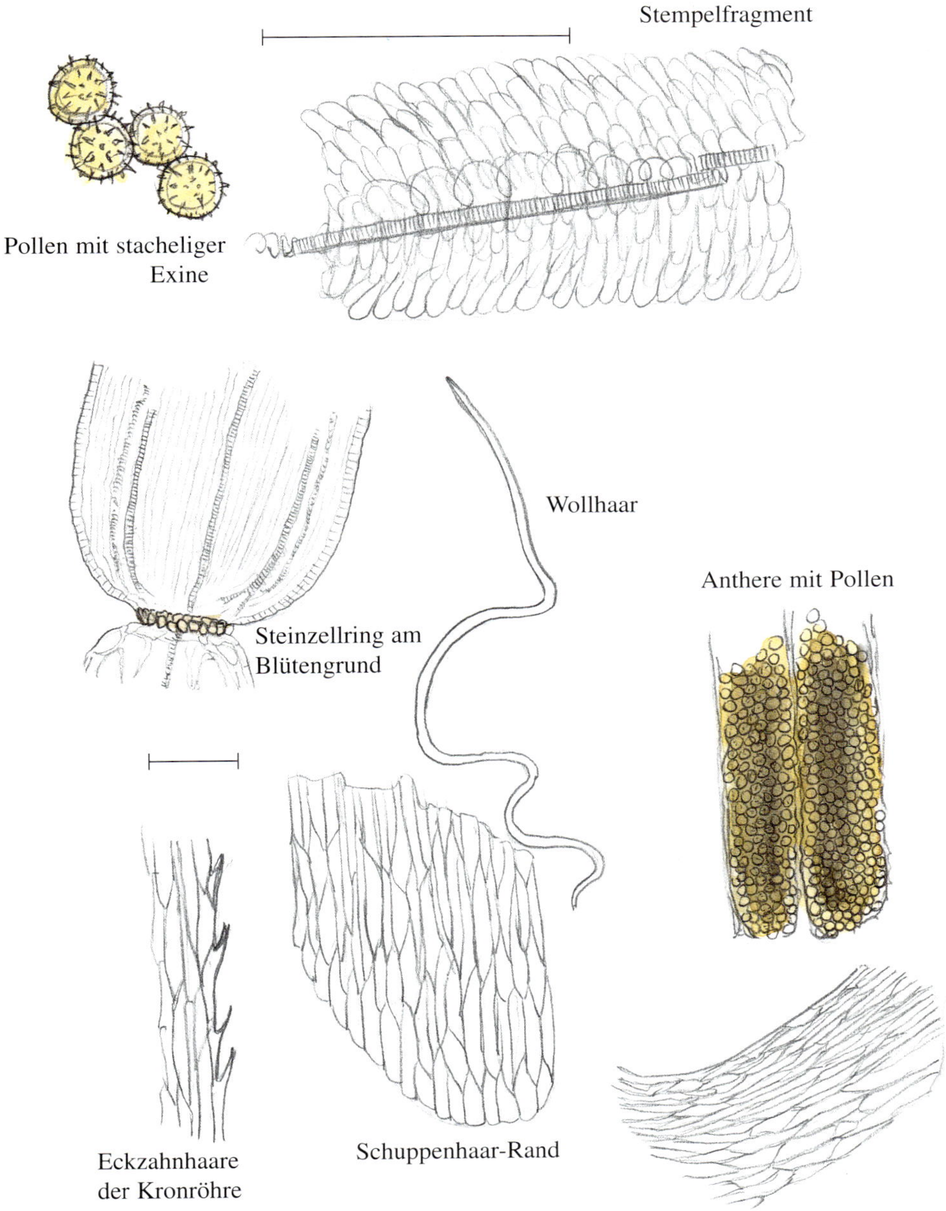
Stempelfragment
Pollen mit stacheliger Exine
Wollhaar
Anthere mit Pollen
Steinzellring am Blütengrund
Eckzahnhaare der Kronröhre
Schuppenhaar-Rand

Hibisci flos - Hibiscusblüten

Arzneibücher:	DAB 1997
Stammpflanze:	*Hibiscus sabdariffa* L.
Familie:	Malvaceae
Chloralhydrat-Präp.:	Wollhaare und Bruchstücke großer Spießhaare.
	Große Idioblasten mit schleimhaltigen Wänden.
	Rote, in Wasser und Chloralhydrat auslaufende Kelchblattfragmente mit Oxalatdrusen. Polygonale Epidermiszellen.
	Leitbündelfragmente.
Geschmack:	Schleimig.

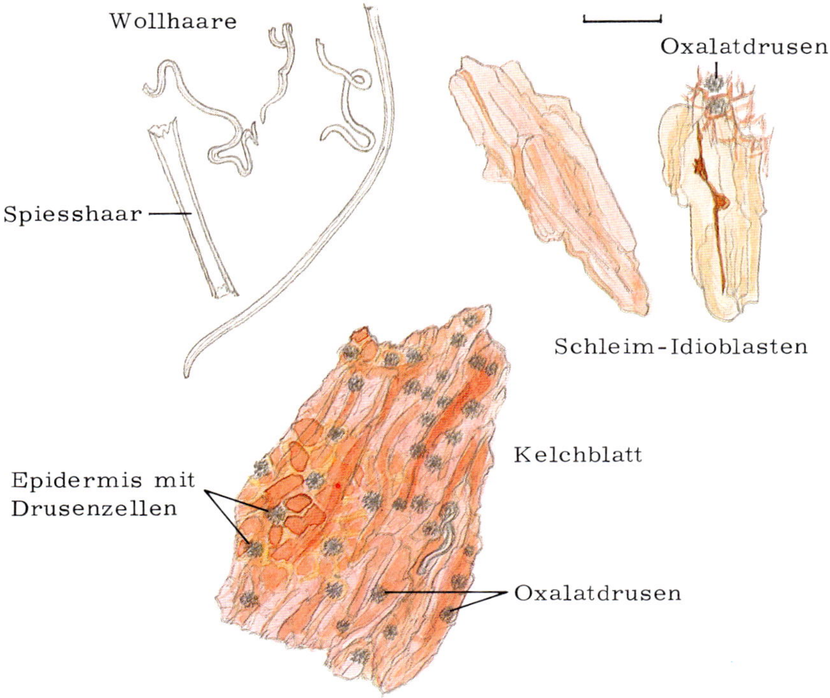
Wollhaare
Oxalatdrusen
Spiesshaar
Schleim-Idioblasten
Kelchblatt
Epidermis mit
Drusenzellen
Oxalatdrusen

Lavandulae flos - Lavendelblüten

Arzneibücher:	DAC 86
Stammpflanze:	*Lavandula angustifolia* MILLER.
Familie:	Lamiaceae
Chloralhydrat-Präp.:	Pollen hexacolpat mit punktierter Exine.
	Innere (obere) Epidermiszellen des Kelchs mit Wandfalte und vielen Oxalatkristallen.
	Griffel mit Etagenhaaren.
	Verzweigte Kelchhaare oft mit rotem Inhalt.
	Gliederhaare mit Cuticularstrichelung auf äußeren Kelchrippen.
	Corollenbestandteile selten, Buckelhaare, mit und ohne Drüsenköpfchen.
	Ohne Bild: Antheren mit langen faltigen Haaren besetzt.
Geruch:	Nach Lavendel.

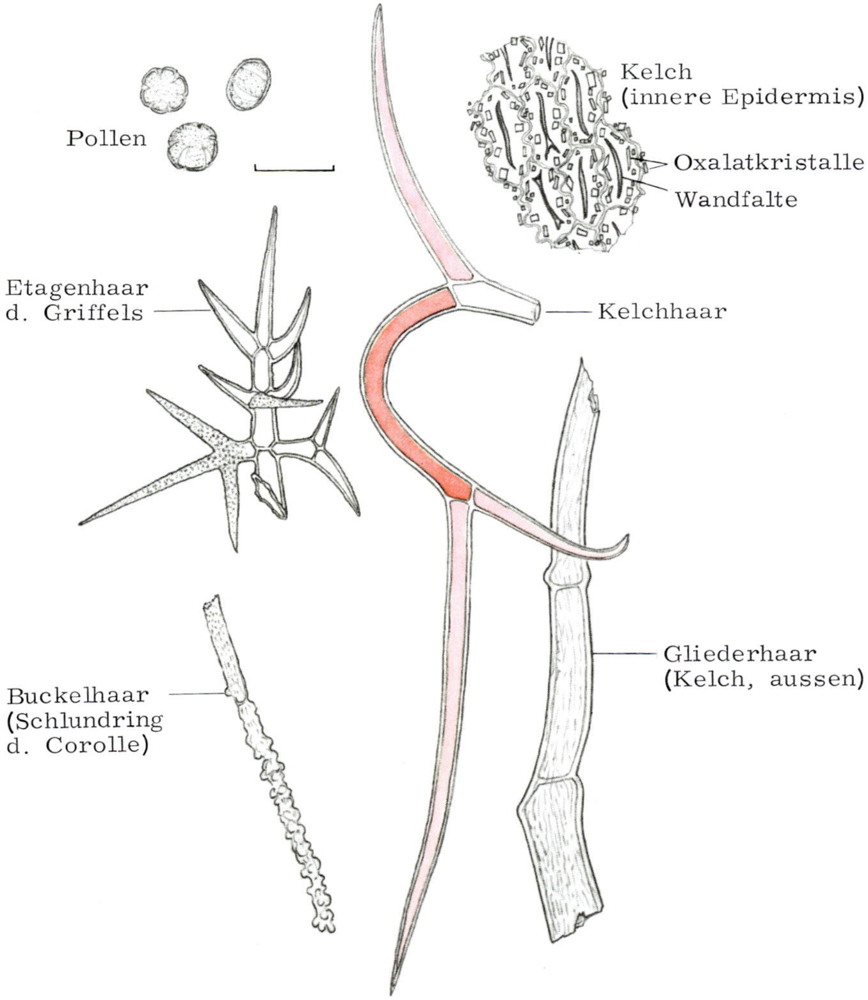
Pollen
Kelch
(innere Epidermis)
Oxalatkristalle
Wandfalte
Etagenhaar
d. Griffels
Kelchhaar
Gliederhaar
(Kelch, aussen)
Buckelhaar
(Schlundring
d. Corolle)

Malvae flos - Malvenblüte

Arzneibücher:	ÖAB 90, Ph Helv VII
Stammpflanzen:	*Malva sylvestris* L. ssp *mauritiana* ASCH. et GRAEB.
Familie:	Malvaceae
Chloralhydrat-Präp.:	Rot gefärbt.
	Pollen groß, mit stacheliger Exine.
	Innen- und Außenkelch mit subepidermalen Oxalatdrusenflächen.
	Einzellige Wollhaare.
	Gestielte und ungestielte Sternhaare.
	Corolle (rot) mit isodiametrisch-polygonalen Epidermiszellen. Stomata anisocytisch. Mehrzellige Schleimhaare. Schleimzellen oft langgestreckt im Mesophyll. Oxalatdrusen. Nerven mit kurzen Ringgefäßen und -tracheiden.
	Einzelne Teleutosporen von *Puccinia malvacearum*.

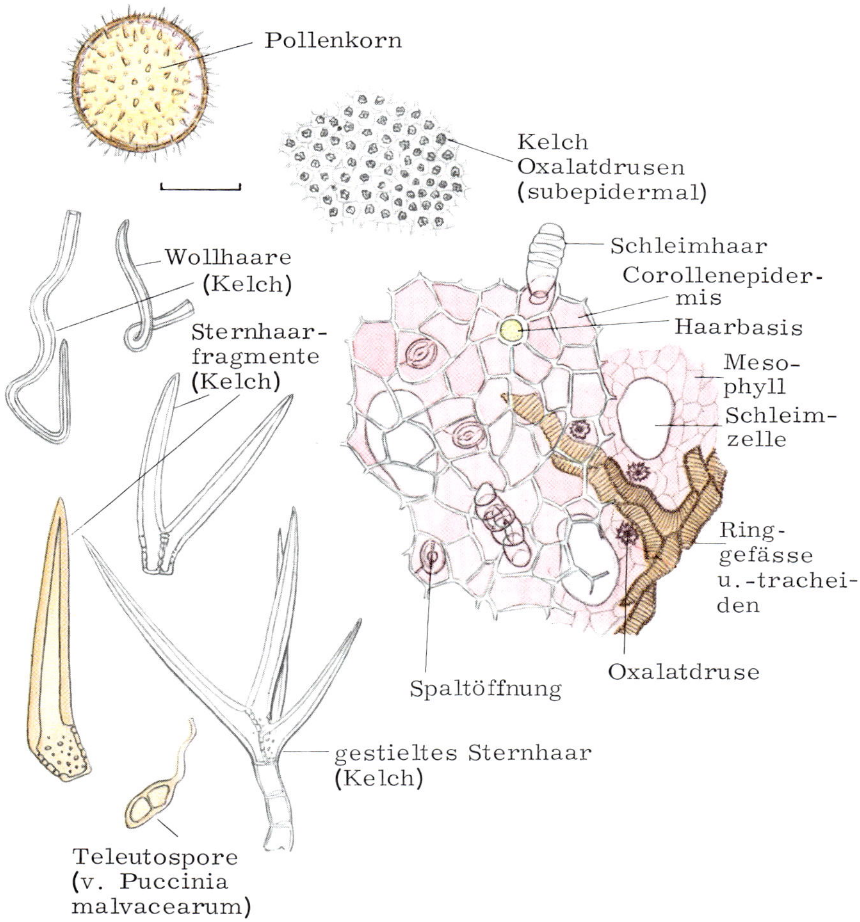
Pollenkorn
Kelch
Oxalatdrusen
(subepidermal)
Wollhaare
(Kelch)
Sternhaar-
fragmente
(Kelch)
Schleimhaar
Corollenepider-
mis
Haarbasis
Meso-
phyll
Schleim-
zelle
Ring-
gefässe
u.-trachei-
den
Oxalatdruse
Spaltöffnung
gestieltes Sternhaar
(Kelch)
Teleutospore
(v. Puccinia
malvacearum)

Matricariae flos - Kamillenblüten

Arzneibücher:	DAB 1997, ÖAB 90, Ph Helv VII, Ph Eur
Stammpflanze:	*Matricaria recutita* L. Der botanisch korrekte Name ist *Chamomilla recutita* (L.) RAUSCHERT, (Syn. *Matricaria chamomilla* L. p.p.)
Familie:	Asteraceae
Chloralhydrat-Präp.:	Pappus fehlt. Pollen triporat, Keimporen eingesenkt, Exine stachelig. Einzelne Drüsenschuppen. Epidermiszellen des Fruchtknotens lang gestreckt, mit Oxalatdrusen. Schleimrippen der Fruchtknotenwand aus sehr vielen leiterförmig angeordneten, schmalen Zellen. Sie verquellen im wäßrigen Chloralhydrat-Präparat. Narben mit Papillen besetzt. Endotheciumzellen mit parallelen Querleisten an der Innenwand. Griffel mit dickwandigen, getüpfelten Basalzellen. Steinzellring an der Griffelbasis. Ohne Bild: Corollenröhre der Scheibenblüten mit Drüsenschuppen. Äußere (untere) Epidermis isodiametrisch. Innere (obere) Epidermis gegen Corollenzipfel hin papillös.
Nachweis:	Rotfärbung der Schleimrippen der Fruchtknotenwand mit Carminessigsäure → Chromatin.

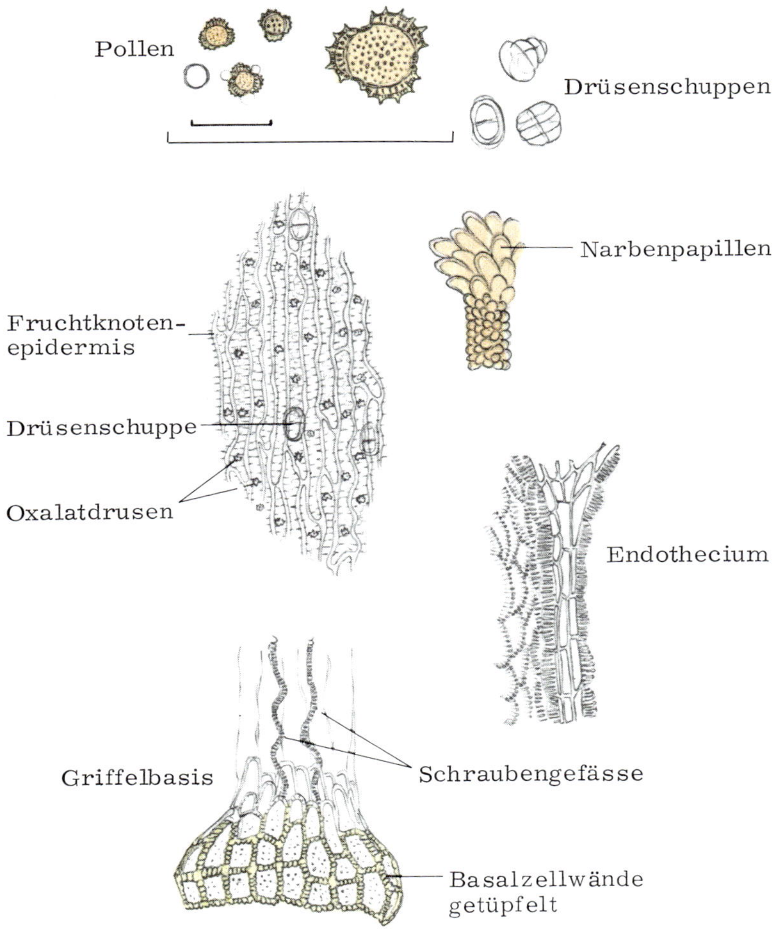
Pollen
Drüsenschuppen
Narbenpapillen
Fruchtknoten-
epidermis
Drüsenschuppe
Oxalatdrusen
Endothecium
Griffelbasis
Schraubengefässe
Basalzellwände
getüpfelt

Paeoniae petalum - Pfingstrosenblütenblätter

Arzneibücher:	DAC 86
Stammpflanze:	*Paeonia officinalis* L. emend. WILLD. s.l.
Familie:	Paeoniaceae
Wasser-Präparat:	Stärke fehlt.
Chloralhydrat-Präp.:	Rote Corollenfragmente mit dickwandigen Epidermiszellen, am Blattrand dünnwandig und länglich-schmal. Nerven aus Leitergefäßen, größere Nerven von Oxalatkristallen begleitet. Pollen tricolpat. Endothecium aus becherförmigen "Faser"zellen. Endotheciumzellen zuweilen isoliert und in kleinen Gruppen. Collenchymartige Zellen mit getüpfelten Primärwänden.
Geruch:	Aromatisch.

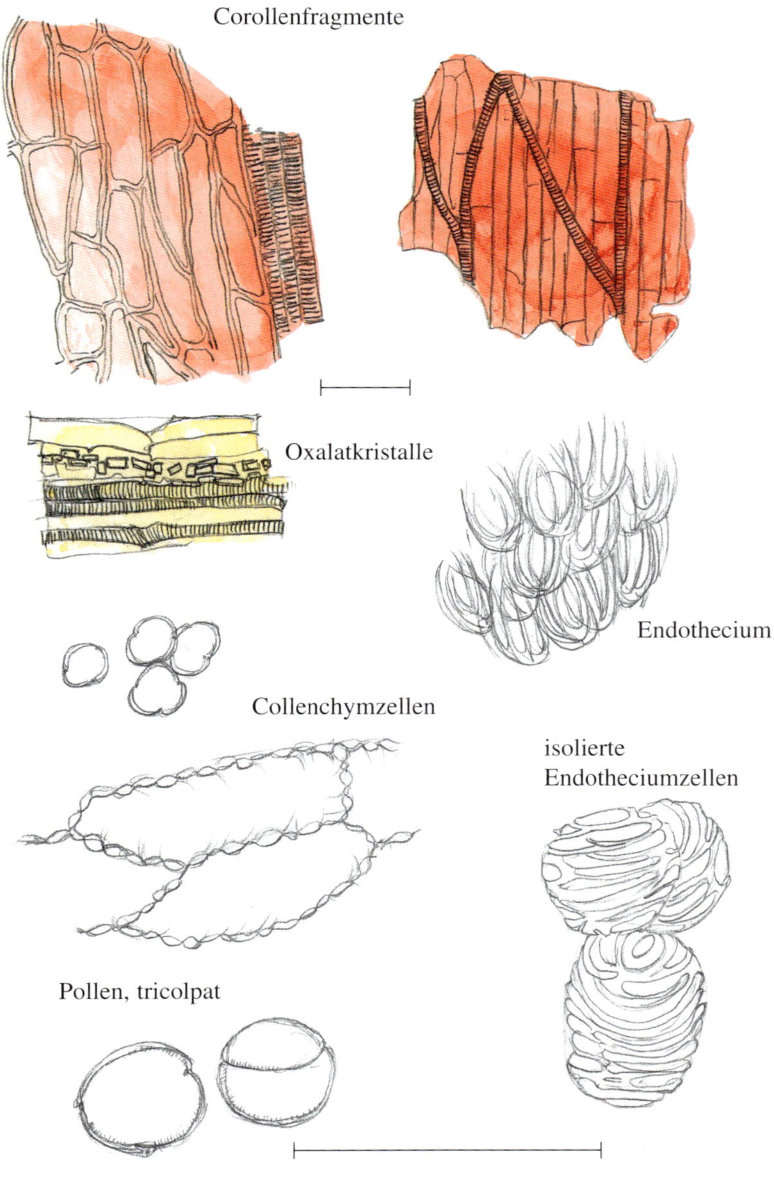
Corollenfragmente
Oxalatkristalle
Endothecium
Collenchymzellen
isolierte
Endotheciumzellen
Pollen, tricolpat

Primulae flos - Primelblüten

Arzneibücher:	EB 6
Stammpflanze:	*Primula veris* L., (Syn. *P. officinalis* (L.) HILL)
Familie:	Primulaceae
Chloralhydrat-Präp.:	Pollenkörner mit feinkörniger Exine, undeutlich tricolpat. Glieder- und Drüsenhaare des Kelches. Zellen der Kelchepidermis außen polygonal, mit Haaransätzen und anomocytischen Stomata. Deutliche Cuticularstreifung. Innere Kelchepidermis kantig-buchtig, Zellen langgestreckt, reihenweise braun pigmentiert. Dazwischen unpigmentierte Zellen mit anomocytischen Stomata. Corollenepidermen rundzellig, papillös. Feinfaseriges Endothecium.

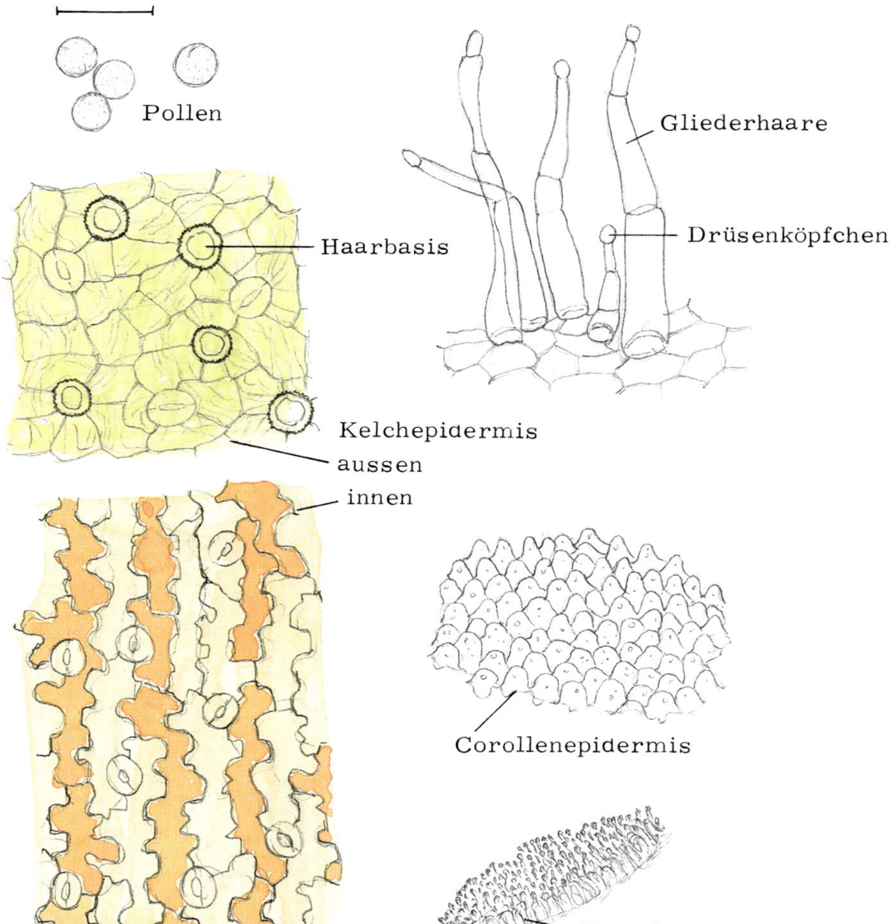
Pollen
Gliederhaare
Haarbasis
Drüsenköpfchen
Kelchepidermis
aussen
innen
Corollenepidermis
Endothecium

Pruni spinosae flos - Schlehdornblüten

Arzneibücher:	DAC 86
Stammpflanze:	*Prunus spinosa* L.
Familie:	Rosaceae
Chloralhydrat-Präp.:	Pollen tricolpat.
	Einzellige gebogene Haare mit verschmälerter Basis an der Kelchaußenseite.
	Blütenblätter an der Basis mit polygonalen Epidermiszellen und durchscheinenden kleinen Oxalatdrusen, im apikalen Bereich rundlich und mammillös emporgewölbt.
	Epidermis des Fruchtbechers braun, mit durchscheinenden, dicht angeordneten Oxalatdrusen. Epidermiszellen polygonal.
	Endothecium mit gewundenen, ungewöhnlich dicken Wandleisten.
Geruch, Geschmack:	Würzig.

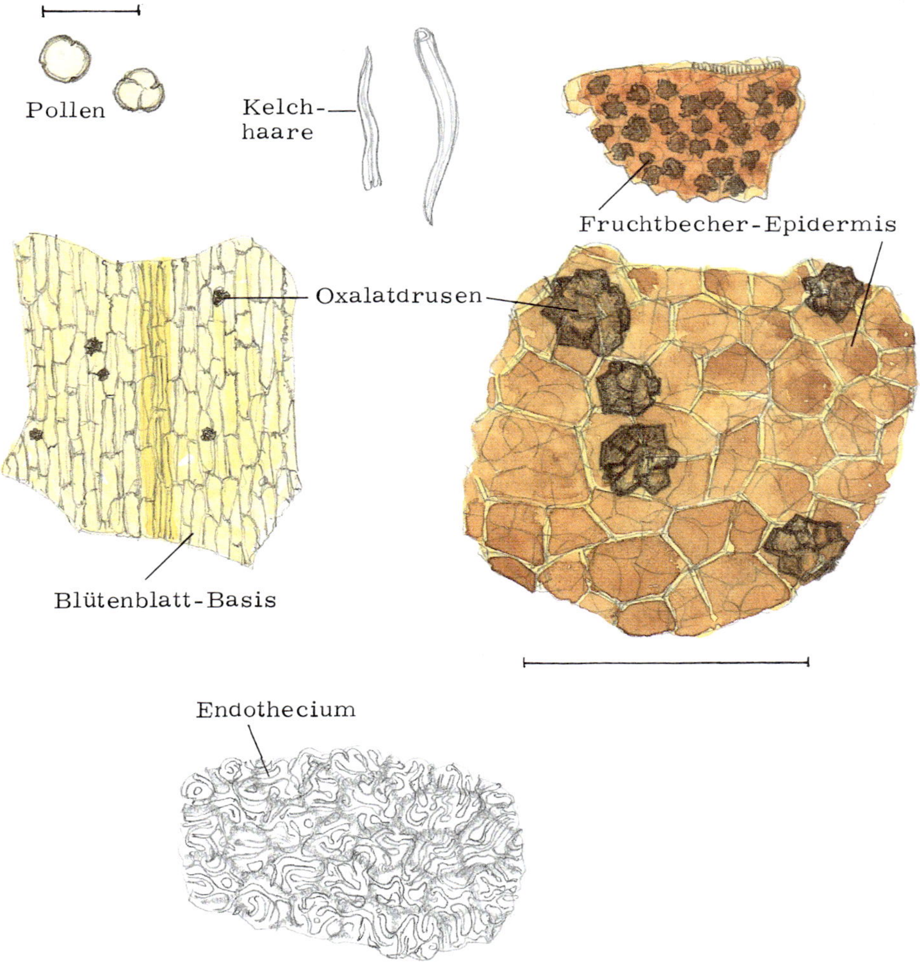
Pollen
Kelch-
haare
Fruchtbecher-Epidermis
Oxalatdrusen
Blütenblatt-Basis
Endothecium

Pyrethri flos - Insektenblüte

Arzneibücher:	ÖAB 90
Stammpflanzen:	*Chrysanthemum cinerariifolium* (TREV.) VIS.
Familie:	Asteraceae
Chloralhydrat-Präp.:	Gruppen von gelblichen Steinzellen. Gewundene einzellige Haare. Corollenepidermis aus blasigen Zellen. Septierte Parenchymzellen entlang der Nerven. Pollen tricolpat mit kurzen Stacheln auf der Exine.
Geruch:	Schwach aromatisch
Geschmack:	Leicht kratzend.

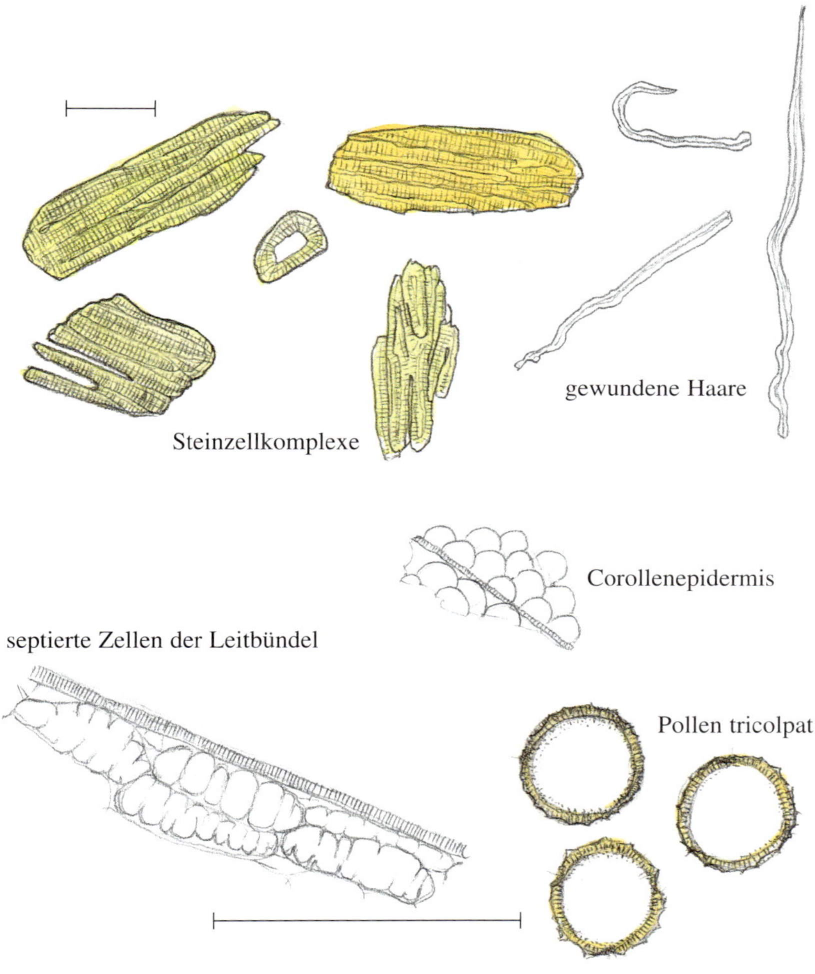
Steinzellkomplexe
gewundene Haare
Corollenepidermis
septierte Zellen der Leitbündel
Pollen tricolpat

Rhoeados petalum - Klatschmohnblütenblätter

Arzneibücher:	DAC 86
Stammpflanze:	*Papaver rhoeas* L.
Familie:	Papaveraceae
Chloralhydrat-Präp.:	Rote Corollenfragmente, meist mit anhaftenden triporaten Pollenkörnern. Corollenblattnerven aus ein- bis zwei Gefäßen. Zellen der Endotheciumfragmente mit regelmässigen Wandleisten.
Geruch:	Schwach würzig.
Geschmack:	Kaum typisch, etwas bitter.

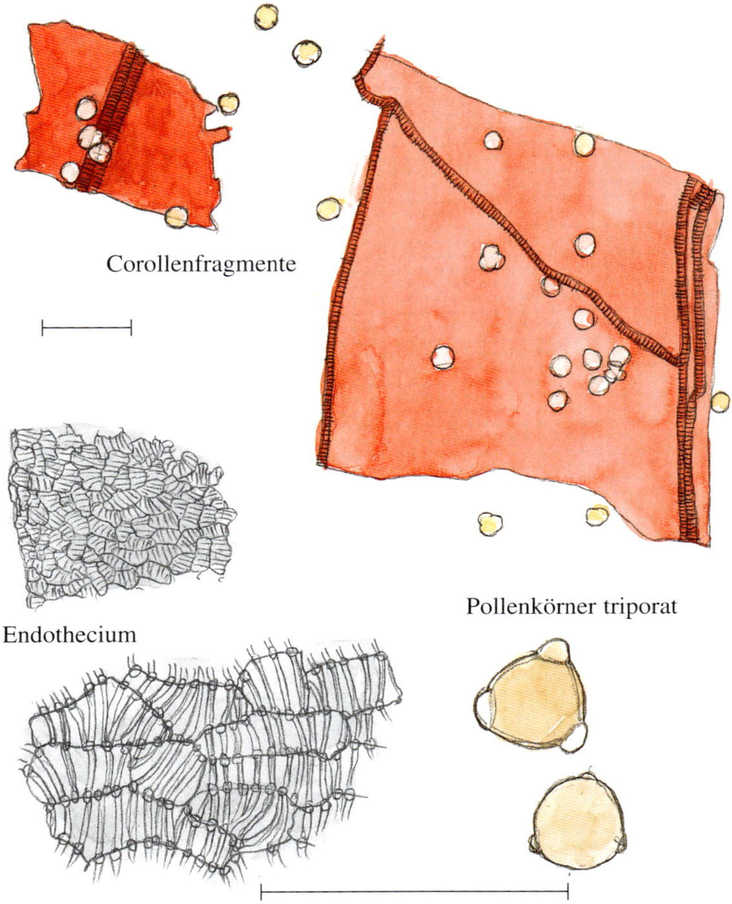
Corollenfragmente
Endothecium
Pollenkörner triporat

Sambuci flos - Holunderblüten

Arzneibücher:	DAB 1997, ÖAB 90, Ph Helv VII
Stammpflanze:	*Sambucus nigra* L.
Familie:	Caprifoliaceae
Chloralhydrat-Präp.:	Pollen tricolpat. Endothecium dichtfaserig. Corolle: Obere Epidermiszellen isodiametrisch-polygonal. Mesophyll mit Interzellularräumen. Oxalatsandzellen einzeln oder zu unregelmäßigen Aggregaten vereint, verstreut. Untere Epidermiszellen der Corolle kantig-buchtig mit Cuticularstreifung. Vereinzelt anomocytische Stomata. Ohne Bild: Kelch mit einzelligen Warzenhaaren. Drüsenhaare mit vierzelligem Köpfchen.

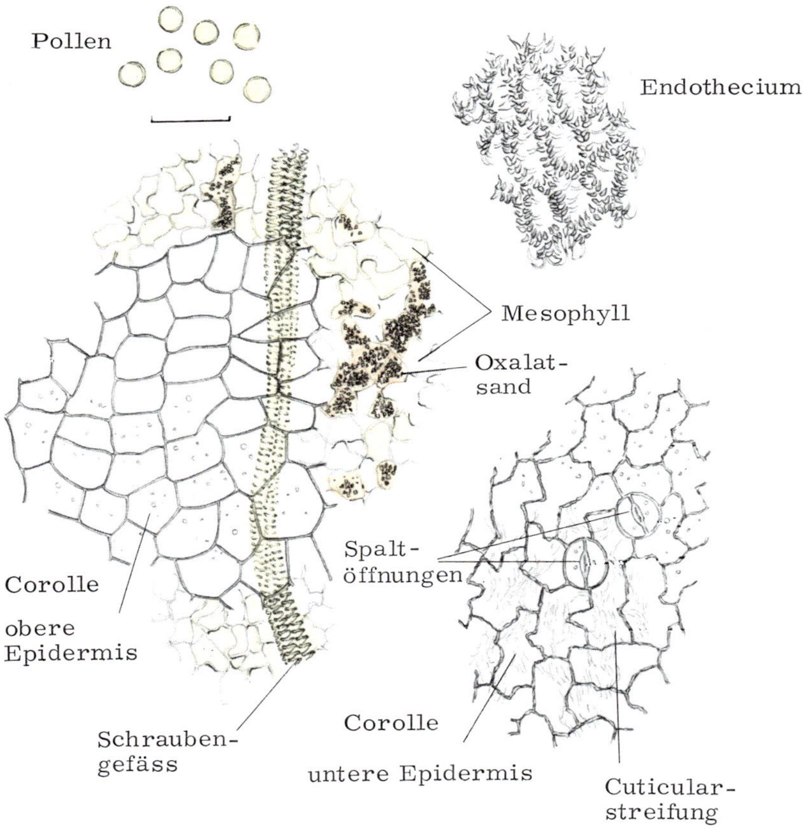
Pollen
Endothecium
Mesophyll
Oxalat-
sand
Spalt-
öffnungen
Corolle
obere
Epidermis
Schrauben-
gefäss
Corolle
untere Epidermis
Cuticular-
streifung

Tiliae flos - Lindenblüten

Arzneibücher:	DAB 1997, ÖAB 90, Ph Helv VII, Ph Eur
Stammpflanze:	*Tilia cordata* MILL., *T. platyphyllos* SCOP., *T. x vulgaris* HEYNE.
Familie:	Tiliaceae
Chloralhydrat-Präp.:	Pollen tricolpat, ellipsoidisch.

Kelch außen kaum behaart. Epidermiszellen dickwandig, isodiametrisch-polygonal. Subepidermale Oxalatdrusen. Große Schleimzellen und Oxalatdrusen im Mesophyll. Obere Kelchepidermis mit Woll- und Büschelhaaren besetzt.

Hochblatt mit isodiametrisch-polygonalen Epidermiszellen, über den Nerven verholzt, unregelmäßig gestaltet und getüpfelt. Leitbündel mit Schraubengefäßen.

Büschelhaare des Corollenrands

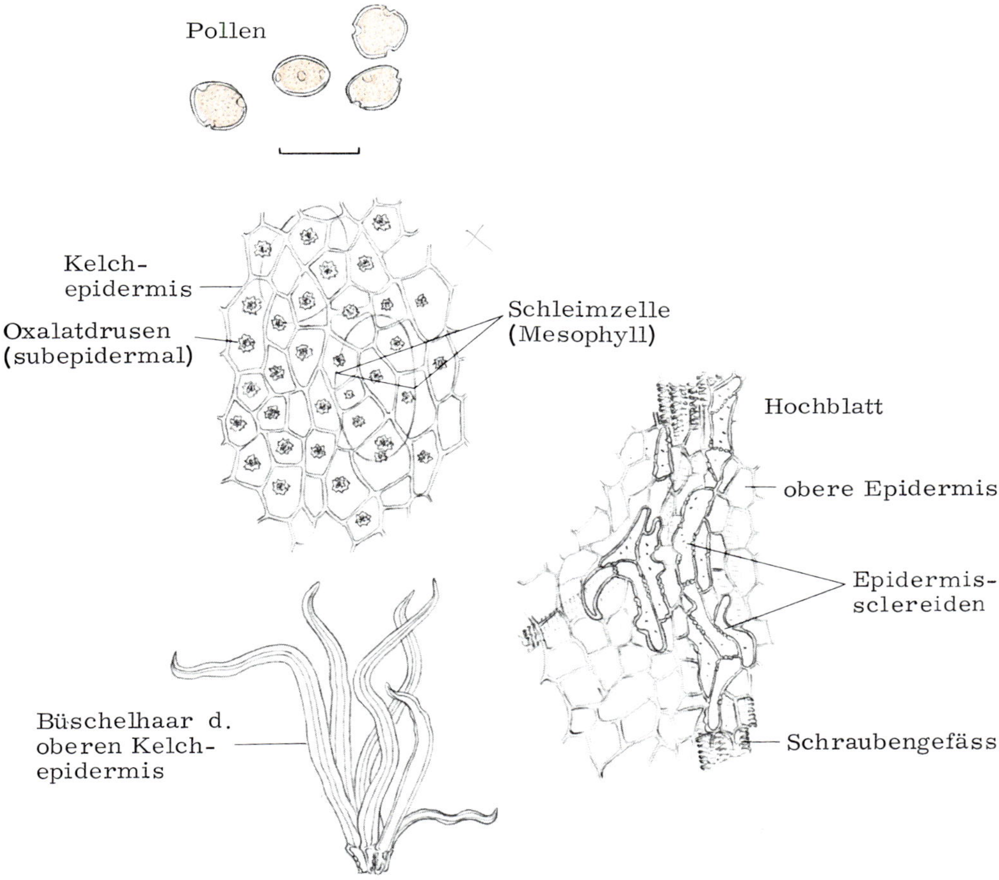
Pollen
Kelch-
epidermis
Oxalatdrusen
(subepidermal)
Schleimzelle
(Mesophyll)
Hochblatt
obere Epidermis
Epidermis-
sclereiden
Schraubengefäss
Büschelhaar d.
oberen Kelch-
epidermis

Verbasci flos - Wollblumen

Arzneibücher:	ÖAB 90, Ph Helv VII, DAC 86
Stammpflanze:	*Verbascum phlomoides* L., *V. densiflorum* Bertol.
Familie:	Scrophulariaceae
Chloralhydrat-Präp.:	Große und kleine Etagenhaare der unteren Corollenepidermis. Pollen tricolpat. Endothecium sternförmig verdickt (Radialwände fast unsichtbar). Corollenzipfel mit isodiametrisch-polygonalen oberen Epidermiszellen und Schraubengefäßen Filamente teilweise mit Haarfilz aus einzelligen, gelben Keulenhaaren, mit punktierter Cuticula.

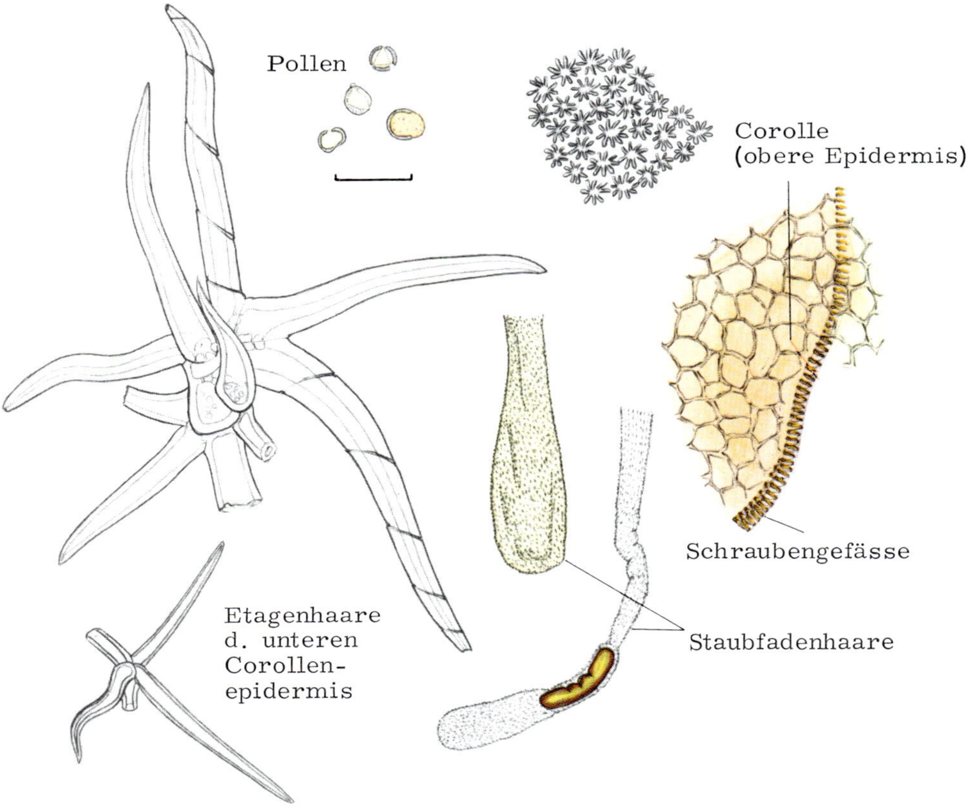
Pollen
Corolle
(obere Epidermis)
Schraubengefässe
Etagenhaare
d. unteren
Corollen-
epidermis
Staubfadenhaare

Ammeos visnagae fructus - Ammi-Visnaga-Früchte

Arzneibücher:	DAB 1997
Stammpflanze:	*Ammi visnaga* (L.) LAMARCK
Familie:	Apiaceae
Wasser-Präparat:	Gelegentlich tritt Stärke aus Fruchtwandzellen im Pulver auf.
Chloralhydrat-Präp.:	Lipidtropfen aus dem Nährgewebe, farblos. Endospermfragmente mit anhaftendem braungelbem Endokarp. Im Endosperm viel Aleuron und winzige Oxalatrosetten. Innere Epidermis der Fruchtwand aus schmalen Zellen (Parkettzellen). Darunterliegende Endokarpzellen groß, braunwandig, meist einzellschichtig, nur in Umgebung von Sekretkanälen (Ölstriemen) mehrschichtig. Äußere Fruchtwand-Epidermis unkenntlich. Sekretkanäle orangegelb, schmal. Die braunen Zellwände der subepidermalen Endokarpschicht laufen in weißwandige, langgestreckte Parenchymzellen des Endokarps aus, die skelettartige Verdickungen an den Wänden aufweisen. Skelettzellen schmal, einem Gefäß ähnlich, oder weit, dann oft mit netzartigen Verdickungen. Ohne Bild: Selten Apiaceen-Pollen, semmelförmig, und Fragmente des Endotheciums.

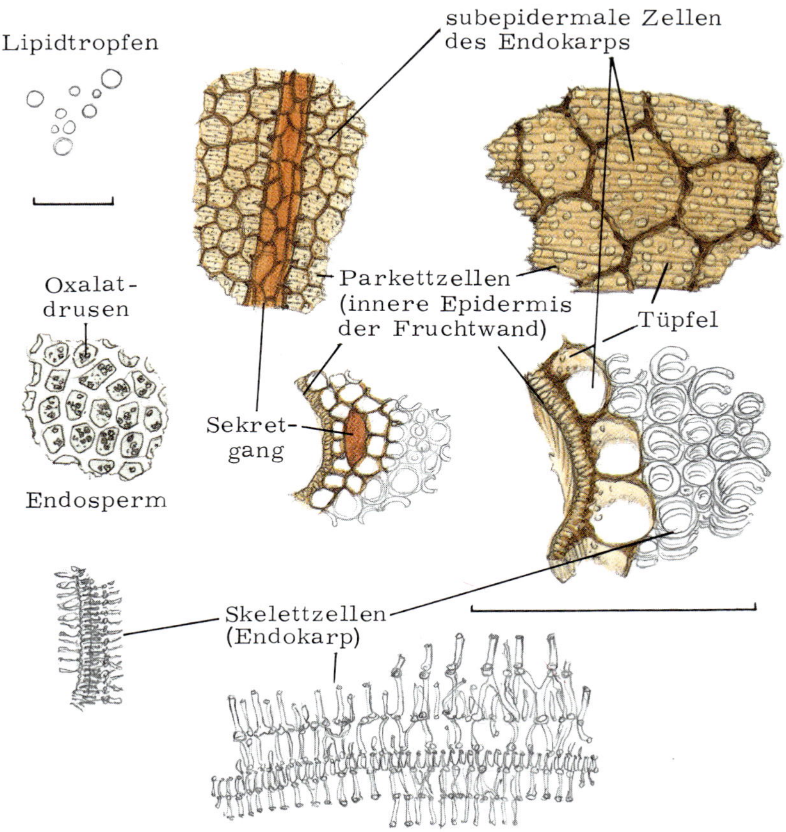
subepidermale Zellen
des Endokarps
Lipidtropfen
Oxalat-
drusen
Parkettzellen
(innere Epidermis
der Fruchtwand)
Tüpfel
Sekret-
gang
Endosperm
Skelettzellen
(Endokarp)

Anisi fructus - Anis

Arzneibücher:	DAB 1997, ÖAB 90, Ph Helv VII, Ph Eur
Stammpflanze:	*Pimpinella anisum* L.
Familie:	Apiaceae

Chloralhydrat-Präp.: Endokarp parkettartig mit durchscheinenden schmalen Ölstriemen (gelb). Epithelzellen deutlich, isodiametrisch.

Äußere Epidermis (Exokarp) mit einzelnen Stomata (anomocytisch) mit 2, selten mehr Nachbarzellen. Cuticularstreifung.

1-(selten 2-)zellige gekrümmte Haare mit warziger Cuticula des Exokarps. Zwischen den Haaren häufig semmelförmige triporate Pollen.

Endokarp über den Leitbündeln dickwandig und verholzt.

Ohne Bild: Endosperm dickwandig, mit Öl, Aleuron und kleinen Oxalatrosetten.

Geruch: Nach Anis.

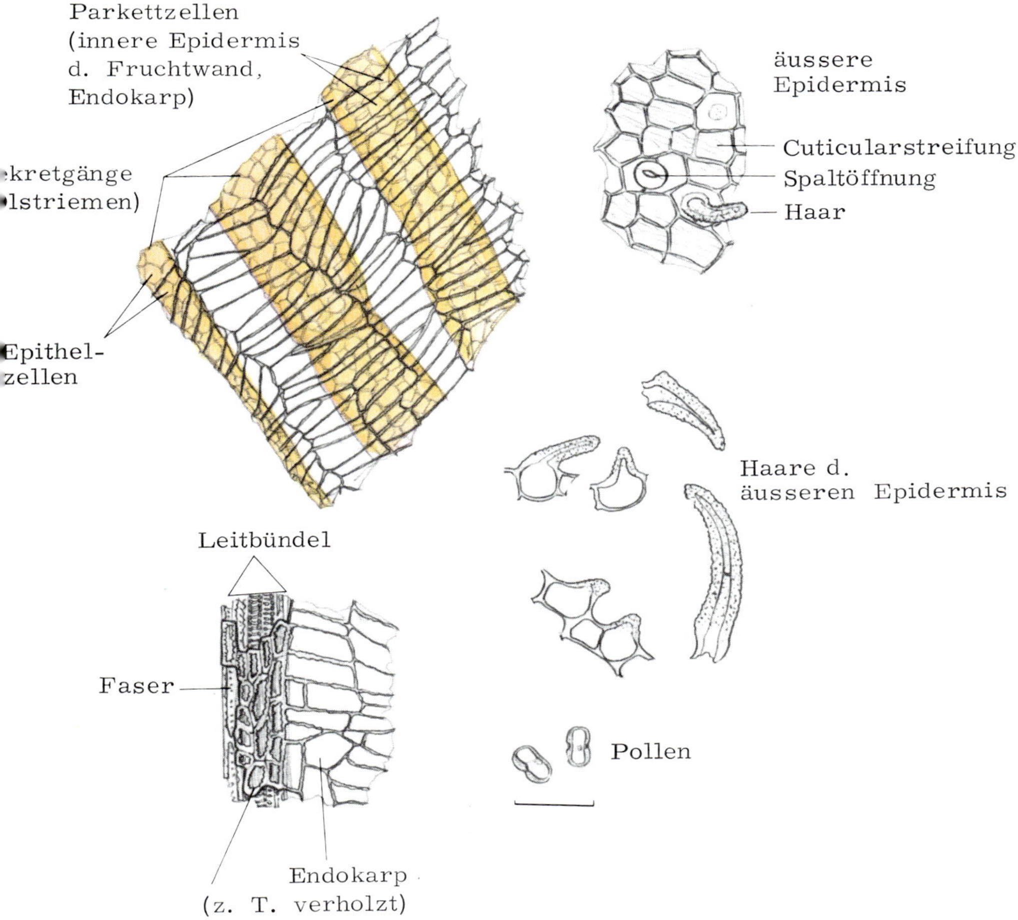
Parkettzellen
(innere Epidermis
d. Fruchtwand,
Endokarp)
kretgänge
lstriemen)
pithel-
zellen
äussere
Epidermis
Cuticularstreifung
Spaltöffnung
Haar
Haare d.
äusseren Epidermis
Leitbündel
Faser
Endokarp
(z. T. verholzt)
Pollen

Anisi stellati fructus - Sternanis

Arzneibücher:	DAB 1997, ÖAB 90, Ph Eur
Stammpflanze:	*Illicium verum* HOOKER fil.
Familie:	Illiciaceae
Chloralhydrat-Präp.:	Emulsionskugeln.
	Fruchtwand-Epidermis wellig-buchtig mit starken Wandverdickungen zwischen Tüpfelfeldern. Zellinhalt oft dunkelbraun.
	Innere Epidermis der Fruchtwand palisadenartig, an den Suturen der Fruchtblätter steinzellartig, oft mit schwarzen (luft-haltigen) Tüpfelkanälen.
	Samenschale aus steinzellartig verdickten Pilasterzellen, meist jedoch in Aufsicht.
	Verschieden lange Sclereiden.
	Zartwandiges, ölhaltiges Nährgewebe aus den Samen.
Geruch:	Nach Anis.
Geschmack:	Würzig und brennend.

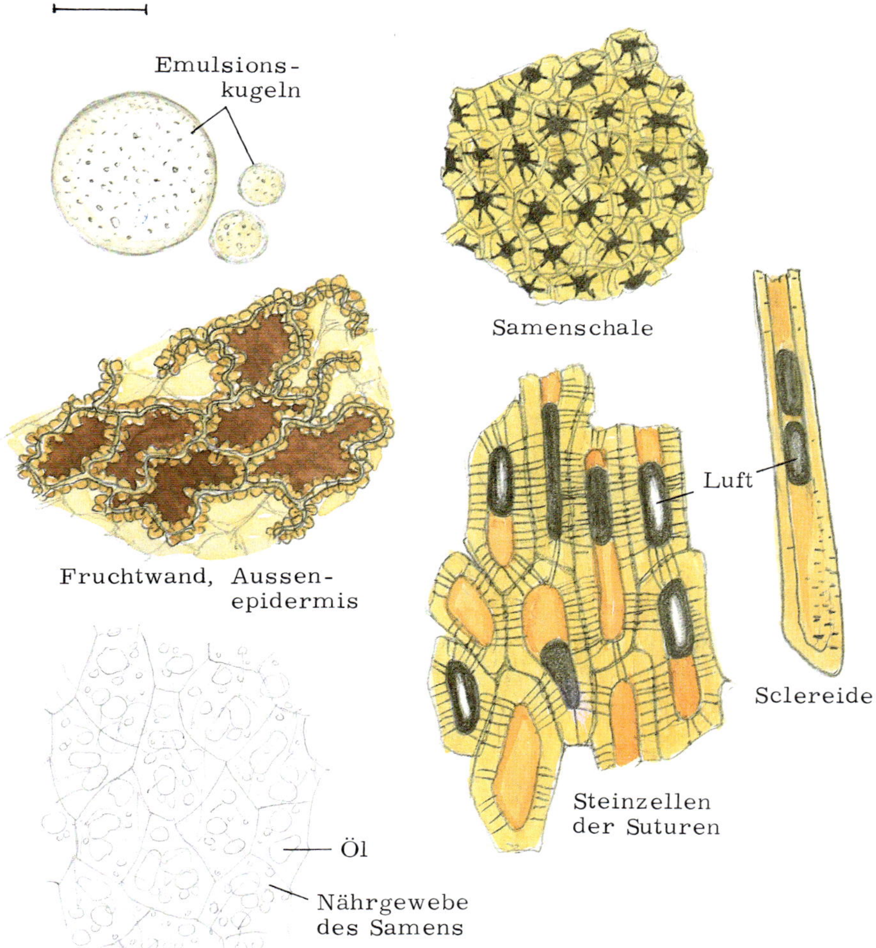
Emulsions-
kugeln
Samenschale
Fruchtwand, Aussen-
epidermis
Luft
Sclereide
Steinzellen
der Suturen
Öl
Nährgewebe
des Samens

Aurantii immaturi fructus - Unreife Pomeranzen

Arzneibücher:	DAB 6
Stammpflanze:	*Citrus aurantium* L. ssp. *amara* L.
Familie:	Rutaceae

Chloralhydrat-Präp.: Mesokarp mit Oxalat-Einzel- und Zwillingskristallen. Leitbündel mit Schrauben- und Ringgefäßen, oft von Kristallzellen begleitet.

Steinzellen unbekannter Herkunft häufig.

Viele braune Hesperidinsphärite im Mesokarp.

Ohne Bild: Epidermis isodiametrisch-polygonal, kleinzellig. Stomata anomocytisch-amphicyclisch, selten.

Nachweis: 5%ige Kalilauge löst Hesperidinsphärite sofort auf, gelbe Zone.

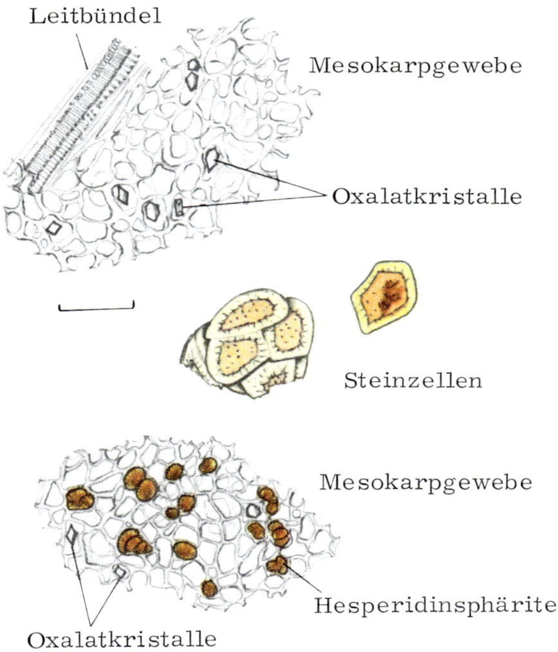
Leitbündel
Mesokarpgewebe
Oxalatkristalle
Steinzellen
Mesokarpgewebe
Hesperidinsphärite
Oxalatkristalle

Capsici fructus acer - Cayennepfeffer

Arzneibücher:	DAB 1997, ÖAB 90 (Fructus Capsici), Ph Helv VII
Stammpflanze:	*Capsicum frutescens* L. s.l.
Familie:	Solanaceae
Wasser-Präparat:	Wenig Stärke aus dem Endosperm.
Chloralhydrat-Präp.:	Fruchtwand-Außenepidermis isodiametrisch. Zellen oft in undeutlichen Reihen. Angrenzendes subepidermales Parenchym mit gelben und roten Öltropfen. Öltropfen und Emulsionskugeln auch frei im Präparat. Mesokarp-Fragmente mit Leitbündeln und (selten) Oxalatsandzellen. Zellgrenzen der Mesokarpzellen unkenntlich. Innere Epidermis der Fruchtwand dünnwandig, ebenfalls schwer erkennbar. Wenn dickwandig, dann stark gelappt, grünlich mit stark getüpfelten Wänden. Testa-Epidermis (Gekrösezellen) grünlich-gelb. Zellgrenzen sehr klar erkennbar (Unterschied zu Capsici fructus von *Capsicum anuum* L.). Zellwände ungleichmäßig wulstig verdickt.

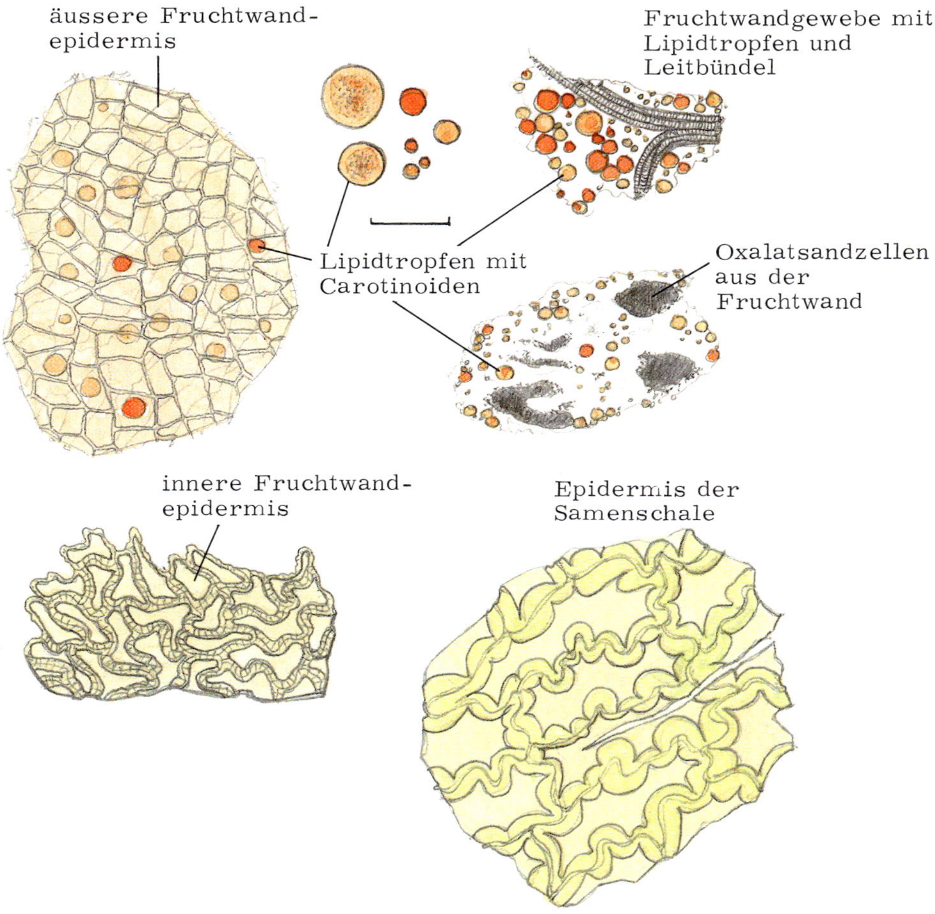

äussere Fruchtwand-
epidermis
Fruchtwandgewebe mit
Lipidtropfen und
Leitbündel
Lipidtropfen mit
Carotinoiden
Oxalatsandzellen
aus der
Fruchtwand
innere Fruchtwand-
epidermis
Epidermis der
Samenschale

Cardamomi fructus - Kardamomen

Arzneibücher:	DAC 86
Stammpflanze:	*Elettaria cardamomum* WHITE et MATON
Familie:	Zingiberaceae
Wasser-Präparat:	Stärkeballen aus dem Perisperm. Endosperm und Embryo stärkefrei.
Chloralhydrat-Präp.:	Innere Epidermis aus Sclereiden mit warzigen Kieselkörpern.
	Äußere Testa-Epidermis aus langen schmalen Zellen. Querzellen zartwandig.
	Endosperm mit Oxalatkristallen.
	Kardamomenschalen enthalten Faserbündel und braune Sekretzellen, die Fruchtwand ist zum Teil verkorkt.
Geruch:	Aromatisch.

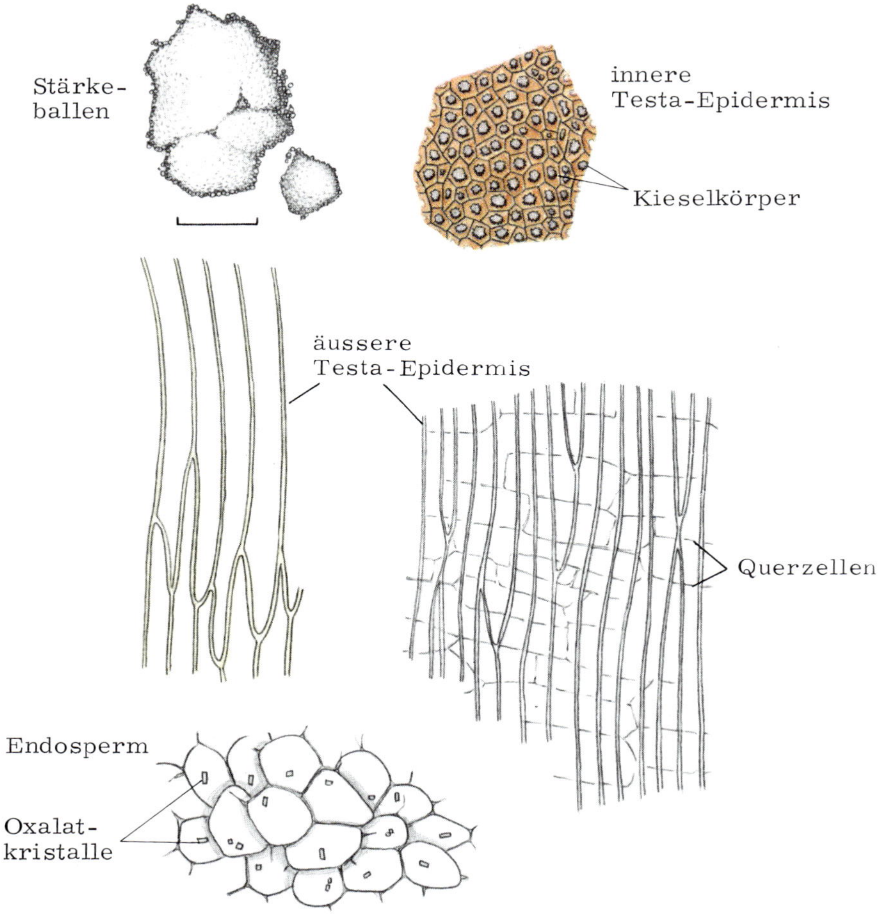
Stärke-
ballen
innere
Testa-Epidermis
Kieselkörper
äussere
Testa-Epidermis
Querzellen
Endosperm
Oxalat-
kristalle

Cardui mariae fructus - Mariendistelfrüchte

Arzneibücher:	DAB 1997
Stammpflanze:	*Silybum marianum* L. GAERTNER
Familie:	Asteraceae
Chloralhydrat-Präp.:	Embryo mit kleinen Oxalatdrusen und viel Öl. Pigmentzellschicht mit roten Zellen. Mesokarp gelblich bis grau. Innere Epidermis der Fruchtwand mit verdickter und verholzter Außenwand. Äußere Fruchtwandepidermis aus Palisadenepithel mit stark verdickter Außenwand. Zellumen flaschenförmig, nach außen verjüngt. Samenschale aus unregelmäßig angeordneten Palisaden mit stark verdickter, schwach verholzter Wand. Perisperm zusammengedrückt.

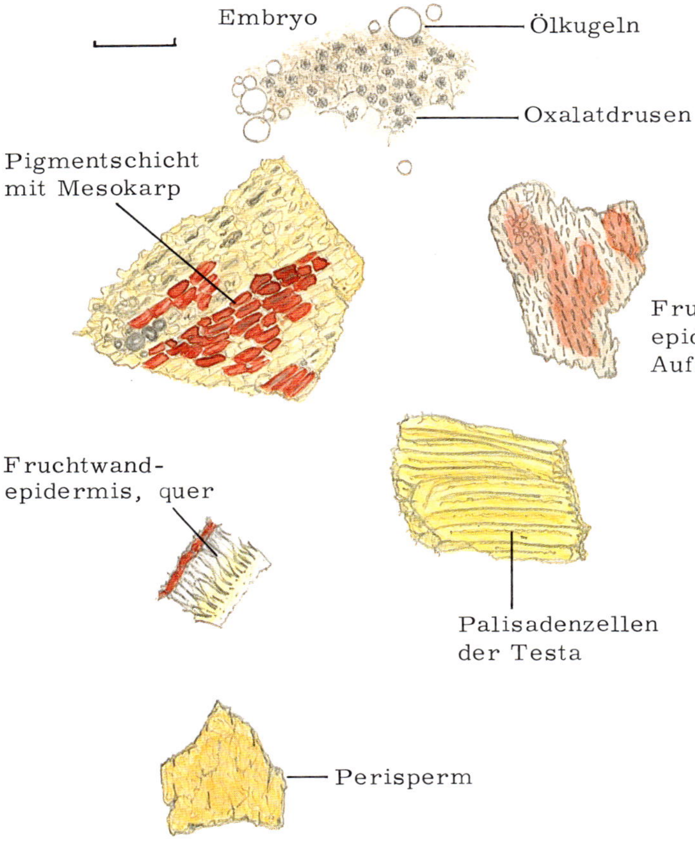
Embryo
Ölkugeln
Oxalatdrusen
Pigmentschicht mit Mesokarp
Fruchtwand-epidermis, Aufsicht
Fruchtwand-epidermis, quer
Palisadenzellen der Testa
Perisperm

Caricae fructus - Feigen

Arzneibücher:	Ph Helv VII
Stammpflanze:	*Ficus carica* L.
Familie:	Moraceae
Wasser-Präparat:	Stärke fehlt.
Chloralhydrat-Präp.:	Steinzellen der Samenschale mit schwarzem (Luft), sternförmigem Lumen, angeschnittene Tüpfelkanäle als schwarze Striche erkennbar.
	Haarstücke verschiedener Dicke, mit Innensepten oder amorphen Inhaltskörpern.
	Gleichförmige, kugelige Proteinoplasten im Speicherparenchym.
	Stränge aus wenigen Gefäßen und Milchröhren.
Nachweis:	Gelbfärbung der Proteinoplasten mit Jod.
Geruch:	Aromatisch.
Geschmack:	Sehr süß.

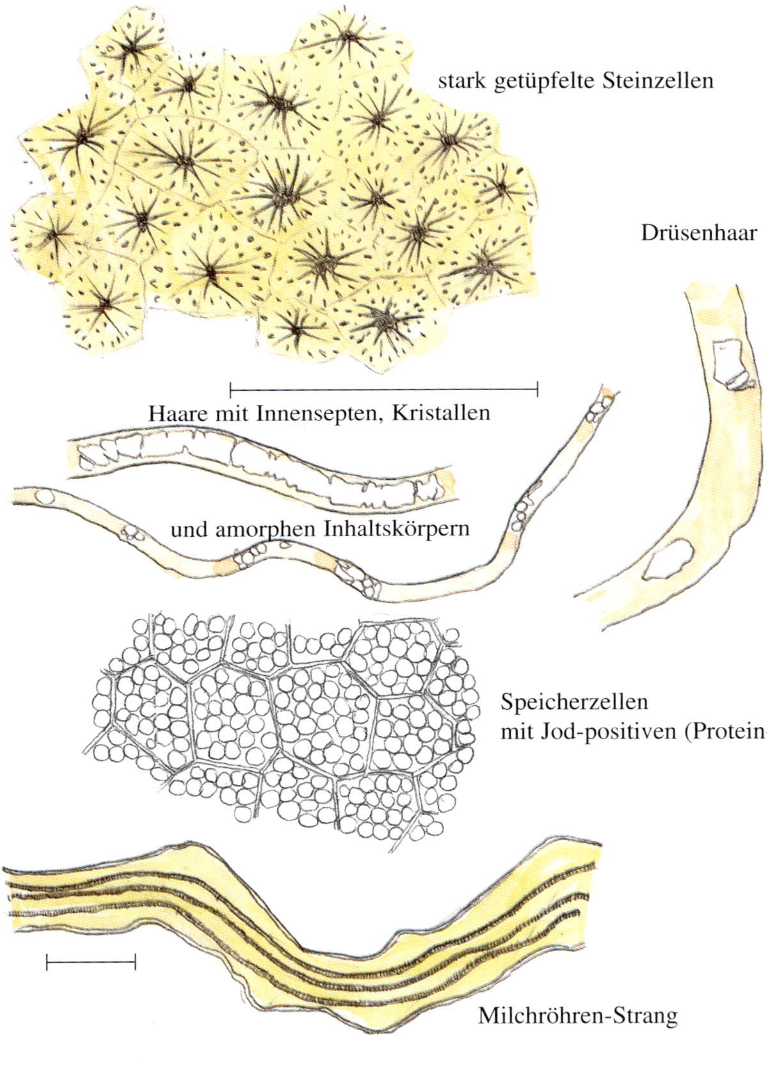
stark getüpfelte Steinzellen
Drüsenhaar
Haare mit Innensepten, Kristallen
und amorphen Inhaltskörpern
Speicherzellen
mit Jod-positiven (Protein-) Plastiden
Milchröhren-Strang

Carvi fructus - Kümmel

Arzneibücher:	DAB 1997, ÖAB 90, Ph Helv VII, Ph Eur
Stammpflanze:	*Carum carvi* L.
Familie:	Apiaceae
Chloralhydrat-Präp.:	Perikarp mit breiten Ölstriemen, diese häufig durch verharztes Sekret septiert. Epithelzellen kaum zu erkennen. Endokarp (innere Fruchtwandepidermis) polygonal, tangential gestreckt. Leitbündel mit Fasern, Schraubengefäße. Exokarpepidermis an der Fugenseite verholzt, dickwandig, getüpfelt. Endosperm dickwandig mit Oxalatrosetten.
Geruch:	Nach Kümmel.

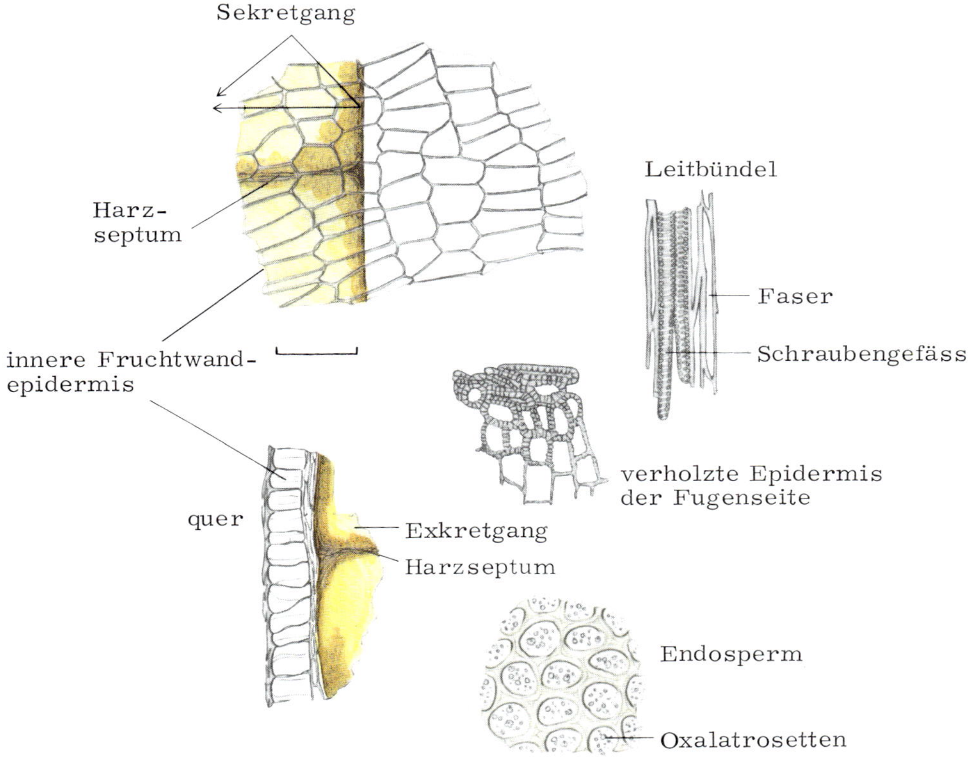
Sekretgang
Harz-
septum
innere Fruchtwand-
epidermis
Leitbündel
Faser
Schraubengefäss
verholzte Epidermis
der Fugenseite
quer
Exkretgang
Harzseptum
Endosperm
Oxalatrosetten

Coriandri fructus - Koriander

Arzneibücher:	DAB 1997, ÖAB 90
Stammpflanze:	*Coriandrum sativum* L. *var. vulgare* ALEF. (= var. *macrocarpum* DC), *C. sativum* L. var. *microcarpum* DC
Familie:	Apiaceae
Chloralhydrat-Präp.:	Farblose Ölkugeln; lösen sich nach einiger Zeit auf. Fruchtwandepidermis polygonal mit Oxalatrosetten und kleinen Kristallen. Darunter anhaftend Querzellenschicht. In der Queransicht gehen die Querzellen über eine braune strukturlose Samenschale in weißes, unregelmäßig dickwandiges Endosperm über. Endospermzellen mit Oxalatrosetten. Mesokarp stellenweise mit "Faserplatten" ausgestattet, diese gewunden und sich schichtweise überlagernd, Faserzellumen erscheint oft durch eingeschlossene Luft schwarz.
Geruch:	Typischer Koriandergeruch (mexican food).
Geschmack:	Aromatisch und würzig.

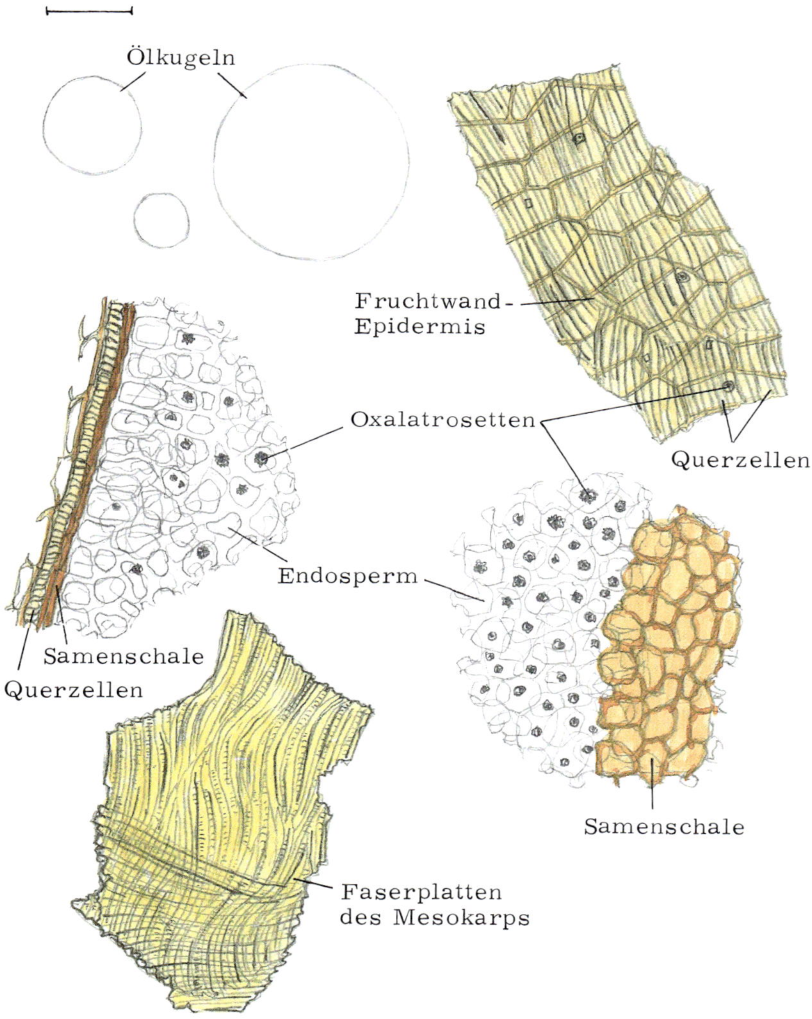
Ölkugeln
Fruchtwand-
Epidermis
Oxalatrosetten
Querzellen
Endosperm
Samenschale
Querzellen
Samenschale
Faserplatten
des Mesokarps

Crataegi fructus - Weißdornbeeren

Arzneibücher:	DAC 86
Stammpflanze:	*Crataegus monogyna* JACQ. emend. LINDM., *C. laevigata* (POIRET) DC und deren Bastarde
Familie:	Rosaceae
Wasser-Präparat:	Stärke fehlt.
Chloralhydrat-Präp.:	Einzellige, meist gekrümmte Haare.
	Steinzellen dünnwandig und dickwandig. Letztere mit schwarzem (luftgefülltem) Lumen.
	Leitbündel der Fruchtwand mit wenigen dünnen Ringgefäßen und langgestreckten Parenchymzellen.
	Pigmentzellen rot bis rosa, polygonal, vielfach eingerissen. Zellen mit kristallinen und rundlichen (Plastiden) Inhaltskörpern.
	Fruchtwandepidermis orangebraun, mit roten Zellwänden. Darunter Parenchymzellen mit einzelnen Oxalatkristallen.
Geruch:	Seifig.
Geschmack:	Schwach süßlich.

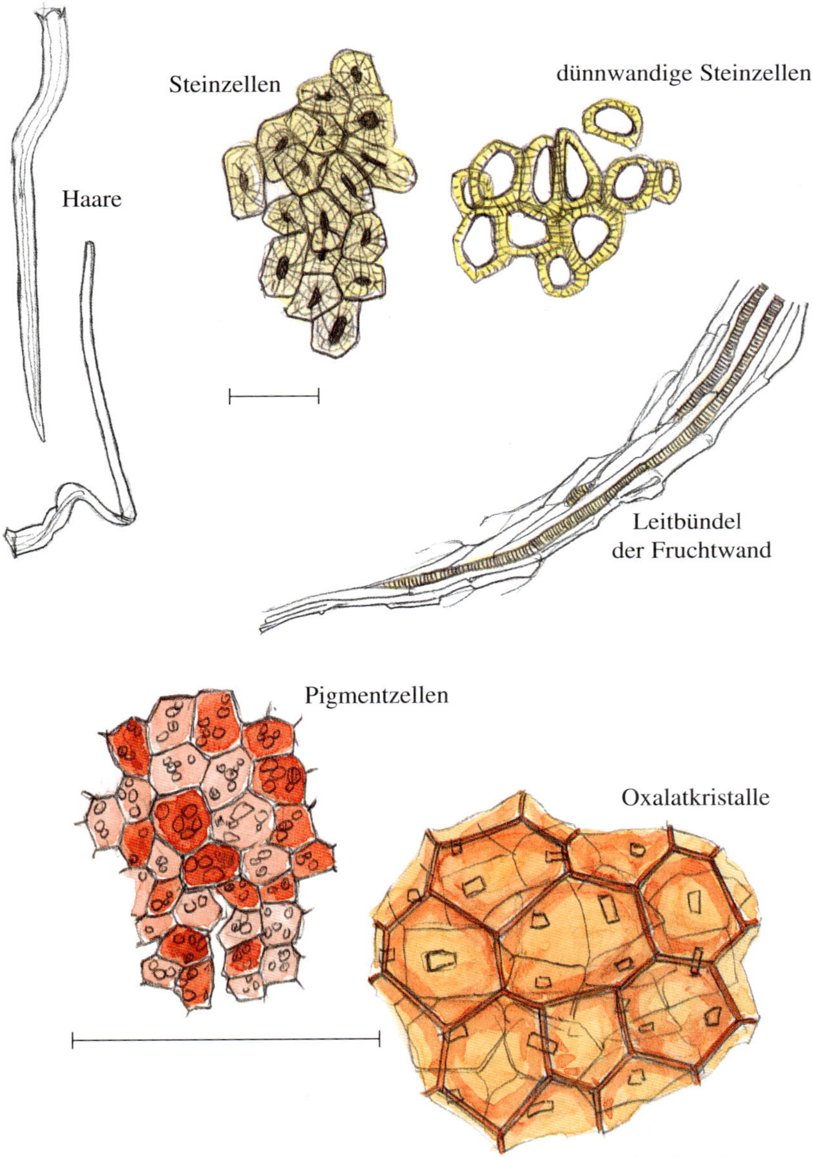
Steinzellen
dünnwandige Steinzellen
Haare
Leitbündel
der Fruchtwand
Pigmentzellen
Oxalatkristalle
Fruchtwandepidermis

Foeniculi amari fructus - Bitterer Fenchel

Arzneibücher:	DAB 1997, ÖAB 90, Ph Helv VII, Ph Eur
Stammpflanze:	*Foeniculum vulgare* MILLER ssp. *vulgare* var. *vulgare* (MILLER) THELLUNG
Familie:	Apiaceae
Chloralhydrat-Präp.:	Perikarpfragmente selten, mit gekammerten, braunen Ölstriemen und anomocytischen Stomata.
	Endokarp (innere Fruchtwandepidermis) bildet Parkettzellschicht, die mit einer auffallend braunrot-wandigen Mesokarpzellschicht verwachsen ist.
	Mesokarp mit Fensterzellen in Leitbündelnähe.
	Endosperm dickwandig, weiß, mit Oxalatrosetten.
Geruch:	Nach Fenchel.
Geschmack:	Bitterer Fenchel schmeckt bitter-aromatisch und kratzend.
Hinweis:	Die beiden Fenchelvarietäten sind mikroskopisch nicht unterscheidbar !

Foeniculi dulcis fructus - Süßer Fenchel

Arzneibücher:	DAB 1997, ÖAB 90, Ph Helv VII, Ph Eur
Stammpflanze:	*Foeniculum vulgare* MILLER ssp. *vulgare* var. *dulce* (MILLER) THELLUNG.
Familie:	Apiaceae
Chloralhydrat-Präp.:	s. oben

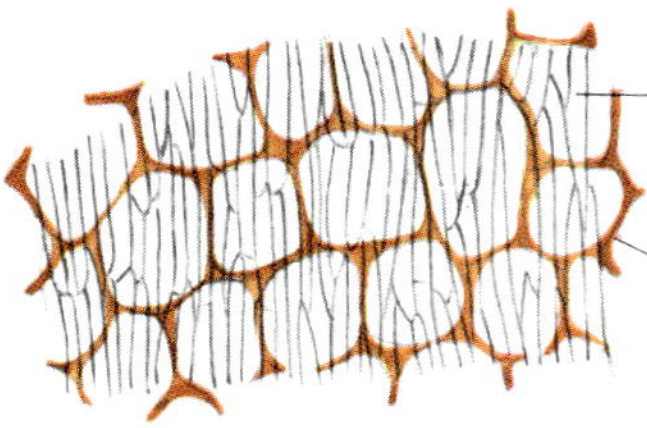
innere Frucht-
wandepidermis
("Parkettzellen")
Mesokarpzellen

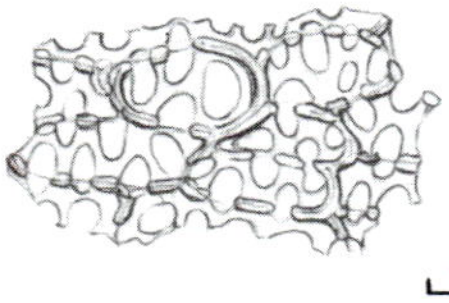
"Fensterzellen"
(Mesokarpgewebe)

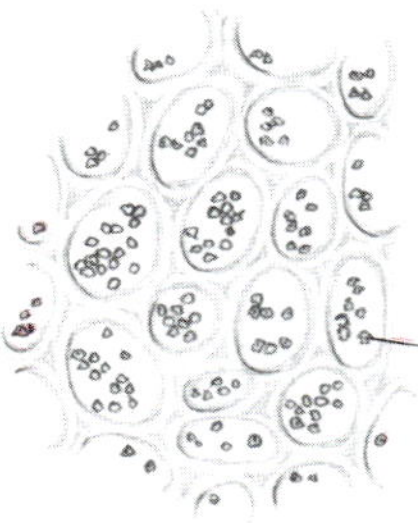
Endosperm
Oxalatrosetten

Juniperi fructus - Wacholderbeeren

Arzneibücher:	DAB 1997, ÖAB 90, Ph Helv VII
Stammpflanze:	*Juniperus communis* L.
Familie:	Cupressaceae
Wasser-Präparat:	Stärke fehlt praktisch.
Chloralhydrat-Präp.:	Hellgraue Steinzellen der Testa mit Oxalatkristallen.
	Fruchtwandepidermis dick, gelbwandig mit braunem Inhalt. Mesokarp mit Sekretbehältern und Epithel. Interzellularen.
	Tonnenzellen mit schlitzförmigen Tüpfeln.
Geruch:	Nach Wacholder.

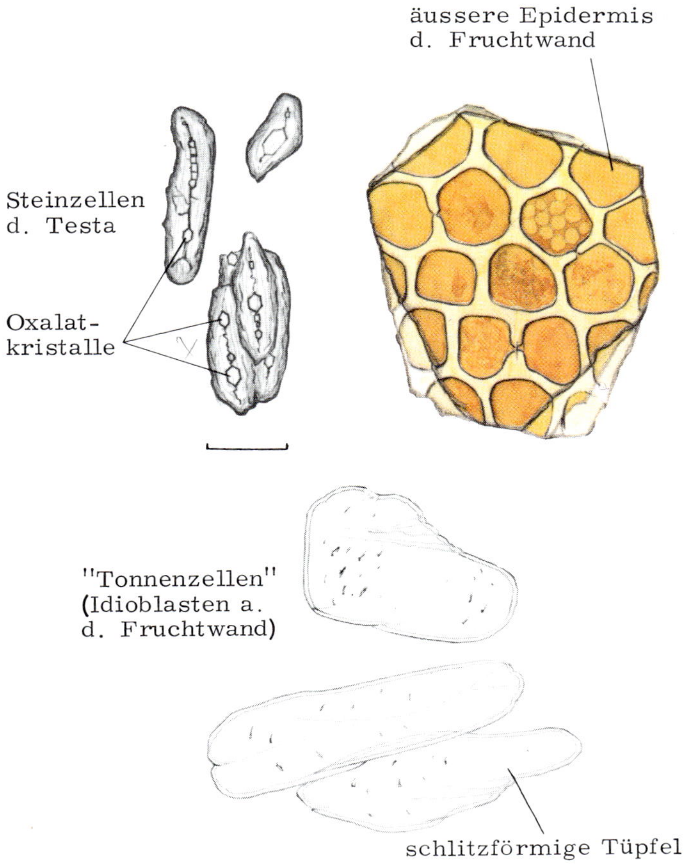
äussere Epidermis
d. Fruchtwand
Steinzellen
d. Testa
Oxalat-
kristalle
"Tonnenzellen"
(Idioblasten a.
d. Fruchtwand)
schlitzförmige Tüpfel

Myrtilli fructus - Heidelbeeren

Arzneibücher:	ÖAB 90, Ph Helv VII, DAC 86
Stammpflanze:	*Vaccinium myrtillus* L.
Familie:	Ericaceae
Chloralhydrat-Präp.:	Farblose Öltropfen, frei und in weißwandigem Speicherparenchym des Samens. Fruchtwandparenchym mit unregelmäßig geformten Oxalatdrusen und von einzelnen oder Gruppen kleiner Steinzellen durchsetzt. Samenschale in Aufsicht aus stark getüpfelten roten Zellen, im Querschnitt sind die Zellen U-förmig verdickt. Fruchtwandepidermis dünnwandig, rosarot.
Geruch:	Stickig.
Geschmack:	Angenehm säuerlich-süß.

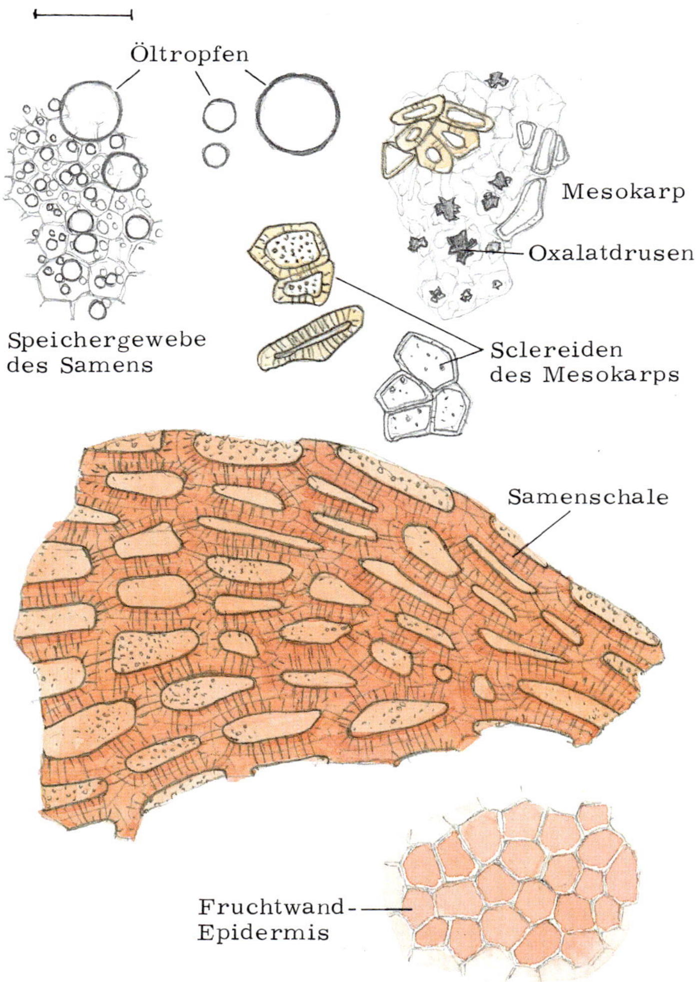
Öltropfen
Mesokarp
Oxalatdrusen
Speichergewebe des Samens
Sclereiden des Mesokarps
Samenschale
Fruchtwand-Epidermis

Piperis nigri fructus - Schwarzer Pfeffer

Arzneibücher:	ÖAB 90
Stammpflanze:	*Piper nigrum* L.
Familie:	Piperaceae
Wasser-Präparat:	Stärke in Ballen aus dem Perisperm.
Chloralhydrat-Präp.:	Steinzellen der äußeren Fruchtwand in Gruppen, selten einzeln.
	Mesokarp mit Sekretzellen (Harzzellen). Leitbündel. Ölzellen.
	Innere Fruchtwand (Endokarp) als Steinzellschicht (Becherzellen) U-förmig im Querschnitt. Außenwand dünn.
	Ohne Bild: Testa orangebraun. Vereinzelt Sekretzellen des Perisperms.
Geschmack:	Scharfer Pfeffergeschmack.

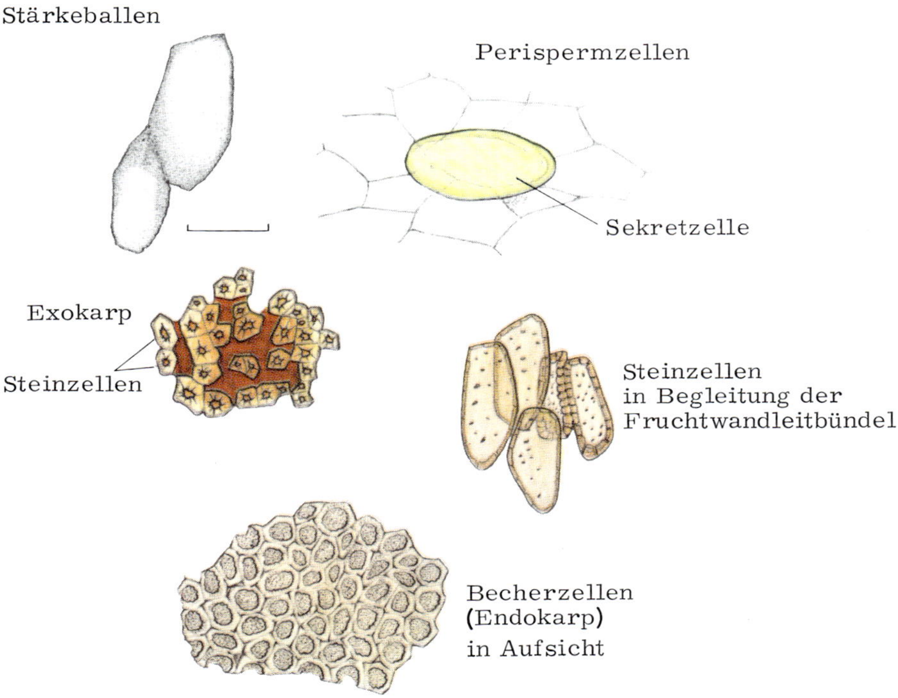
Stärkeballen
Perispermzellen
Sekretzelle
Exokarp
Steinzellen
Steinzellen
in Begleitung der
Fruchtwandleitbündel
Becherzellen
(Endokarp)
in Aufsicht

Rhamni cathartici fructus - Kreuzdornbeeren

Arzneibücher:	DAB 1997
Stammpflanze:	*Rhamnus catharticus* L.
Familie:	Rhamnaceae
Wasser-Präparat:	Stärke in Form rundlicher Einzelkörner.
Chloralhydrat-Präp.:	Fruchtwandepidermis - Zellen mit rotem Inhalt, Zellwände grauweiß. Darunter Fruchtfleischgewebe, dünnwandig, mit einzelnen Oxalatdrusen. Farbloser Schleim tritt beim Quellen blasenförmig aus.
	Testaepidermis mit dicken, stark gekrümmten Zellwänden; Tüpfelkanäle und Wandschichtung schwach abgegrenzt. Zellwände rosa-gelb; Zellumen gelb.
	Embryogewebe kleinzellig, von rotbraunen Sekretbehälter-Gruppen durchsetzt, kleine Oxalatdrusen.
Geruch:	Nach Heu und Sauerteigbrot.
Geschmack:	Schwach süßlich.

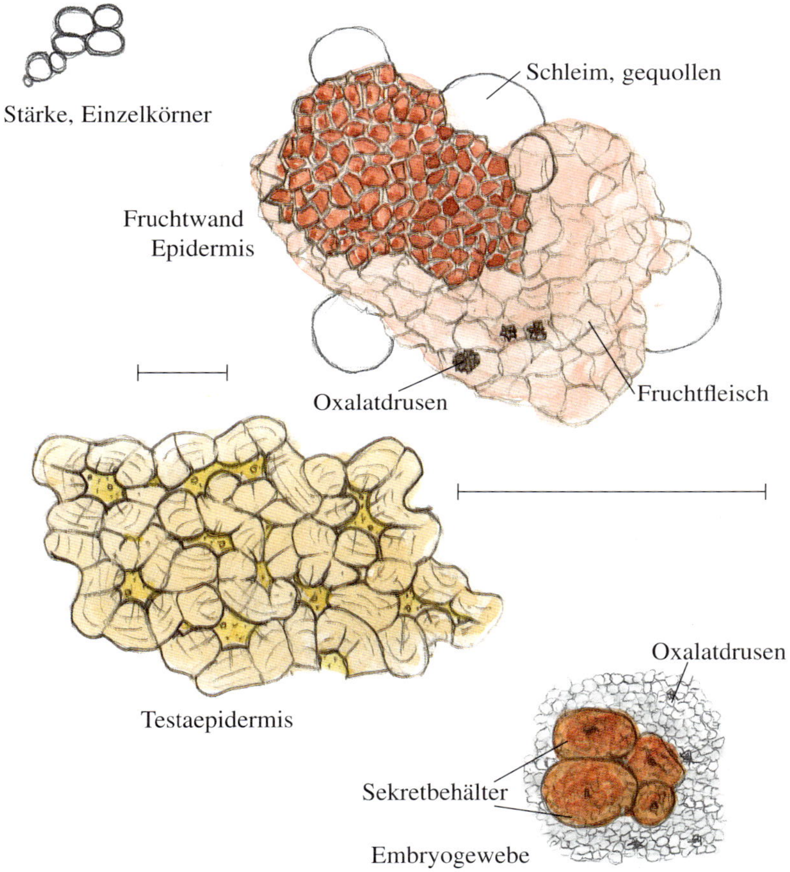
Stärke, Einzelkörner
Schleim, gequollen
Fruchtwand
Epidermis
Oxalatdrusen
Fruchtfleisch
Testaepidermis
Oxalatdrusen
Sekretbehälter
Embryogewebe

Rosae pseudofructus - Hagebuttenschalen

Arzneibücher:	DAB 1997, Ph Helv VII (Cynosbati fructus)
Stammpflanze:	*Rosa canina* L. u.a.
Familie:	Rosaceae

Chloralhydrat-Präp.:	Gelbe Fragmente des Hypanthiums mit dickwandiger, isodiametrischer Außenepidermis, deren Zellen manchmal mit einer dünnen Wand unterteilt sind.

Hypanthium-Epidermis in Queransicht gelbgrün. Dicke Außenwand in dünne innere Radialwand übergehend. Im subepidermalen Bereich zahlreiche Oxalatdrusen und -kristalle.

Parenchym des Hypanthiums mit orangerotem körnigen Zellinhalt. Innere Schicht des Hypanthiums mit kleinen Oxalatdrusen.

Leitbündelfragmente aus dem Hypanthium.

Ocker-gelbe Öltropfen frei und in Zellschichten der Samenschale. Samenschale mit hellen Epidermiszellen, darunter schmale Zellen, gitterartig und in Stockwerken angeordnet. Anhaftendes Nährgewebe mit hellgelbem Öl.

Fruchtwand mit auffallend großen, gebogenen gelben Haaren, stark getüpfelten Steinzellen und Sclereiden verschiedener Größe.

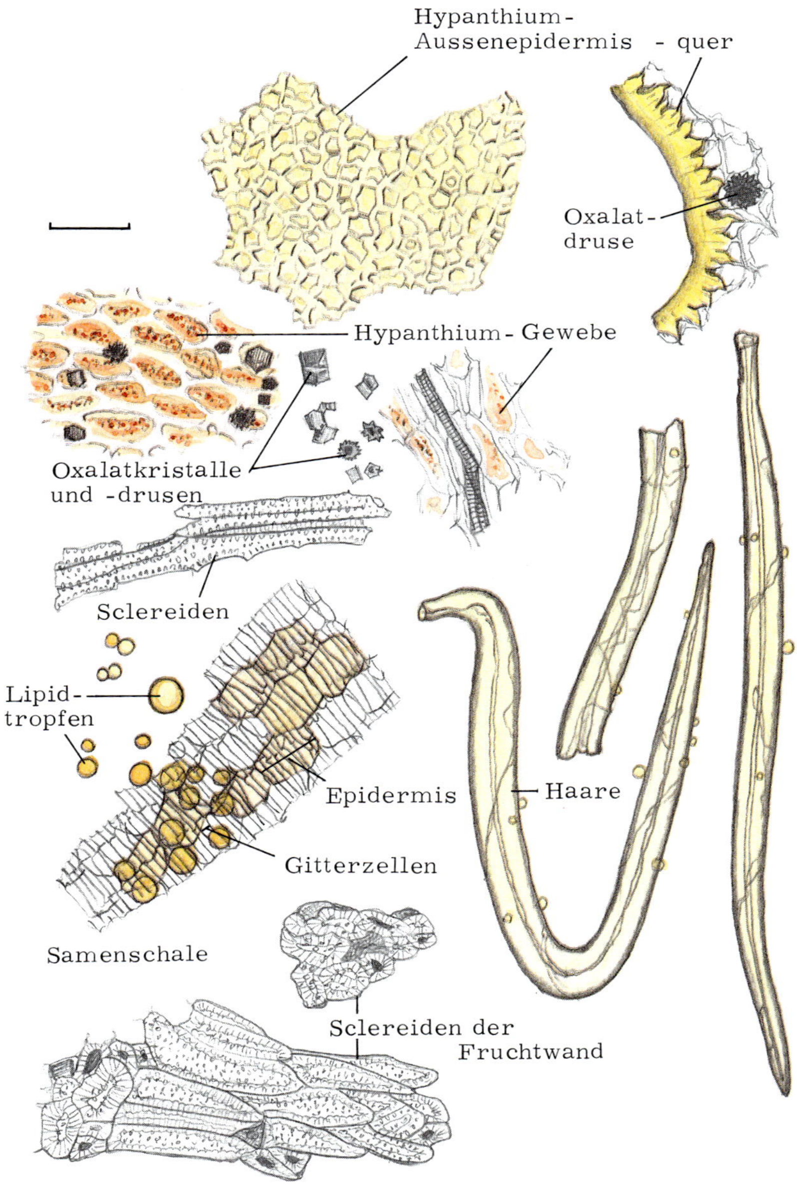
Hypanthium-
Aussenepidermis - quer
Oxalat-
druse
Hypanthium-Gewebe
Oxalatkristalle
und -drusen
Sclereiden
Lipid-
tropfen
Epidermis
Haare
Gitterzellen
Samenschale
Sclereiden der
Fruchtwand

Sennae fructus acutifoliae - Alexandriner-Sennesfrüchte

Arzneibücher:	DAB 1997, ÖAB 90, Ph Helv VII, Ph Eur
Stammpflanze:	*Cassia senna* L. (= *Cassia acutifolia* DELILE.)
Familie:	Caesalpiniaceae
Chloralhydrat-Präp.:	Kniehaare der Epidermis Die Faserzellen des Endokarps gehen zur Mittelrippe des Fruchtblattes hin in isodiametrische Zellformen über, die stark getüpfelte Wände haben. Endokarp aus 2 Lagen Faserzellen, die sich bogig überkreuzen. Auf der Innenseite des Endokarps Kristallzellen (bei *C. angustifolia* in ausgedehnter Schicht). Fasern der Leitbündel mit Kristallzellreihen. Palisadenzellen der Testa mit dicken, cutinisierten Außenwänden, die sich als einheitliche Schicht ablösen. Palisadenschicht in Aufsicht grubig, daher Zellen teils isodiametrisch, teils mit schlitzförmigem Lumen. Trägerzellen der Testa ohne sichtbare Tüpfelung. Bei *C.acutifolia* viele grüne Blattfragmente mit paracytischen Stomata.
Nachweis:	Rotfärbung mit 5% KOH→ Anthrachinone.

Sennae fructus angustifoliae - Tinnevelly-Sennesfrüchte

Arzneibücher:	DAB 1997, ÖAB 90, Ph Helv VII, Ph Eur
Stammpflanze:	*Cassia angustifolia* VAHL
Familie:	Caesalpiniaceae
Chloralhydrat-Präp.:	s. oben

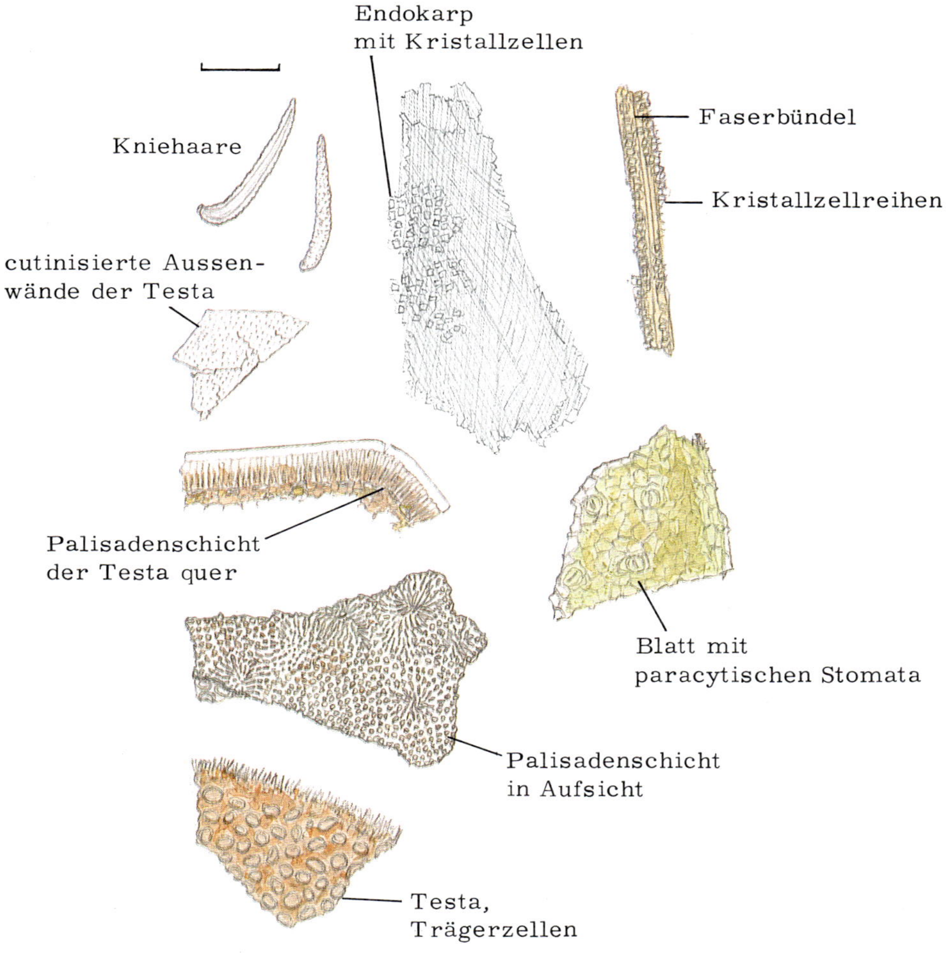
Endokarp
mit Kristallzellen
Kniehaare
Faserbündel
Kristallzellreihen
cutinisierte Aussenwände der Testa
Palisadenschicht
der Testa quer
Blatt mit
paracytischen Stomata
Palisadenschicht
in Aufsicht
Testa,
Trägerzellen

Colae semen - Kolasamen

Arzneibücher:	ÖAB 90, Ph Helv VII
Stammpflanze:	*Cola nitida* SCHOTT, *C. acuminata* SCHOTT
Familie:	Sterculiaceae
Wasser-Präparat:	Viel Stärke in Form grosser und kleiner Einzelkörner von rundlicher Gestalt, oft mit deutlichem Trockenriß.
Chloralhydrat-Präp.:	Braunwandige Parenchymzellen mit gelbrötlichem Inhalt; oft mit unverkochten Stärkekörnern, deren Trockenriß durch Quellung deutlich erweitert ist. Speicherparenchym-Fragmente mit braungrauem Kern ohne Stärkekörner.
Geruch, Geschmack:	Fehlen.
Besonderheit:	Braunes Pulver

Stärke Einzelkörner

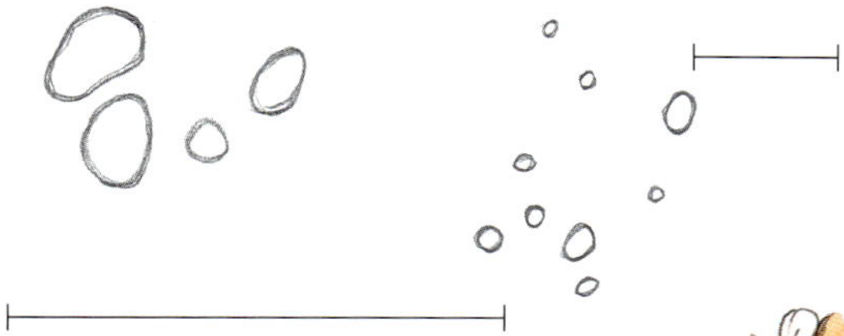

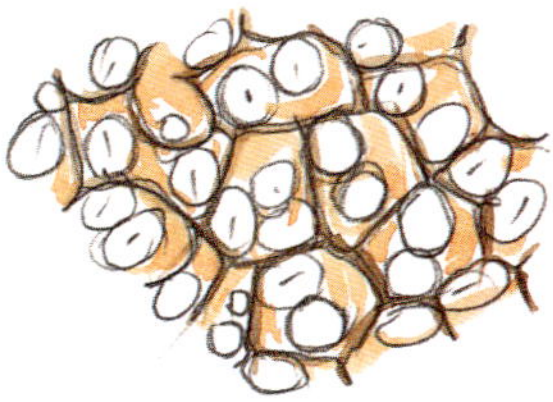

nicht verkochte Stärke

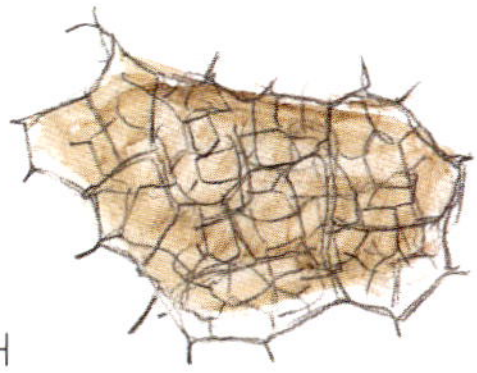

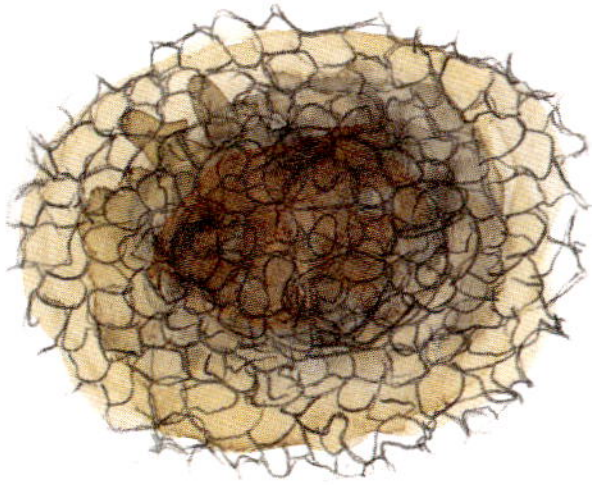

Speicherparenchym

Colchici semen - Herbstzeitlosensamen

Arzneibücher:	DAC 86
Stammpflanze:	*Colchicum autumnale* L.
Familie:	Colchicaceae
Wasser-Präparat:	Spuren von kleinkörniger Stärke. 5-8.5 µm.
Chloralhydrat-Präp.:	Endosperm weiß, dickwandig (Reservestoffwand), auffallend getüpfelt. Endospermzellen radial angeordnet.
	Testa aus mehreren Lagen braunwandiger polygonaler Zellen unterschiedlicher Größe.
	Innere Testazellen klein, sehr dunkelbraun gefärbt.

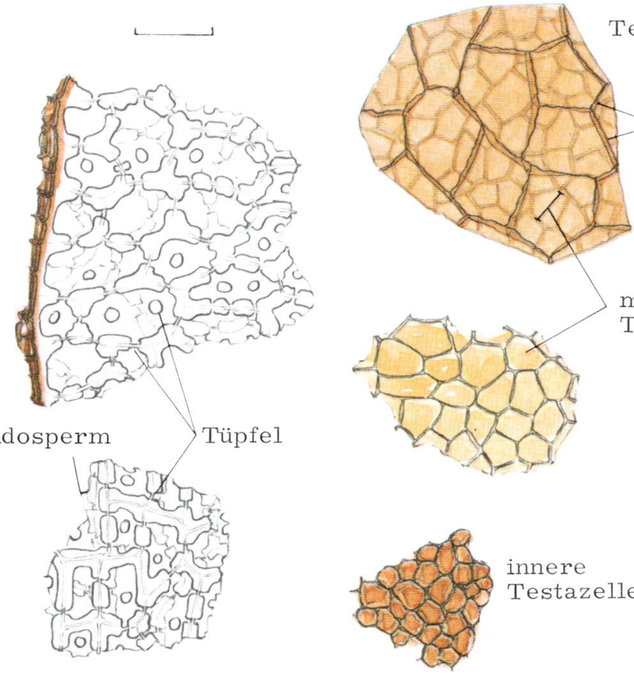
Testa
Epidermis
mittlere
Testazellen
Endosperm
Tüpfel
innere
Testazellen

Cucurbitae semen - Kürbissamen

Arzneibücher:	DAB 1997
Stammpflanze:	*Cucurbita pepo* L.
Familie:	Cucurbitaceae
Wasser-Präparat:	Stärke fehlt.
Chloralhydrat-Präp.:	Cotyledonen-Fragmente mit dicht gepackten Proteinkörnern, manchmal aufgelockert. Öltropfen und schwarz erscheinende Luftblasen. Öltropfen grünlich-gelb. Leitgewebe der Samenschale mit Schraubengefäßen.
Geruch:	Schwach ranzig.
Geschmack:	Ölig-ranzig.
Besonderheit:	Das Pulver ist fettig.

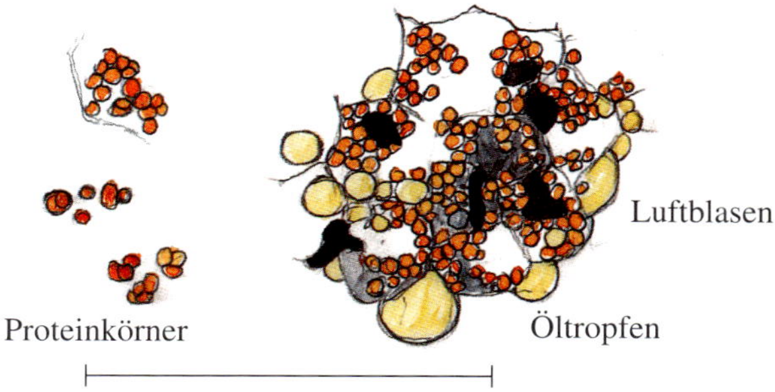
Luftblasen
Proteinkörner
Öltropfen

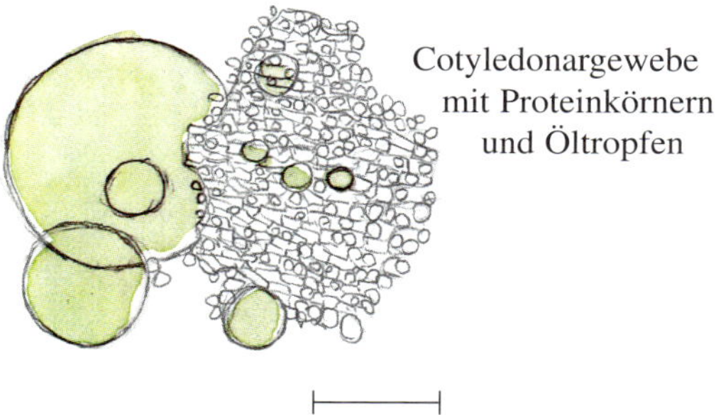
Cotyledonargewebe
mit Proteinkörnern
und Öltropfen

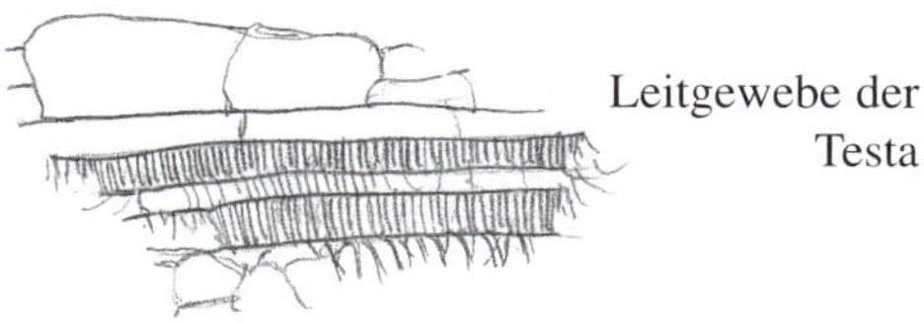
Leitgewebe der
Testa

Erucae semen - weiße Senfsamen

Arzneibücher:	DAC 86
Stammpflanze:	*Sinapis alba* L.
Familie:	Brassicaceae
Wasser-Präparat:	Stärke fehlt.
Chloralhydrat-Präp.:	“Großzellen" (umfassen jeweils ca 12 Palisadenzellen im Querschnitt). Diese Erscheinungsform entsteht durch Längenunterschiede der Palisadenzellen. Häufig Lufteinschlüsse (schwarz) über den Palisadenzellen an der Abgrenzung einer "Großzelle" (vgl.Sinapis nigrae semen).
	Kleine dünnwandige Fragmente von Embryogewebe
	Testaepidermis mit Palisadenzellen in Queransicht.
	Palisadenzellen in Längsansicht mit angrenzender Testaepidermis und farblosen Öltropfen.
Geruch:	Typisch, aber kaum zu charakterisieren.
Geschmack:	Sehr sauer und scharf, kratzend.

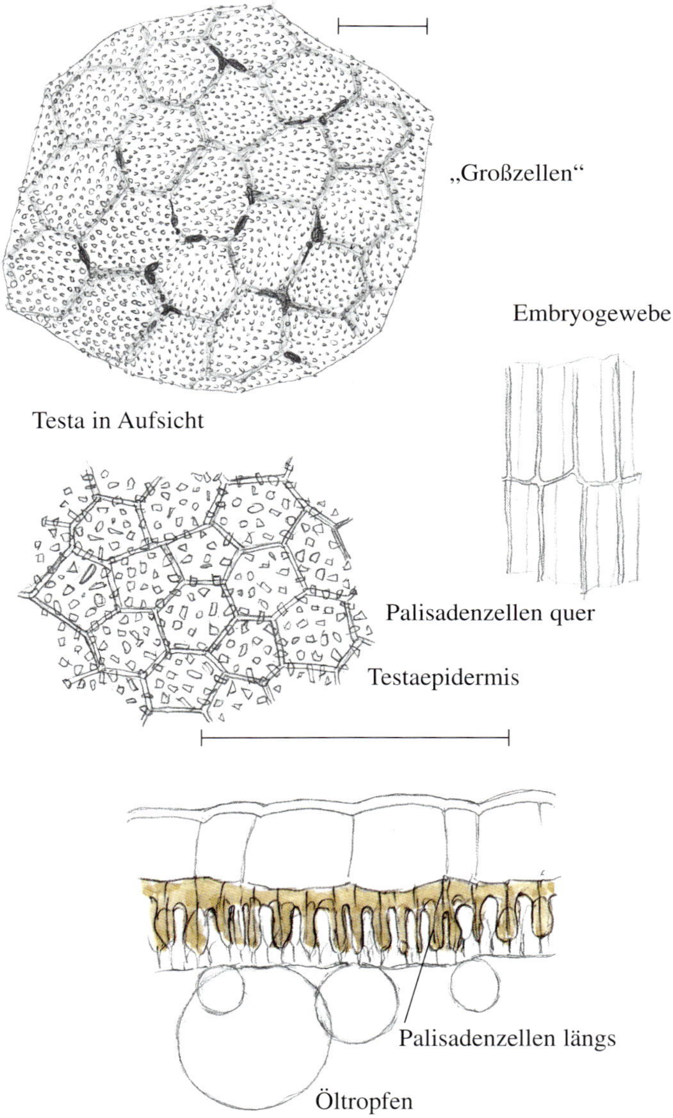
„Großzellen“
Embryogewebe
Testa in Aufsicht
Palisadenzellen quer
Testaepidermis
Palisadenzellen längs
Öltropfen

Foenugraeci semen - Bockshornsamen

Arzneibücher:	DAB 1997, ÖAB 90, Ph Helv VII (Foenugraeci semen ad usum veterinarium)
Stammpflanze:	*Trigonella foenum-graecum* L.
Familie:	Fabaceae
Wasser-Präparat:	Stärke fehlt.
Chloralhydrat-Präp.:	Trägerzellen mit radialen Verdickungsleisten.
	"Quellschicht"-Zellen mit zentral gelegenem Cytoplasmarest.
	Schleimzellen des Endosperms außen von Kleberzellschicht begrenzt.
	Palisadenzellen der Testa mit Cuticula und Lichtlinie (Querschnitt).
	Großer Embryo.
Geruch:	Typisch nach Kräuterkäse.

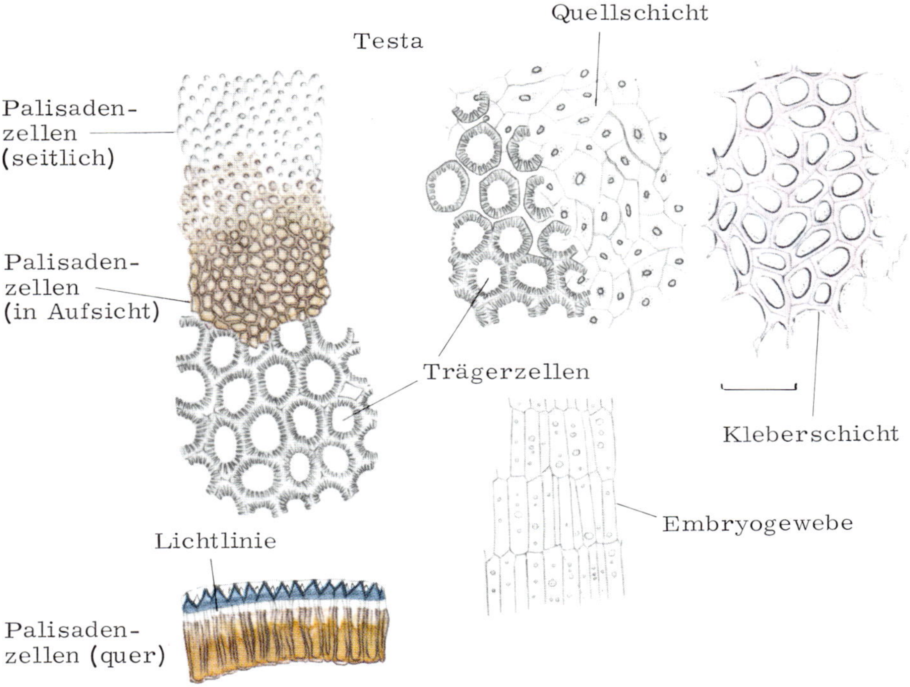
Quellschicht
Testa
Palisadenzellen (seitlich)
Palisadenzellen (in Aufsicht)
Trägerzellen
Kleberschicht
Embryogewebe
Lichtlinie
Palisadenzellen (quer)

Hippocastani semen - Roßkastaniensamen

Arzneibücher:	DAB 1997
Stammpflanze:	*Aesculus hippocastanum* L.
Familie:	Hippocastanaceae

Wasser-Präparat:	Stärke einzeln, 10-80 µm, und in Klumpen. Große Einzelkörner oft mit kreuzförmigem Trockenriß.
Chloralhydrat-Präp.:	In kaltem Chloralhydrat verquillt die Stärke sofort.

Bei längerem Kochen bleibt in den Fragmenten aus Cotyledonargewebe Stärkekleister erhalten. Darin und außerhalb farblose Lipidtropfen. Zellen der Cotyledonen weiß, eiförmig, wenn einzeln. Im Gewebeverband gegeneinander abgeplattet. Dünne Schraubengefäße.

Goldgelbe Fragmente der Samenschale aus ineinander bogig verwobenen Zellen, deren Grenzen unkenntlich sind. Einstülpungen der Zellwand erscheinen schlauchförmig mit engem Lumen, wie Faserquerschnitte.

Testaepidermis mit dicker Außenwand, teils schmal palisadenartig, teils breitzellig, rotbraun.

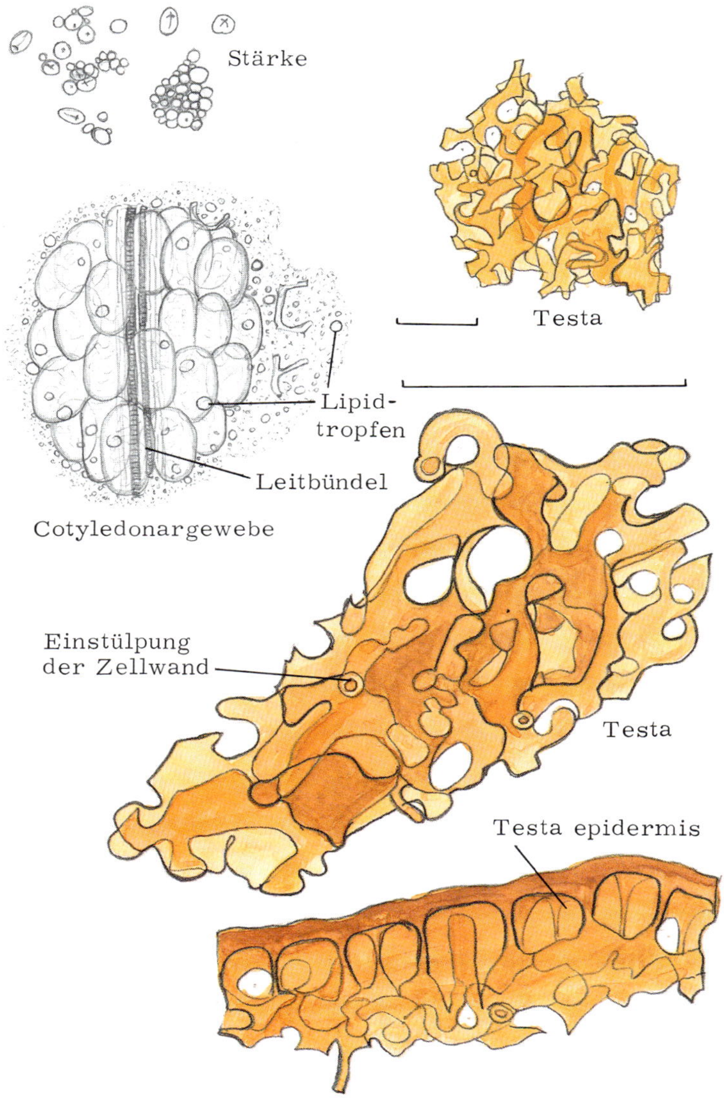
Stärke
Testa
Lipid-
tropfen
Leitbündel
Cotyledonargewebe
Einstülpung
der Zellwand
Testa
Testa epidermis

Lini semen - Leinsamen

Arzneibücher:	DAB 1997, ÖAB 90, Ph Helv VII, Ph Eur
Stammpflanze:	*Linum usitatissimum* L.
Familie:	Linaceae
Chloralhydrat-Präp.:	Testa mit Schleimepidermis. Bei der Quellung zerbricht die Cuticula zu polygonalen Platten.
	Sclerenchymschicht aus stabförmigen, parkettartig gelagerten Sclereiden gebildet. Dazwischen, kaum erkennbar, die Querzellschicht.
	Pigmentschicht weißwandig, fein getüpfelt, mit festem rotbraunen Zellinhalt.
	Endosperm und Embryo ölhaltig, mit Lipidtropfen.

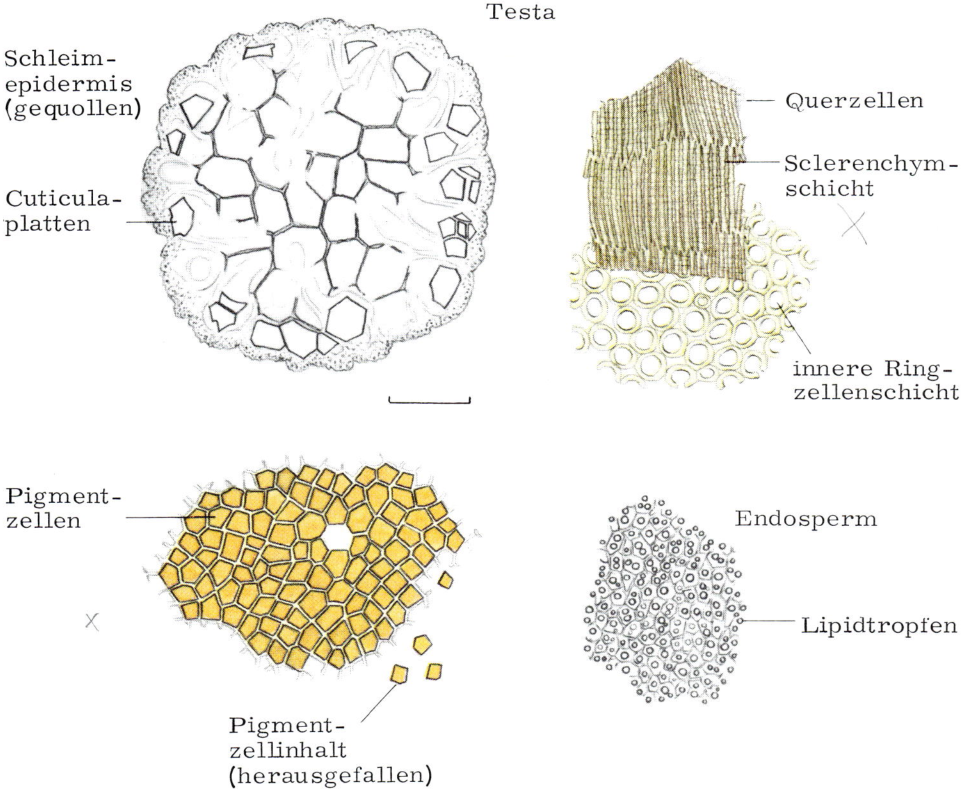
Testa
Schleim-
epidermis
(gequollen)
Cuticula-
platten
Querzellen
Sclerenchym-
schicht
innere Ring-
zellenschicht
Pigment-
zellen
Endosperm
Lipidtropfen
Pigment-
zellinhalt
(herausgefallen)

Plantaginis ovatae semen - Indische Flohsamen

Arzneibücher:	DAB 1997
Stammpflanze:	*Plantago ovata* FORSSKAL
Familie:	Plantaginaceae
Wasser-Präparat:	Große, meist ellipsoidische Aleuronkörner.
Chloralhydrat-Präp.:	Embryogewebe kleinzellig, gelblich, mit zahlreichen farblosen Öltropfen.
	Samenschale orangerot, enthält Schleim, der stark quillt. Im Innern der Schleimwand kleine Stärkekörner.
	Äußeres Embryogewebe mit unregelmässig verdickten Zellen, enthält viele Luftblasen (schwarz).
Geruch, Geschmack:	Uncharakteristisch.

Plantaginis ovatae testa - Indische Flohsamenschalen

Arzneibücher:	DAC 86
Stammpflanze:	*Plantago ovata* FORSSKAL
Familie:	Plantaginaceae
Präparate:	s. oben

Psyllii semen - Flohsamen

Arzneibücher:	DAB 1997, ÖAB 90, Ph Helv VII, Ph Eur
Stammpflanze:	*Plantago afra* L., *P. indica* L.
Familie:	Plantaginaceae
Präparate:	s. oben

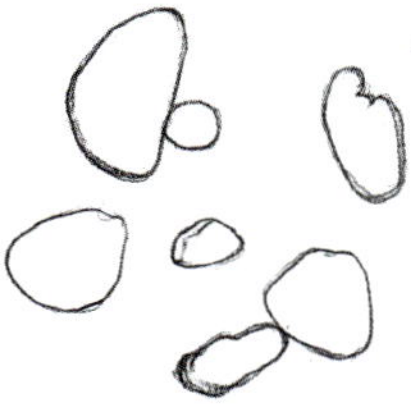
Aleuronkörner

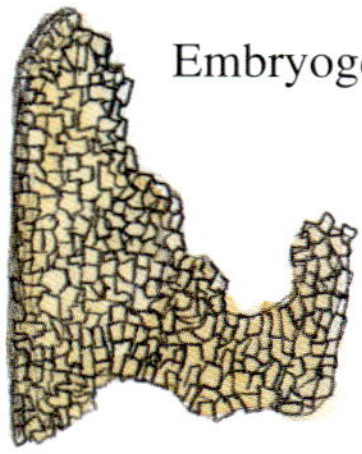
Embryogewebe

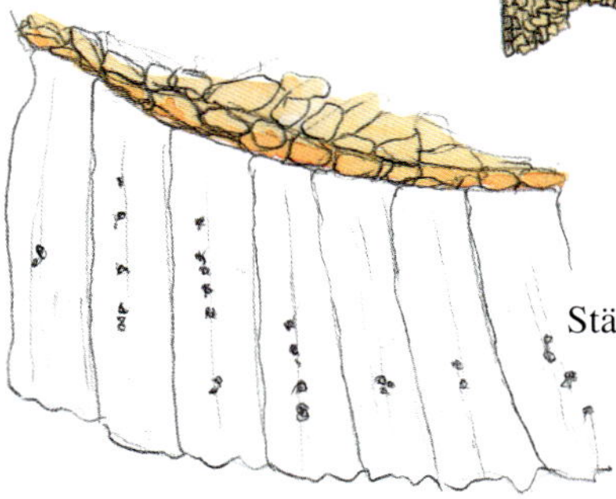

Samenschale mit gequollenem Schleim

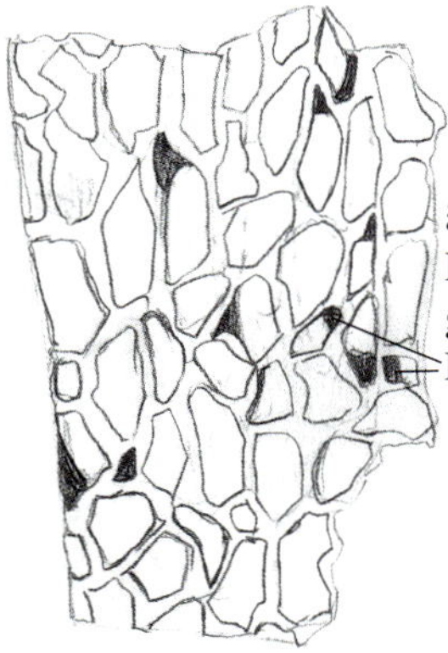
äußeres Embryogewebe mit Luftblasen

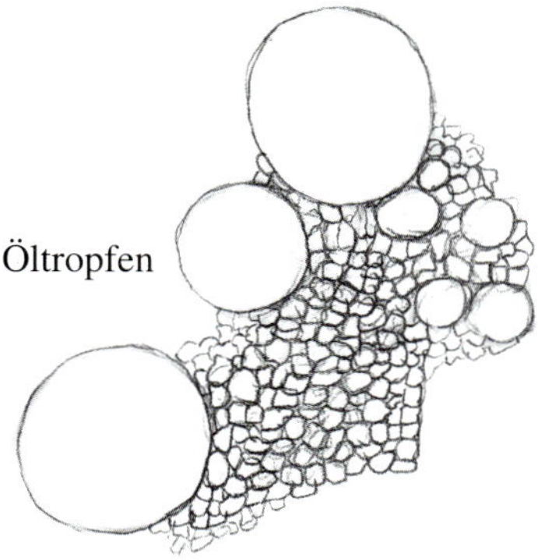
Embryogewebe mit Öltropfen

Sinapis nigrae semen - Schwarzer Senfsamen

Arzneibücher:	ÖAB 90, Ph Helv VII, DAC 86
Stammpflanze:	*Brassica nigra* (L.) KOCH
Familie:	Brassicaceae

Chloralhydrat-Präp.:

Testaepidermis verschleimt.

Großzellen (vgl. Erucae semen) durch unterschiedliche Höhe der darunterliegenden Palisadenschicht begrenzt (Verschattung).

Palisadenzellwände im unteren (inneren) Teil stark verdickt. Angrenzende Pigmentschicht mit braunem Inhalt.

Endospermreste in geschichteten Zellagen, mit Öltropfen.

Embryogewebe-Fragmente reichlich, mit Öltropfen.

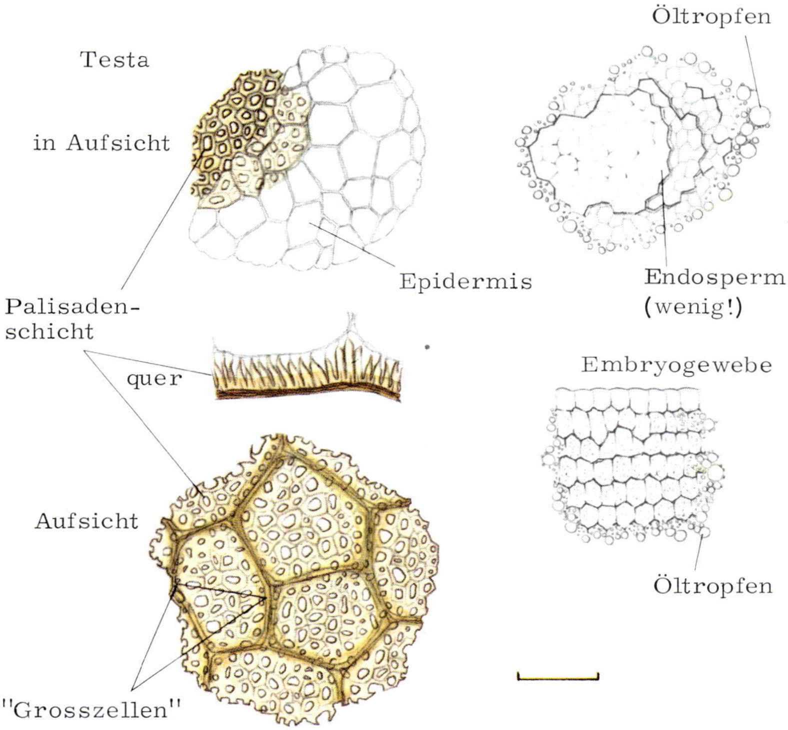
Testa
in Aufsicht
Epidermis
Palisaden-
schicht
quer
Aufsicht
"Grosszellen"
Öltropfen
Endosperm
(wenig!)
Embryogewebe
Öltropfen

Strophanthi grati semen - Strophanthussamen

Arzneibücher:	DAC 86
Stammpflanze:	*Strophanthus gratus* (WALL. et HOOK) FRANCH.
Familie:	Apocynaceae

Chloralhydrat-Präp.: Testaepidermis großzellig, dickwandig, polygonal-gestreckt, mit deutlicher, gewellter "Mittellamelle". Einige Zellen bilden dünnwandige Papillen am Zellende.

Endosperm weiß, mit ungleichmäßig verdickten Wänden.

Ohne Bild: Embryogewebe enthält Öl.

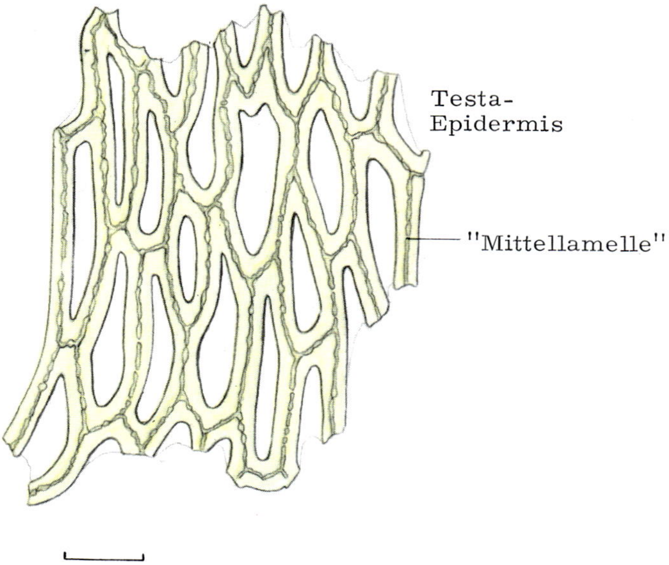
Testa-
Epidermis
"Mittellamelle"

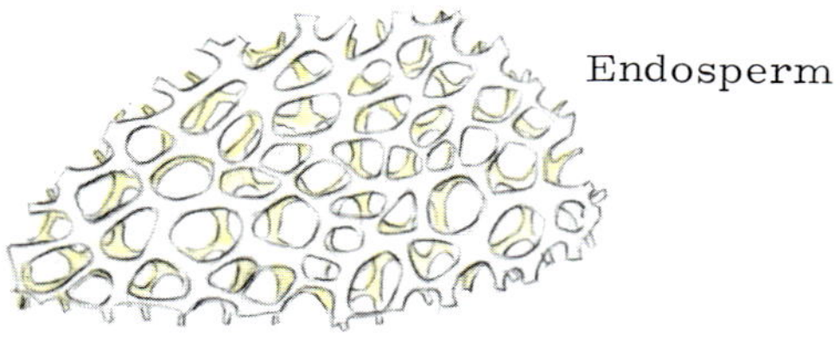
Endosperm

Strychni semen - Brechnuß

Arzneibücher:	ÖAB 90, Ph Helv VII
Stammpflanze:	*Strychnos nux-vomica* L.
Familie:	Loganiaceae

Wasser-Präparat:	Stärke fehlt.
Chloralhydrat-Präp.:	Jede Epidermiszelle der Testa schräg getüpfelt, läuft als Leistenhaar aus. Haarspitze abgerundet. Endosperm außen kleinzellig, dünnwandig; innen großzellig und dickwandig (Reservestoffwand).

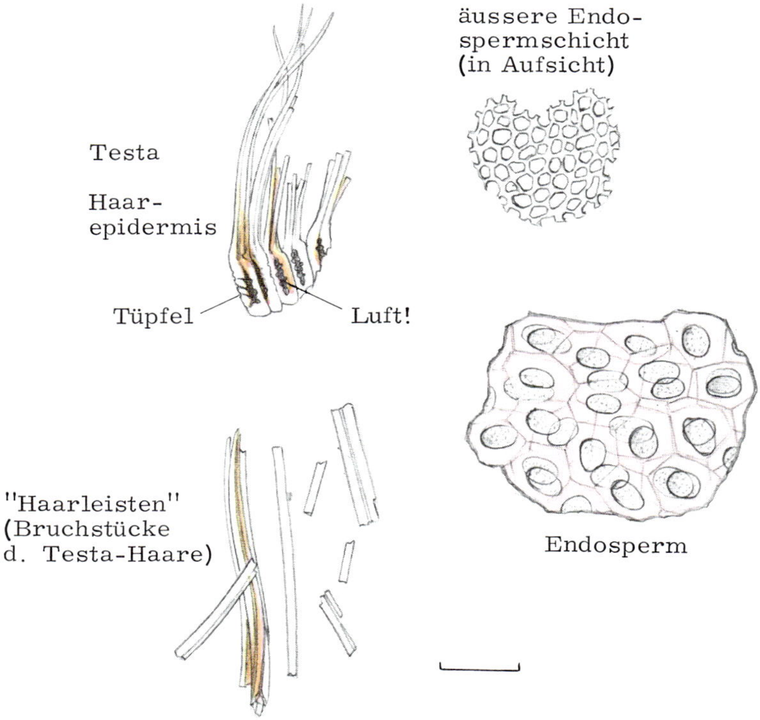
äussere Endo-
spermschicht
(in Aufsicht)
Testa
Haar-
epidermis
Tüpfel
Luft!
Endosperm
"Haarleisten"
(Bruchstücke
d. Testa-Haare)

Aurantii dulcis flavedo recens - Frische Orangenschalen

Arzneibücher:	Ph Helv VII
Stammpflanze:	*Citrus sinensis* OSBECK
Familie:	Rutaceae
Wasser-Präparat:	Keine Stärke.
Chloralhydrat-Präp.:	Randbegrenzungen von Exkretbehältern im Albedogewebe.
	Fragmente des Albedogewebes mit unregelmäßiger Wanddicke und seltener Zellabgrenzung, zahlreiche orangerote Öltropfen und kleine Oxalatdrusen.
	Leitbündelfragmente aus kurzen Treppengefäßzellen.
Geruch:	Nach Orangen
Geschmack:	Nach Orangenschalen, etwas süßlich

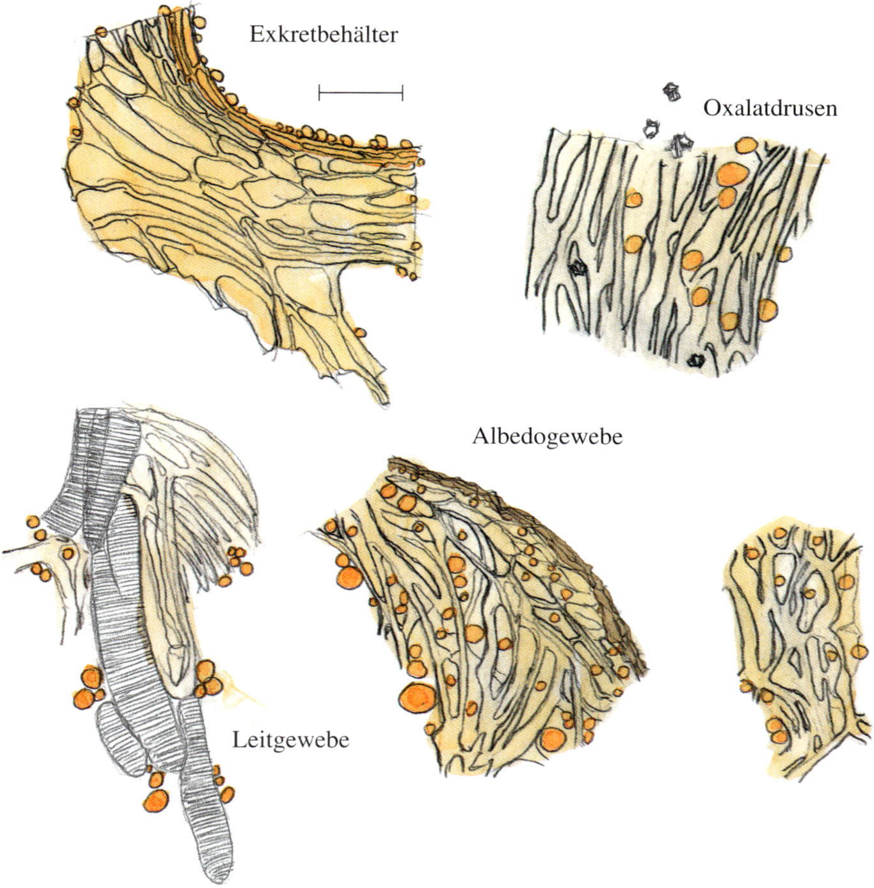
Exkretbehälter
Oxalatdrusen
Albedogewebe
Leitgewebe

Aurantii pericarpium - Pomeranzenschale

Arzneibücher:	DAB 1997, ÖAB 90, Ph Helv VII
Stammpflanze:	*Citrus aurantium* L. ssp. *aurantium*
Familie:	Rutaceae
Chloralhydrat-Präp.:	Exokarp rötlich-braun mit kleinzelliger isodiametrisch-polygonaler Epidermis. Reste des Endokarps (Albedo) reichlich vorhanden. Gelegentlich Fragmente mit vielen Hesperidin-Sphäriten. Leitbündelfragmente mit Schraubengefäßen, oft von Oxalatkristallen begleitet.
Nachweis:	Mit Kalilauge 5% verstärkte Gelbfärbung.

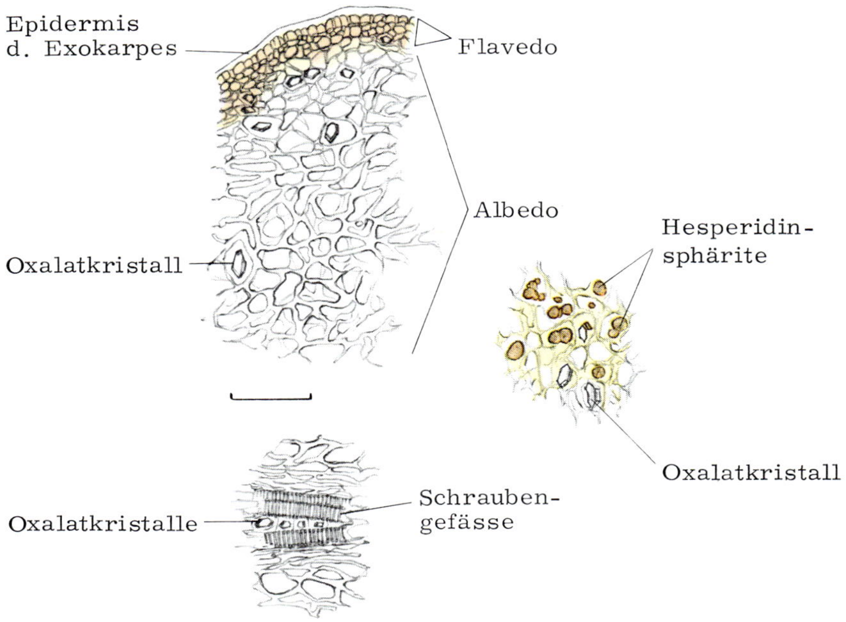
Epidermis
d. Exokarpes
Flavedo
Albedo
Oxalatkristall
Hesperidin-
sphärite
Oxalatkristall
Oxalatkristalle
Schrauben-
gefässe

Croci stigma - Safran

Arzneibücher:	ÖAB 90 (Flos croci), Ph Eur, DAC 86
Stammpflanze:	*Crocus sativus* L.
Familie:	Iridaceae
Wasser-Präparat:	Gelbfärbung.
Chloralhydrat-Präp.:	Große kugelrunde Pollen mit fein punktierter Exine und feinkörnigem Inhalt. Griffelfragmente gelb bis rot gefärbt, mit gestreckten Parenchymzellen. Oberflächenzellen oft schwach mammillös vorgewölbt. Schraubengefäße. Ohne Bild: Narbenpapillen selten, fingerartig, bis 150 µm lang.

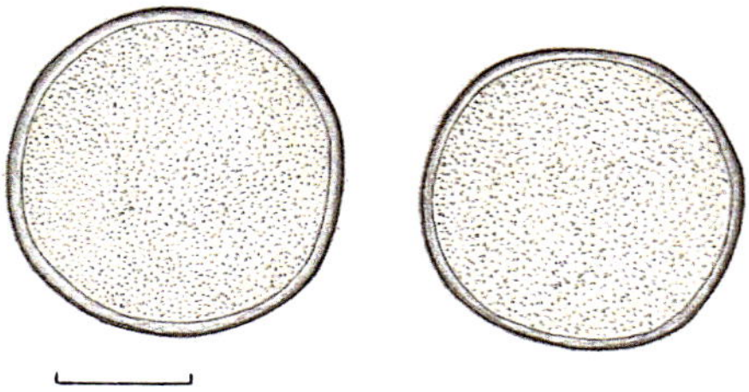

Pollen

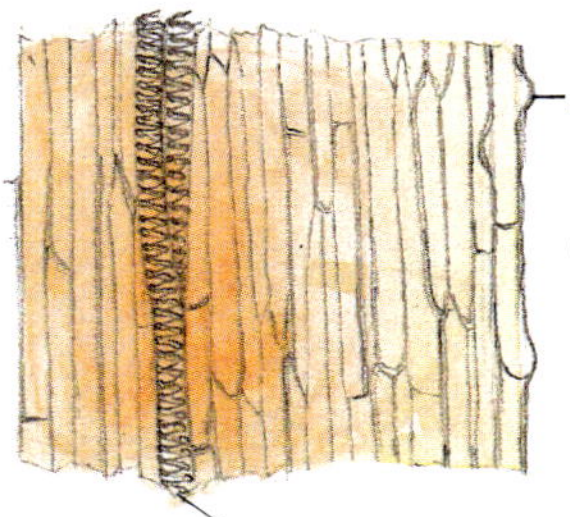

Fucus - Tang

Arzneibücher:	DAC 86
Stammpflanze:	*Fucus vesiculosus* L., *Ascophyllum nodosum* LE JOLIS
Familie:	Phaeophyceae, Fucales
Wasser-Präparat:	Das Präparat riecht nach Meeresküste.
Chloralhydrat-Präp.:	Das Präparat klebt gummiartig beim Verschieben des Deckglases.
	Thallusstücke braun bis ocker, selten hell weißlich.
	Hypheninhalt rundlich oder langgestreckt, oft aus der Wandhülle wurstartig herausragend.
	Thallusoberfläche kleinzellig. Zellen oft paarig zusammengefügt.
	Oberfläche meist mit anhaftenden Cytoplasmaresten.

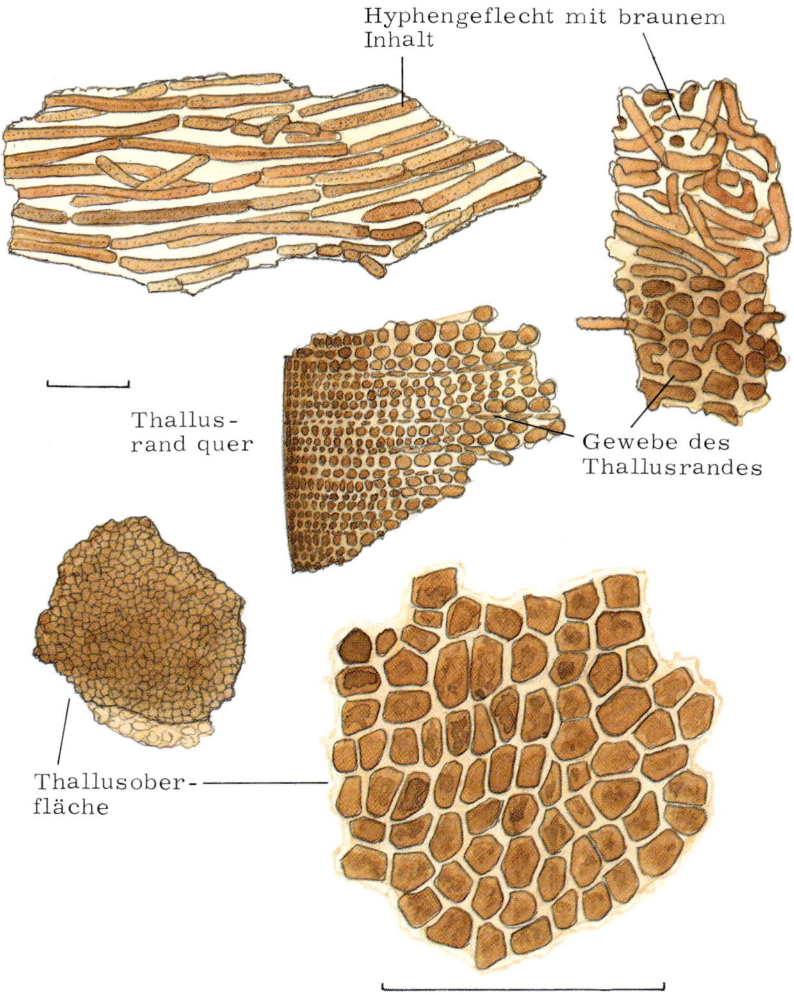
Hyphengeflecht mit braunem Inhalt
Thallus-rand quer
Gewebe des Thallusrandes
Thallusober-fläche

Gallae - Galläpfel

Arneibücher:	ÖAB 90
Stammpflanze:	*Quercus infectoria* OLIVIER
Familie:	Fagaceae
Droge:	Die durch die Eiablage der Gallwespe *Andricus gallae-tinctoriae* OLIV. in den Laubknospen erzeugte Galle.
Wasser-Präparat:	Vereinzelte Stärkekörner.
Chloralhydrat-Präp.:	Steinzellen der Innengalle groß und gelb, nach innen zu kleiner, rundlich und braun verfärbt. Braune Gerbstoffschollen. Oxalatdrusen. Nährgewebe weiß, mit Wandeinstülpungen („Ligninkörper"). Ohne Bild: Epidermis sehr kleinzellig, dickwandig, tangential gestreckt, fehlt aber meistens. Reichlich Parenchym in der Außengalle; polygonal, radial gestreckt. Leitbündelfragmente mit Ring- und Tüpfelgefäßen. Selten kurze Reihen von Oxalatkristallzellen
Nachweis:	Intensive Schwarzfärbung mit Eisen-III-chlorid → Gerbstoffe (Gallotannine)

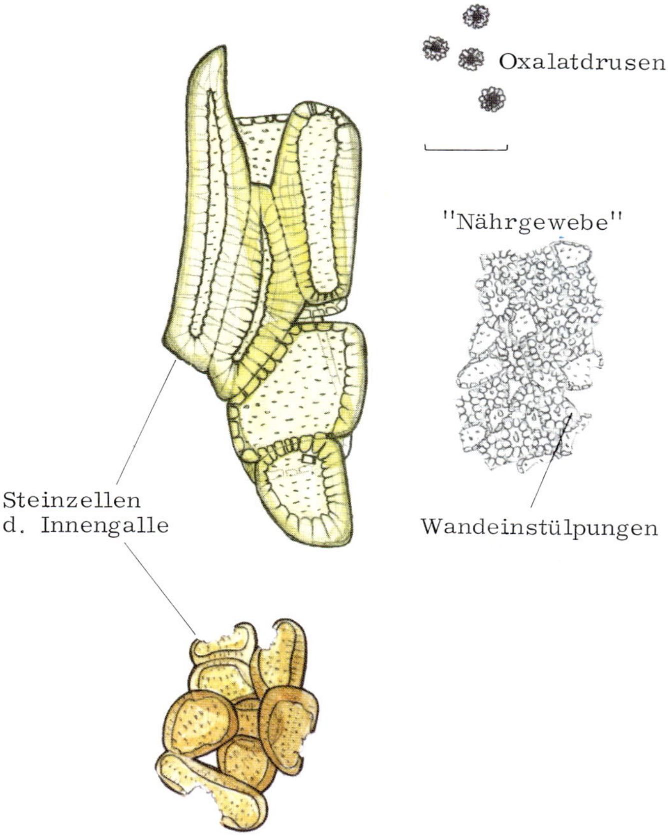
Oxalatdrusen
"Nährgewebe"
Steinzellen
d. Innengalle
Wandeinstülpungen

Lichen islandicus - Isländisches Moos

Arzneibücher:	DAB 1997, ÖAB 90, Ph Helv VII
Stammpflanze:	*Cetraria islandica* (L.) ACHARIUS
Familie:	Parmeliaceae

Chloralhydrat-Präp.: Thallusquerschnitte mit plectenchymatischem Rindengewebe, grüne Phycobionten (Algenzellen), Mark von graubraunen Hyphensträngen durchzogen.

Die Aufsicht auf die Rinde zeigt Risse, die durch ungleichmässige Quellung beim Aufkochen entstehen. Die Phycobionten scheinen durch die Oberrinde hindurch. Bruchstücke kantig-polygonal.

Spermogonien- und Apothecienfragmente selten

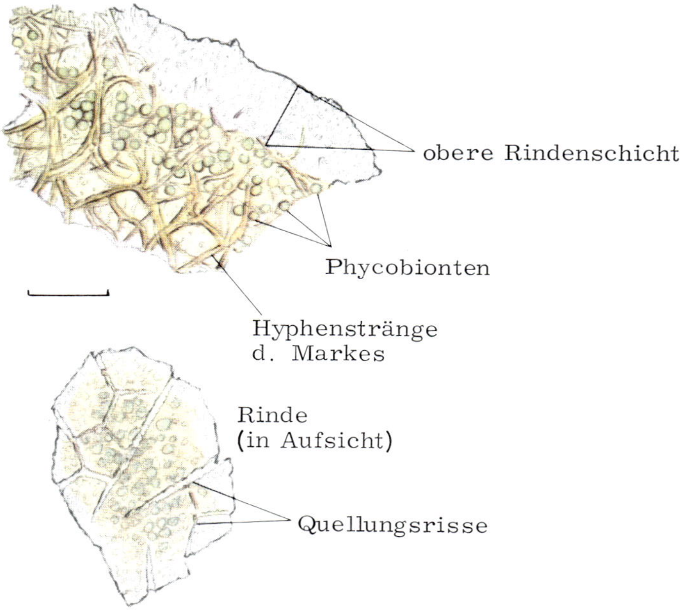
obere Rindenschicht
Phycobionten
Hyphenstränge
d. Markes
Rinde
(in Aufsicht)
Quellungsrisse

Limonis flavedo recens - Frische Zitronenschalen

Arzneibücher:	Ph Helv VII
Stammpflanze:	*Citrus limon* L.
Familie:	Rutaceae
Chloralhydrat-Präp.:	Exokarpepidermis kleinzellig, isodiametrisch-polygonal, Stomata anomocytisch-amphizyklisch, häufig subepidermale Oxalatkristalle.
	Mesokarpreste aus großen runden Zellen mit größeren Oxalatkristallen.
	Leitbündelfragmente mit Schraubengefäßen.
Geruch:	Nach Zitronen.
Geschmack:	Nach Zitronenschalen.

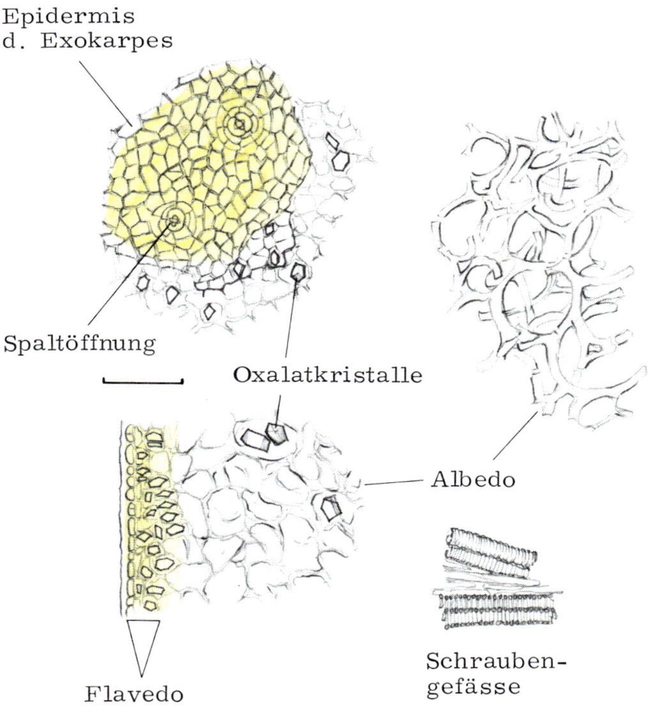
Epidermis
d. Exokarpes
Spaltöffnung
Oxalatkristalle
Albedo
Flavedo
Schrauben-
gefässe

Lupuli strobulus - Hopfenzapfen

Arzneibücher:	DAB 1997, ÖAB 90 (Glandula lupuli)
Stammpflanze:	*Humulus lupulus* L.
Familie:	Cannabaceae
Chloralhydrat-Präp.:	Laubfragmente (Tragblätter) dunkelgrün mit polygonaler oberer Epidermis und Cystolithen im Mesophyll. Leuchtend gelbe Drüsenschuppen frei und auf der Innenseite der Vorblätter. Vorblätter mit wellig-buchtiger Außenepidermis und kurzen, gekrümmten, einzelligen Dolchhaaren. Epidermis der Vorblatt-Unterseite (Innenepidermis) mit dicht gedrängten anomocytischen Stomata und vielen zugespitzten, gekrümmtem Haaren mit ampullenförmiger Haarbasis. Kleine Oxalatdrusen im Mesophyll.
Geruch:	Würzig.
Geschmack:	Fehlt.

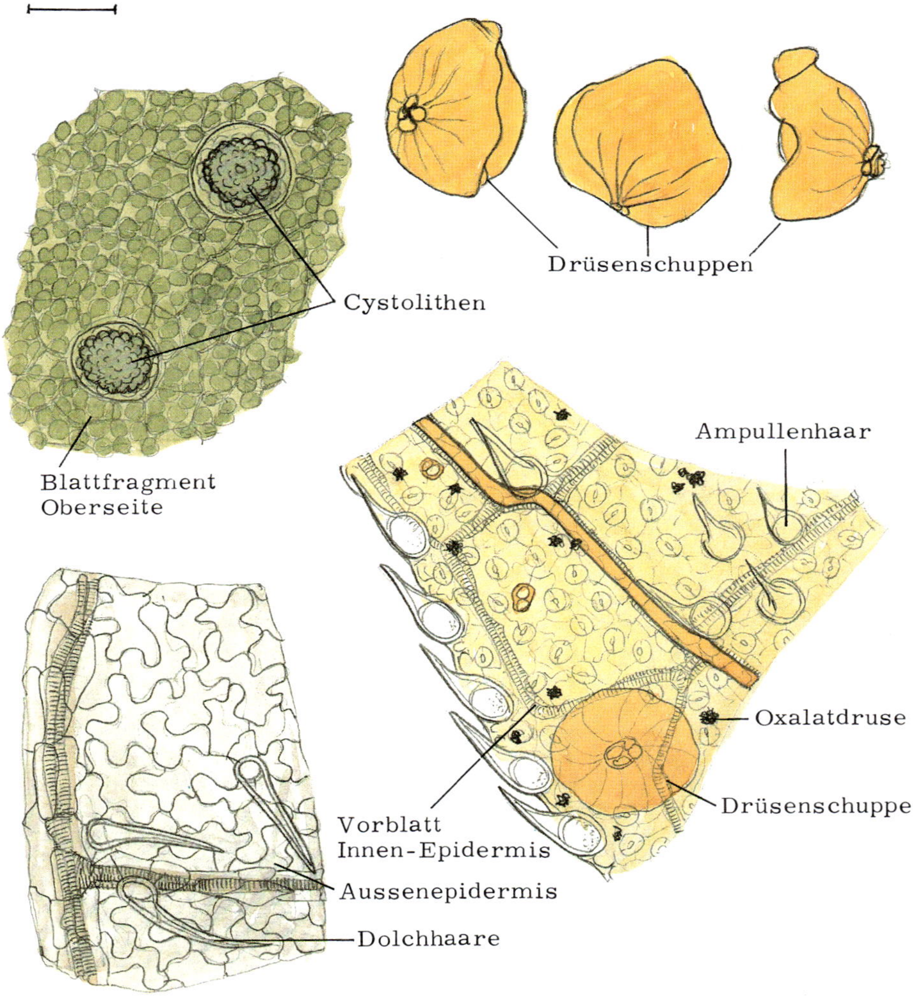
Drüsenschuppen
Cystolithen
Blattfragment
Oberseite
Ampullenhaar
Oxalatdruse
Drüsenschuppe
Vorblatt
Innen-Epidermis
Aussenepidermis
Dolchhaare

Phaseoli pericarpium - Bohnenhülsen

Arzneibücher:	DAC 86
Stammpflanze:	*Phaseolus vulgaris* L.
Familie:	Fabaceae

Wasser-Präparat:	Mittelgroße, kantig-abgerundete Stärkekörner.
Chloralhydrat-Präp.:	Keine farbigen Elemente.

Außenepidermis polygonal mit starker Cuticularfaltung. Stomatakomplexe anisocytisch. Haar-Abbruchstellen, vereinzelt gekrümmte einzellige Haare.

Mesokarp-Parenchymzellen vielfach lichtbrechend durch unvollständig verkochte Stärke.

Endokarp aus schmalen, langgestreckten Fasern mit deutlichem Lumen und kaum geschichteter Wand. Innere Fruchtwand-Epidermis dünnwandig mit prismatischen oder trapezförmigen Oxalatkristallen.

Ohne Bild: Im Mesokarp Faserzellen verschiedener Form: Die äußere Schicht unzusammenhängend aus ovalen bis zigarrenförmigen Zellen fast ohne Lumen, mit geschichteten Wänden.

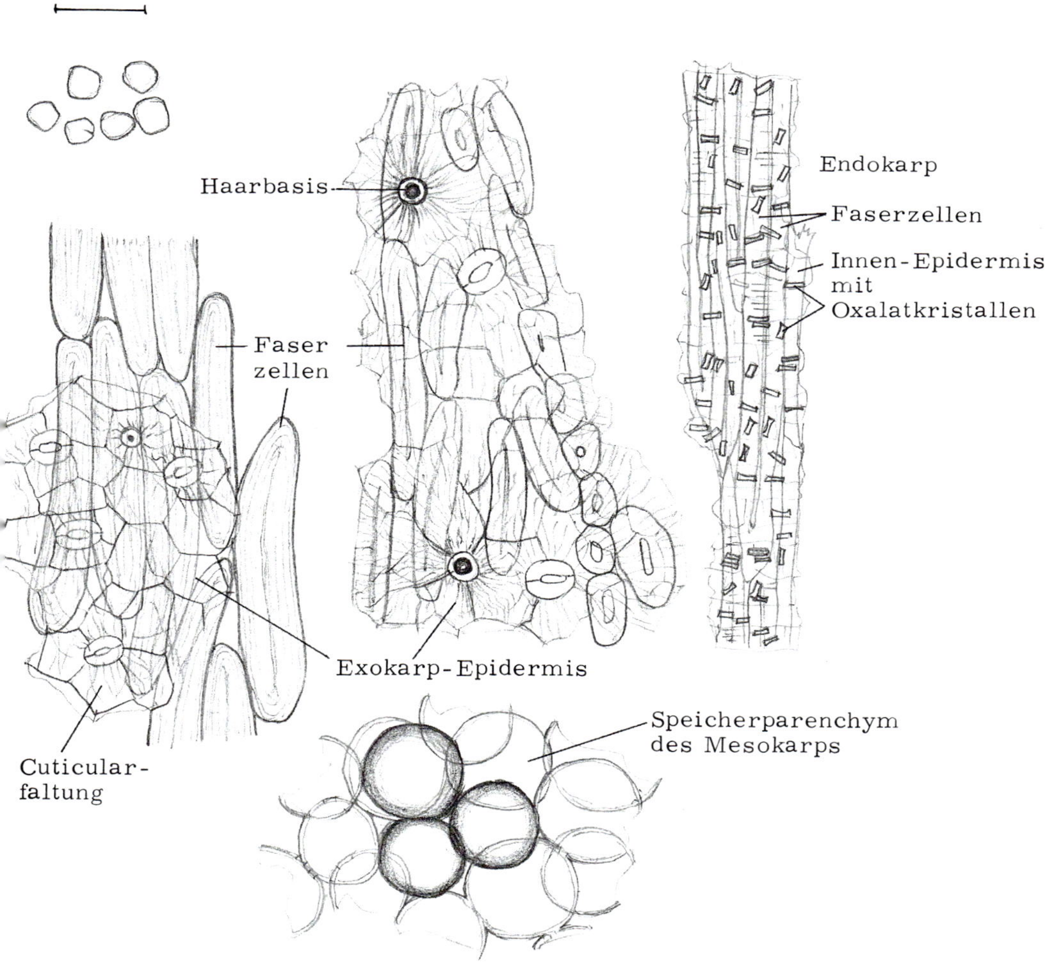
Haarbasis
Faser zellen
Endokarp
Faserzellen
Innen-Epidermis mit Oxalatkristallen
Exokarp-Epidermis
Cuticular-faltung
Speicherparenchym des Mesokarps

Scillae bulbus - Meerzwiebel

Arzneibücher:	DAB 1997
Stammpflanze:	*Urginea maritima* (L.) BAKER
Familie:	Liliaceae
Chloralhydrat-Präp.:	Blattmesophyll großzellig. Selten gelbliche Sinistrin-Sphärite. Raphidenbündel verschiedener Größe in Schleimzellen. Kristallbruchstücke. Kleine Schraubengefäße.
Nachweis:	Mit Tuschelösung weiße Höfe um Drogenbruchstücke auf braun-schwarzem Grund → Schleim.

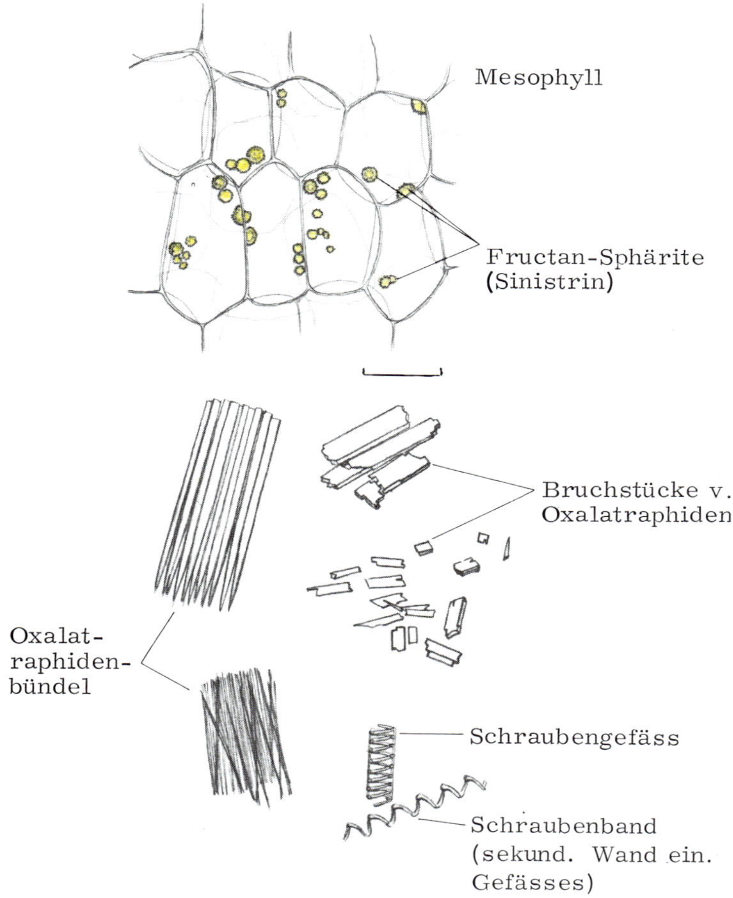
Mesophyll
Fructan-Sphärite
(Sinistrin)
Bruchstücke v.
Oxalatraphiden
Oxalat-
raphiden-
bündel
Schraubengefäss
Schraubenband
(sekund. Wand ein.
Gefässes)

Secale cornutum - Mutterkorn

Arzneibücher:	ÖAB 90
Stammpflanze:	*Claviceps purpurea* (FRIES) TULASNE
Klasse:	Ascomycetes

Chloralhydrat-Präp.: Peripherische Sclerotienfragmente weinrot, plectenchymatisch. Im Innern weißliches Hyphengeflecht.

Violettrote Pigmentkörper mit fein gezähnter Oberfläche.

Farblose Lipidtropfen.

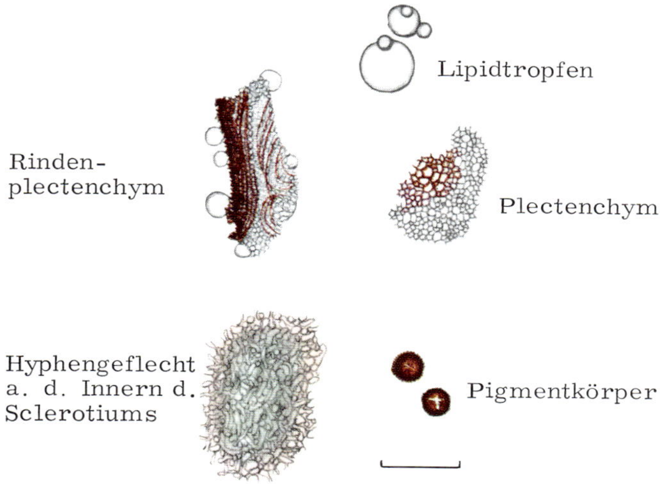
Lipidtropfen
Rinden-
plectenchym
Plectenchym
Hyphengeflecht
a. d. Innern d.
Sclerotiums
Pigmentkörper

Solani amylum - Kartoffelstärke

Arzneibücher:	DAB 1997, ÖAB 90, Ph Helv VII, Ph Eur
Stammpflanze:	*Solanum tuberosum* L.
Familie:	Solanaceae
Speicherort:	Ausläuferknollen
Wasser-Präparat:	Stärkekörner, rundlich, länglich-eiförmig bis fast dreieckig. 10-100 µm.
	Vereinzelt zusammengesetzte Körner mit 2 oder mehr Keimpunkten.
	Körner geschichtet, flach, also nicht rollend.
Nachweis:	Blaufärbung mit Iod-Kaliumiodid → Stärke.

Maydis amylum - Maisstärke

Arzneibücher:	DAB 1997, ÖAB 90, Ph Helv VII, Ph Eur
Stammpflanze:	*Zea mays* L.
Familie:	Poaceae
Speicherort:	Endosperm
Wasser-Präparat:	Isodiametrische, runde und kantige Körner. 2-30 µm,Schichtung nicht zu erkennen.
	Selten zusammengesetzte Körner.
Nachweis:	Blaufärbung mit Iod-Kaliumiodid → Stärke.

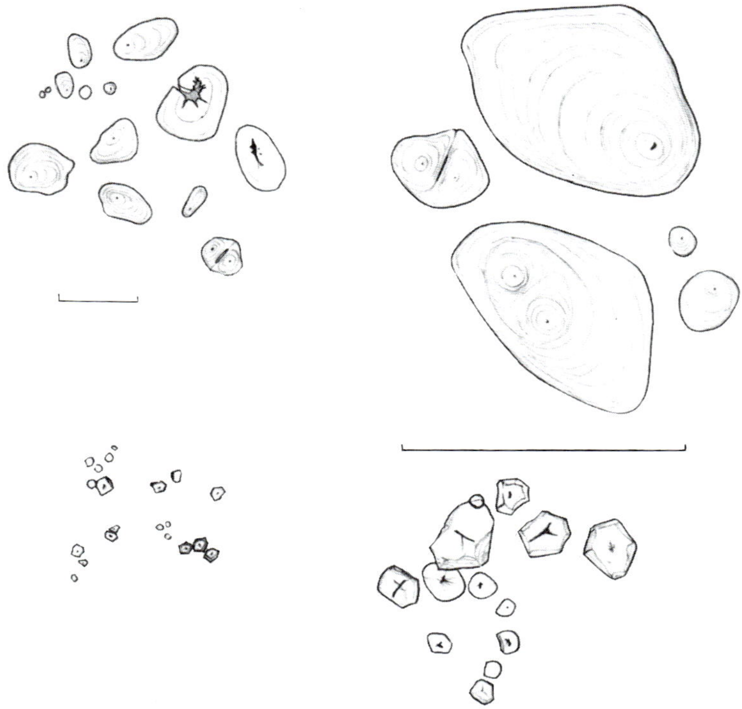

Oryzae amylum - Reisstärke

Arzneibücher: DAB 1997, ÖAB 90, Ph Helv VII, Ph Eur
Stammpflanze: *Oryza sativa* L.
Familie: Poaceae

Speicherort: Endosperm

Wasser-Präparat: Isodiametrische kantige Teilkörnchen, 2-12 µm (meist 5-8 µm),Schichtung nicht zu erkennen.

Mehrere Körnchen oft zusammenhängend.

Nachweis: Blaufärbung mit Iod-Kaliumiodid → Stärke.

Tritici amylum - Weizenstärke

Arzneibücher: DAB 1997, ÖAB 90, Ph Helv VII, Ph Eur
Stammpflanze: *Triticum aestivum* L.
Familie: Poaceae

Speicherort: Endosperm

Wasser-Präparat: Großkörner linsenförmig, nicht rollend. 15-40 µm. Schichtung schwach sichtbar.

Kleinkörner isodiametrisch kantig oder rund. 2-10 µm. Schichtung nicht zu erkennen.

Nachweis: Blaufärbung mit Iod-Kaliumiodid → Stärke.

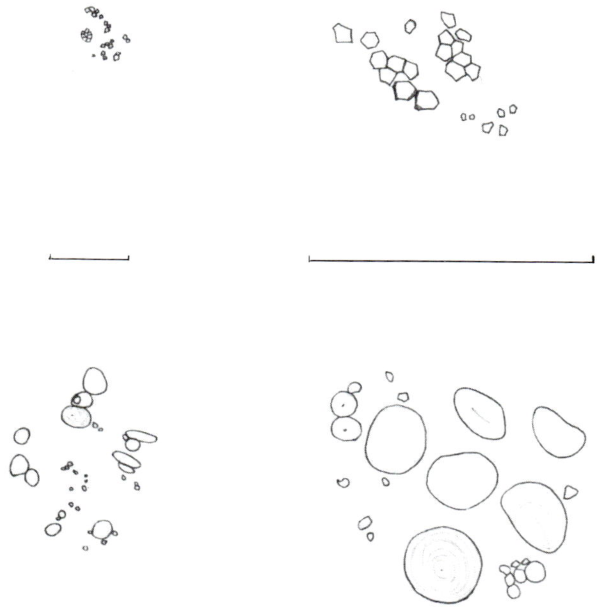

Register

A

B

C

D

E

F

G

H

Q

R

S

T